中华文化与学科课程丛书　　丛书主编　崔允漷

思想政治课
中华优秀传统文化资源的开发

沈晓敏◎编著

华东师范大学出版社
·上海·

图书在版编目(CIP)数据

思想政治课中华优秀传统文化资源的开发/沈晓敏编著. —上海:华东师范大学出版社,2024
(中华文化与学科课程丛书)
ISBN 978-7-5760-4690-8

Ⅰ.①思… Ⅱ.①沈… Ⅲ.①思想政治教育—研究—中国 Ⅳ.①D64

中国国家版本馆 CIP 数据核字(2024)第 093337 号

中华文化与学科课程丛书
思想政治课中华优秀传统文化资源的开发

编　　著　沈晓敏
责任编辑　吴　伟
责任校对　王　晶
装帧设计　卢晓红

出版发行　华东师范大学出版社
社　　址　上海市中山北路 3663 号　邮编 200062
网　　址　www.ecnupress.com.cn
电　　话　021-60821666　行政传真 021-62572105
客服电话　021-62865537　门市(邮购)电话 021-62869887
地　　址　上海市中山北路 3663 号华东师范大学校内先锋路口
网　　店　http://hdsdcbs.tmall.com

印 刷 者　常熟高专印刷有限公司
开　　本　787 毫米×1092 毫米　1/16
印　　张　20.75
字　　数　352 千字
版　　次　2024 年 6 月第 1 版
印　　次　2024 年 6 月第 1 次
书　　号　ISBN 978-7-5760-4690-8
定　　价　72.00 元

出 版 人　王　焰

总序

自2001年新课程实施以来，中国基础教育课程改革自始至终都面临这样一个问题：如何为历史转型、民族复兴和教育强国提供强有力的课程支撑？

从国际学生评估项目（简称PISA）的成绩来看，中国基础教育发展已达到历史高位，我们学生的总体水平在世界范围内名列前茅。但是，我国学科教育要实现从“有质量”到“高质量”的转型发展，不但要将其置于全球教育的视域中深思，还应在回应民族复兴的实际需求上熟虑。《义务教育课程方案和课程标准（2022年版）》从有理想、有本领、有担当三个方面系统绘制了新时代的育人蓝图。“三有”新人从正确价值观、关键能力、必备品格三个方面定位了课程育人的整体架构。若要实现育人蓝图，其中一个全新的、关键的任务就是，要发挥课程、教材和教学培根铸魂、启智增慧的作用。而培根铸魂的核心就是加强中国学生对中华文化的认同。

2013年11月，党的第十八届中央委员会第三次全体会议，就深化教育领域综合改革目标，提出“全面贯彻党的教育方针，坚持立德树人，加强社会主义核心价值体系教育，完善中华优秀传统文化教育，形成爱学习、爱劳动、爱祖国活动的有效形式和长效机制，增强学生社会责任感、创新精神、实践能力”。2014年3月，教育部进一步印发《完善中华优秀传统文化教育指导纲要》，强调“引导青少年学生更加全面准确地认识中华民族的历史传统、文化积淀、基本国情，认清中国特色社会主义的历史必然性，坚定走中国特色社会主义道路、实现中华民族伟大复兴中国梦的理想信念，具有重大而深远的历史意义”。这是改革开放以来，教育职能部门第一次旗帜鲜明地提出：加强中华优秀传统文化教育，是深化中国特色社会主义教育和中国梦宣传教育的重要组成部分。将传统文化和核心价值观教育覆盖到小学至大学育人的全过程、各环节和各学科，逐渐成为教育界共识。2021年1月，教育部颁布《中华优秀传统文化进中小学课程教材指南》，从基本原则、总体目标、主题内容、载体形式、学段要求、全学科覆盖等方面，对中华优秀传统文化进课程教材进行了系统布局。具体而言，不同学段有关中华优秀传统文化的要求是不同的：小学应重点培育学生对中华优秀传统文化的亲切感和感受力；初中应重点增强学生对中华优秀传统文化的理解力；高中应重点增强学生对中华优秀传统文化的理性认识和践行能力，进行文化创新。“全学科覆盖”强调要结合各学科具体主题、单元、模块等，融入相应的中华优秀传统文化内容和载体形式，尤以语文、历史、道德与法治（思想政治）三科为主，艺术（音乐、美术等）、体育与健康学科有重点地纳入，其他学科有机渗透，进而形成纵向有机衔接、横向协同配合的格局。在实施中要秉承“以学生为本”的教育理念，发挥各学科独特育人功能、学科间综合育人功能，开展跨学科主题教育教学活动。以中华优秀传统文化涵养社会主义核心价值观，坚定学生的文化自信。

中华优秀传统文化是中华民族在五千多年的历史发展长河中形成的智慧结晶和精神所在，是当代中国文化的根基，蕴含了以人为本、天人合一、和而不同、天下为公等思想理念、道德规范和人文精神，对于培育和提升人的思想道德、文化素养、审美水平有着非常重要的意义。中小学 20 多门学科的新课程标准明确了学科属性的文化教育目标，“中华文化”也构成了“全学科”文化教育的基本内容。如语文学科的文化自信、道德与法治学科的政治认同、英语学科的文化意识、历史学科的家国情怀、艺术学科的文化理解。虽名称不一，但文化认同是共同的主旨，涉及对中华优秀传统文化、革命文化、社会主义先进文化的认同等。在激烈的全球文化竞争中加快文化认同教育的步伐，强化、培育学生对中华文化的认同感，是我国深化基础教育课程教学改革的使命担当。

如何推进中华优秀传统文化进入各科课程内容？又应使其以怎样适切的形象出现在各科教材之中？如何使其有别于学科知识教学，引领中小学生完成从文化认知到文化认同的学习历程？怎样发挥新媒体、新技术为学习带来的便捷作用以有效传播中华优秀传统文化？这套“中华文化与学科课程丛书”致力于切实解决这些问题，集中承载了作者聚焦学科课程文化的基础性研究所作出的学术贡献——努力建构了各学科课程文化领域的学科体系、学术体系和话语体系。

这套丛书包括董蓓菲教授的《走向文化自信：语文课程文化研究》、沈晓敏教授的《思想政治课中华优秀传统文化资源的开发》和郭宝仙教授的《英语教材中华文化内容设计与使用》。她们运用比较研究、调查研究、文本分析、语料库分析、案例分析等方法，开展跨社会学、文化学、心理学、教育学领域的学理探讨，取得了阶段性的成果：提出了语文学科课程文化研究的理论基础，明确了思想政治课中华优秀传统文化学习资源开发的路径和步骤，探索了本土文化研究视角下英语教科书中华文化内容设计与使用原理……开阔的国际视野，扎实的学科实践，兼具学术性和实践性的成果，能够为学科教育研究者、教材编写者、职前和在职教师开展学科课程文化研究提供切实的帮助！她们结合国家级课题成果率先完成了丛书的撰写，代表学科专家开课程文化研究之先河，具有创新性与引领性，但也难免有需要商榷和改进之处，期待读者赐予宝贵意见和建议！

这三位作者都是我的同事，作为所长，我深感荣幸和自豪，在此也向她们表示祝贺，故欣然为序。

崔允漷

2024 年 4 月

目录

导 言

进入21世纪后，我国经济快速发展，成为世界第二大经济体，但文化发展并未与之相匹配。在全球化浪潮下，我国传统文化遭受猛烈冲击。从政府到民间都开始认识到，要在激烈的国际竞争中立于不败之地，就必须加快建设文化强国，尽快提高文化软实力，形成与中国经济社会发展和国际地位相适应的文化优势。而中华优秀传统文化则是我们实现文化强国的历史支撑。在此背景下，党和政府发布了一系列有关加强优秀传统文化教育的文件。2006年，中华人民共和国成立后的第一个文化发展纲要——《国家“十一五”时期文化发展规划纲要》确定了文化发展的指导思想、方针原则和目标任务，并提出“中小学各学科课程都要结合学科特点融入中华优秀传统文化内容”①。2014年，教育部发布《完善中华优秀传统文化教育指导纲要》，明确了开展中华优秀传统文化教育的主要内容，提出分学段有序推进中华优秀传统文化教育，把中华优秀传统文化教育系统融入课程和教材体系②。2017年，中共中央办公厅、国务院办公厅再度印发《关于实施中华优秀传统文化传承发展工程的意见》，提出把中华优秀传统文化全方位融入思想道德教育各环节，贯穿启蒙教育、基础教育等各领域③。2019年3月，习近平总书记在学校思想政治理论课教师座谈会上又明确地提出，中华民族几千年来形成的博大精深的优秀传统文化，为思政课建设提供了深厚力量。加强中华优秀传统文化教育，是深化中国特色社会主义教育和中国梦宣传教育的重要组成部

① 中华人民共和国中央人民政府. 国家“十一五”时期文化发展规划纲要[EB/OL]. (2006-09-13)[2024-02-12]. https://www.gov.cn/gongbao/content/2006/content_431834.htm.

② 中华人民共和国教育部. 教育部关于印发《完善中华优秀传统文化教育指导纲要》的通知[EB/OL]. (2014-03-28)[2024-02-12]. http://www.moe.gov.cn/srcsite/A13/s7061/201403/t20140328_166543.html.

③ 中华人民共和国中央人民政府. 中共中央办公厅 国务院办公厅印发《关于实施中华优秀传统文化传承发展工程的意见》[EB/OL]. (2017-01-25)[2024-02-12]. https://www.gov.cn/zhengce/2017-01/25/content_5163472.htm.

分，是构建中华优秀传统文化传承体系、推动文化传承创新的重要途径，是培育和践行社会主义核心价值观、落实立德树人根本任务的重要基础。①

新的时代背景下，我们要对文化的本质和力量以及中华优秀传统文化之优势特质、复杂的国际环境重新作出认识。首先，“文化是国家和民族的灵魂，集中体现了国家和民族的品格。文化的力量，深深熔铸在民族的生命力、创造力和凝聚力之中，是团结人民、推动发展的精神支撑。”“文化既为经济社会全面协调发展提供强大的精神动力，也是经济社会发展的重要内容。”“在复杂的国际环境中，要赢得国际竞争，不仅需要强大的经济实力、科技实力和国防实力，同样需要强大的文化实力。”②其次，从中华优秀传统文化的特性和优势来说，“中华优秀传统文化积淀着中华民族最深沉的精神追求，代表着中华民族独特的精神标识，是中华民族生生不息、发展壮大的丰厚滋养，是中国特色社会主义植根的文化沃土，是当代中国发展的突出优势，对延续和发展中华文明、促进人类文明进步，发挥着重要作用”③。简言之，为全面建成社会主义现代化强国，必须增强全民族的文化自信，在继承和发展中华优秀传统文化的过程中创造属于我们这个时代的新文化，发展先进文化，弘扬爱国、奋斗、创造、团结的民族精神，以形成推动社会发展的强大精神动力。所以说，在传统价值观遭受外来文化强力冲击、拜金主义和利己主义大行其道、多元价值观激烈冲突的背景下，让青年一代从小学习中华优秀传统文化、形成建设社会主义强国的精神动力成为当务之急。

在学校所有学科中，思想政治课程（以下简称“思政课”或“思政课程”）作为落实立德树人根本任务的关键课程，在实施优秀传统文化教育的过程中有着其他学科不可替代的作用和与之不同的侧重点。

从课程目标来看，思政课程以培育社会主义核心价值观为目的，促进政治认同、科

① 中华人民共和国教育部. 教育部关于印发《完善中华优秀传统文化教育指导纲要》的通知[EB/OL].（2014－03－28）[2024－02－12]. http://www.moe.gov.cn/srcsite/A13/s7061/201403/t20140328_166543.html.

② 中华人民共和国中央人民政府. 国家“十一五”时期文化发展规划纲要[EB/OL].（2006－09－13）[2024－02－12]. https://www.gov.cn/gongbao/content/2006/content_431834.htm.

③ 中华人民共和国中央人民政府. 中共中央办公厅　国务院办公厅印发《关于实施中华优秀传统文化传承发展工程的意见》[EB/OL].（2017－01－25）[2024－02－12]. https://www.gov.cn/zhengce/2017-01/25/content_5163472.htm.

学精神、法治意识和公共参与等学科核心素养的发展。著名社会学家安东尼·吉登斯指出:“对所有文化而言,那些限定什么是重要的、值得的和合意的思想观念都十分重要。当人类与社会世界进行互动时,这些抽象的观念或价值观,赋予他们意义并提供指导。”“价值和规范共同塑造了一个文化的成员在其环境中的举止。”①思政课对于优秀传统文化教育的贡献主要就体现在价值观的塑造上。因此,在实施优秀传统文化教育时,思政课要侧重于传授核心思想理念、传统美德与中华人文精神。要讲清中华优秀传统文化与中国特色社会主义理论之间的关系,让学生理解中华优秀传统文化是涵养社会主义核心价值观的重要源泉,是马克思主义中国化时代化得以植根的文化沃土,是中国特色社会主义理论体系产生的重要历史背景,同时运用体现爱国、奋斗、自强、开放、包容等美德与精神的文化载体培育学生的道路自信与使命担当意识。

从内容范畴来说,思政课程是一门含政治、法治、经济、哲学与文化等多门学科领域知识的综合课程,这为思政教材的编写者和教师选择优秀传统文化内容提供了框架。在思政课中,优秀传统文化内容的选择要结合各模块的内容,除了在中华优秀传统文化中寻找发展中国特色社会主义的历史依据,还要结合经济与社会模块,融入见利思义、民生为本、损有余而补不足、天人合一等思想;结合政治与法治模块,融入为政以德、民为邦本、任人唯贤、天下为公、德法兼治的思想;结合文化模块,融入和而不同、殊途同归、因俗而治等思想。此外,结合国际政治与经济领域的内容,可以融入协和万邦、讲信修睦、礼尚往来等思想。

中华优秀传统文化教育与思想政治教育在目标上存在的一致性为两者融合提供了条件,同时,浩瀚的优秀传统文化为思想政治教育提供了丰富的教学资源。但是,在教学实践中,这种融合遭遇诸多困难。因教师自身缺乏优秀传统文化知识储备,同时受困于思政课固有教学内容的庞杂与课时不足,大多数教师忙于赶进度完成教学任务,除了文化模块,他们自身没有精力和能力挖掘传统文化资源,使用教材上的优秀传统文化资源,也只是蜻蜓点水,流于对优秀传统文化内容的浅表阐释。而高中思政统编教材虽然较之前各版本思政教材融入了更多优秀传统文化,但除了必修四文化模块以外,其他模块各单元中有关优秀传统文化的内容也并不多见。如何进一步挖掘适用

① [英]安东尼·吉登斯.社会学(第四版)[M].赵旭东,等译.北京:北京大学出版社,2003:30.

于思政课的优秀传统文化资源，并以学生喜闻乐见的方式呈现给学生，推进学生的思考，这方面的研究还远远不足。

本书基于对现行高中思政统编教材中优秀传统文化内容的分析，以及对思政课堂使用优秀传统文化资源状况的调查，总结经验和问题，提出思政课开发和使用优秀传统文化资源的方法和路径。

我们主张从文化创新的角度开发优秀传统文化资源，具体来说，一是要展现优秀传统文化得以传承至今的事迹，也就是要重点开发那些创造性地传承和发展优秀传统文化的人物故事，生动而具体地展现其中的甘苦及其内涵的精神与智慧，使得这些故事中的人物成为学生学习的榜样。二是展现传统文化的当代境遇和课题，让学生通过思考和探索文化传承与发展中的问题及其解决路径，培育文化传承与创新的使命感，以及文化创新所不可欠缺的批判性思维能力和问题解决能力。基于这一思路，我们提出资源选择必须满足这样的要件：具有真实性和复杂性、意外性和迫切性、典型性和普遍性、正确的价值导向性。而一个经得起检验、具有较长生命力的教学资源至少要经历四个步骤的开发过程：素材本体研究、素材教育价值研究、教学设计与素材加工、教学实施与价值验证。本书结合案例阐述了每个步骤的要求和方法。只有通过这种基于素材本体研究的资源开发过程，才能发现并实现资源的育人价值。

本书展现的八个优秀传统文化资源开发案例，涵盖了企业家、法律、社会保障、医药、世界遗产、教育公平、影视、美术等八个方面的题材，挖掘了张謇、《唐律疏议》、明代养老制度、中医药文化、莫高窟、古代科举制度、中国动画发展史、中国版画等的教育价值。每个案例都基于权威学术研究成果阐述了材料的本体知识及其教育教学价值，为教师的教学设计和今后统编教材的修订提供了基础资料和进一步挖掘素材的线索。这八个案例最初产生于我的研究生课程“思政课程教学设计与实施”。这门课上，我给学生布置了一个任务：结合高中思政课的内容研发优秀传统文化教学资源并运用该资源设计一课时或一个单元的教学方案。要求他们依照上述资源开发的框架，拓宽题材范围，深度挖掘有思政教育价值的优秀传统文化资源。八位学生本科分别毕业于思想政治教育、法学、政治学、行政管理、教育学等专业，他们结合自己的专长和兴趣，选择若干素材进行初步的文献调查，在课堂上进行多次讨论后，最后各自确定一个值得深入研究的案例。后来又有几位在读研究生运用他们挖掘的素材设计了教学方案，其中还包括一份结合道德与法治教材中的公平主题设计的教学方案，我将它们也纳入本书。教学设计力图体现活动型课程的理念，采用议题教学、案例教学、问题解决教学、模拟教学、单元教学等实现优秀传统文化教育与思想政治教育的有机结合。从素材的挖掘到教学设计，每份案例经过反复讨论和修改，有些同学的教学设计还在教学实习期间进行了试教，或由一线教师进行试教。上海徐汇区高中思政教研员王志安老师和他的团队、华东师范大学第二附属中学思政教研组对这些研究生的教学设计和实施给予了非常专业的指导和协助，在此向他们表示衷心感谢。感谢我的同事董蓓菲老师和郭宝仙老师给予我完稿的信心，我们三人相互鼓励、支持，成就了这套丛书。最后感谢责任编辑吴伟女士对本书耐心细致的编辑加工并促成这套丛书在华东师范大学出版社出版。

希望本书的出版能抛砖引玉，在思政教材和课堂中涌现出更加多样化的优秀传统文化资源及相关教学实践。

以下附本书执笔者一览表。

本书执笔者一览表

<table>
<tr><th colspan="2">内容</th><th>执笔者</th></tr>
<tr><td colspan="2">导言</td><td>沈晓敏（华东师范大学课程与教学研究所）</td></tr>
<tr><td colspan="2">第一章</td><td>陈慧婷（华东师范大学教师教育学院）、沈晓敏</td></tr>
<tr><td colspan="2">第二章</td><td>韩笑梅（上海师范大学附属中学）、沈晓敏</td></tr>
<tr><td colspan="2">第三章</td><td>沈晓敏</td></tr>
<tr><td rowspan="2">第四章</td><td>第一节</td><td>王慧玲（四川红果研教育科技有限公司）</td></tr>
<tr><td>第二节</td><td>教学设计一：郭雄坤（华东师范大学教师教育学院）
陈慧婷
教学设计二：王慧玲</td></tr>
<tr><td colspan="2">第五章</td><td>吴梦恬（云南大学附属中学星耀学校）</td></tr>
<tr><td rowspan="2">第六章</td><td>第一节</td><td>纪玉杉（青岛市即墨区第一中学）</td></tr>
<tr><td>第二节</td><td>教学设计一：纪玉杉
教学设计二：谢晓东（上海市闵行中学）
纪玉杉</td></tr>
<tr><td colspan="2">第七章</td><td>张苗苗（宁波市镇海中学）</td></tr>
<tr><td colspan="2">第八章</td><td>韩笑梅</td></tr>
</table>

续　表

内容	执笔者
第九章	王安辰(华东师范大学第二附属中学)
第十章	梁婉雅(浙江大学教育学院)
第十一章	伍超(云南师范大学实验中学)

沈晓敏

华东师范大学

2024年春

第一章

思想政治教材中的中华优秀传统文化

在党和国家的文化发展战略指引下，中华优秀传统文化在中小学思政课程中的分量一步步加重。2016 年以后，小学道德与法治教材增加了传统节日、传统美德故事、古代辉煌科技成就以及各地、各民族传统民间习俗和民间艺术等。初中思政教材除了设置优秀传统文化专题单元，还结合不同学习内容融入中华名人名言、诗句格言和美德故事等来进行思想品德教育。高中思政教材在必修四《哲学与文化》中专设“文化传承与文化创新”主题，以落实课程标准的要求，即辩证地看待传统文化，领会对中华优秀传统文化进行创造性转化、创新性发展的重要意义，弘扬民族精神；感受中国特色社会主义文化源于中华民族五千多年文明历史所孕育的中华优秀传统文化。选修课模块三《历史上的哲学家》，要求学生了解春秋战国时代诸子百家的思想，以及宋明理学与心学。可见，现行中小学思政教材大幅度增加了中华优秀传统文化内容。

教材要通过具体的载体来展现中华优秀传统文化，选用什么样的载体？该载体是否具有代表性、典型性、广泛性，是否挖掘和彰显了传统文化的育人价值？编入的内容是否符合学生认知规律？中华传统文化浩如烟海，如何从浩瀚的中华传统文化宝库中选择具有教育价值的内容，将它们转化为教师可教、学生可学且爱学的教学材料，从而有效实现铸魂育人的价值？这些问题还有待进一步讨论。笔者认为，解答这些问题，首先要调查分析现行思政教材中阐述的传统文化内容，以及教师运用传统文化教材的现状，基于经验和问题寻找思政课更好地融入中华优秀传统文化的路径。本书聚焦高中思政课揭示这些现状、经验和问题。

第一节　中华优秀传统文化进教材的依据

一、课程标准

依据《普通高中思想政治课程标准(2017 年版 2020 年修订)》(以下简称新课标)的规定，高中思想政治课程由四门必修课程、三门选择性必修课程、三门选修课程构成。在目标、内容等方面都对落实中华优秀传统文化教育做出了规定。

（一）课程目标

新课标明确指出思政课程是落实立德树人根本任务的关键课程，应紧密联系社会实践，使学生认同中华民族、中华文化，从而增强文化自信与文化自觉，形成正确的世界观、人生观、价值观，并着眼于中华优秀传统文化的创造性转化与创新性发展，最终培养学生政治认同素养中对中华文化的认同以及能够辨析文化现象、表达传承和弘扬中华文化的积极态度与科学精神。

（二）课程内容

在必修课程上，新课标着重在必修四《哲学与文化》中引导学生“辩证地看待传统文化，领会对中华优秀传统文化进行创造性转化、创新性发展的重要意义，弘扬民族精神”。教学提示部分表示可以“以‘传统文化是包袱还是财富’为议题，探究对待传统文化的正确态度。可结合对非物质文化遗产的保护，讨论如何传承和弘扬中华优秀传统文化。可搜集有关资料，寻找并讨论最能体现中华优秀传统文化精髓的标识”“可组织社会主义核心价值观的专题解读，领会社会主义核心价值观继承了中华优秀传统文化”“可通过社会调查，感受中国特色社会主义文化源于中华优秀传统文化”。最终学生要通过本模块的学习，继承中华优秀传统文化，增强文化自信，培育正确的世界观、人生观和价值观。

在选择性必修课程上，新课标在模块三《逻辑与思维》的教学提示上指出，可以通过辨析“飞矢不动”“白马非马”等论题、比较“刻舟求剑”等寓言故事与“草船借箭”等智慧故事，来培养学生的逻辑思维能力。

在选修课程上，新课标在模块三《历史上的哲学家》中指出，要帮助学生了解中国历史上不同哲学家的思想理念、著作、故事，通过中外不同哲学思想的比较和评价，提高自身理论思维水平，从而更加自觉地理解和掌握马克思主义哲学原理。

（三）教材编写建议

新课标在教材修改建议中强调要在彰显中华优秀传统文化的同时，强化有关文化自信的内容安排，从而突出立德树人要求，培育学科核心素养。同时，教材的编写要善于融通古今中外资源，特别要把握好中华优秀传统文化、革命文化、社会主义先进文化等资源，要立足中国、挖掘历史，使教材有深厚历史底蕴，拓展学生视野。

表 1-1　中华优秀传统文化融入高中思政教学的新课标要求

<table>
<tr><th colspan="2">新课标修订内容</th><th>关于落实优秀传统文化融入教学的具体要求</th></tr>
<tr><td colspan="2">修订基本原则</td><td>坚持正确的政治方向：继承和弘扬中华优秀传统文化，坚定文化自信</td></tr>
<tr><td colspan="2">修订的主要内容和变化</td><td>更新教学内容：课程内容有机融入中华优秀传统文化教育内容</td></tr>
<tr><td colspan="2">课程基本理念</td><td>用历史的眼光、文化的眼光引领学生通过观察、辨析、反思和实践，真学真懂真信真用马克思主义，把握正确的思想政治方向</td></tr>
<tr><td rowspan="2">课程目标与核心素养</td><td>政治认同相关要求</td><td>认同中华民族、中华文化，坚定文化自信</td></tr>
<tr><td>科学精神相关要求</td><td>课程目标：
解放思想、实事求是，对文化建设的实践作出科学的解释、正确的判断和合理的选择
科学精神：
1. 能立足中华优秀传统文化，理解并理性对待区域、民族和国家间的文化差异(科学精神—水平 2)
2. 能着眼于中华优秀传统文化的创造性转化、创新性发展，表达传承和弘扬中华文化的积极态度(科学精神—水平 3)</td></tr>
<tr><td colspan="2">课程结构设计依据</td><td>坚持立足当下、不忘本来、面向未来，彰显一脉相承、与时俱进的改革信念</td></tr>
<tr><td>课程内容</td><td>必修课程要求</td><td>1. 内容要求：辩证地看待传统文化，领会对中华优秀传统文化进行创造性转化、创新性发展的重要意义，弘扬民族精神
2. 教学提示：
(1)可结合不同历史时期著名人物的言论，分析影响其价值判断的时代因素
(2)可组织社会主义核心价值观的专题解读，领会社会主义核心价值观继承了中华优秀传统文化
(3)以“传统文化是包袱还是财富”为议题，探究对待传统文化的正确态度。可结合对非物质文化遗产的保护，讨论如何传承和弘扬中华优秀传统文化。可开展“寻找共同的文化记忆”的访谈，组织“制作家乡的文化名片”等活动。可搜集有关资料，寻找并讨论最能体现中华优秀传统文化精髓的标识
(4)可通过社会调查，感受中国特色社会主义文化源于中华民族五千多年文明历史所孕育的中华优秀传统文化</td></tr>
</table>

续　表

新课标修订内容		关于落实优秀传统文化融入教学的具体要求
	选择性必修课程要求	教学提示：可通过辨析“飞矢不动”“白马非马”等论题、比较“刻舟求剑”等寓言故事与“草船借箭”等智慧故事，培养逻辑思维能力
	选修课程要求	了解中外历史上唯物主义与唯心主义哲学流派的代表人物及其核心思想，以提高理论思维水平，更加自觉地理解和掌握马克思主义哲学原理
学生学业质量水平		水平 1：识别当前各种文化现象，理解存在于区域、民族和国家间的文化差异，表明认同中华文化、尊重域外文化、选择先进文化的态度 水平 2：辨析继承中华优秀传统文化、不同文化交流互鉴、践行与传播先进文化的行为，表达文化创新的意义 水平 3：论证社会主义核心价值观继承了中华优秀传统文化。对如何继承中华优秀传统文化等议题，发表持之有故、言之成理的见解，并提出可行建议 水平 4：论证中国特色社会主义文化源于中华优秀传统文化。直面文化建设中的各种问题和挑战，作出正确的判断和选择。响应各种思想文化交流、交融、交锋的态势，在全球视野下表现文化理解力和传播力，对创造性转化与创新性发展中华优秀传统文化发表见解 （其中，学业质量水平 2 是高中毕业生在本学科应该达到的合格要求，水平 3 是学业水平等级性考试的命题依据。）
教材编写建议		1. 突出立德树人要求，着力培育思想政治学科核心素养：在彰显中华优秀传统文化的同时，强化有关文化自信的内容安排 2. 利用多种课程资源，拓展学生视野：教材的编写要善于融通古今中外资源，特别要把握好中华优秀传统文化、革命文化、社会主义先进文化等资源，要按照立足中国、借鉴国外，挖掘历史、把握当代，关怀人类、面向未来的思路，使教材既有深厚历史底蕴，又有鲜明时代特点

二、其他文件

2014 年教育部关于《完善中华优秀传统文化教育指导纲要》明确指出要将中华优秀传统文化教育纳入课程与教材体系，且明确了其主要内容和实施的基本原则，并强调中华优秀传统文化教育应分学段有序开展，从而发挥中小学德育课、高校思想政治理论课在教学中的重要作用，推动思想政治教育和中华优秀传统文化教育紧密结合。

中共中央办公厅、国务院办公厅于2017年印发的《关于实施中华优秀传统文化传承发展工程的意见》中提炼了中华优秀传统文化的三大主题内容，强调要围绕立德树人根本任务，把中华优秀传统文化全方位融入各教育环节，加强中华优秀传统文化相关学科建设，构建中华文化课程和教材体系。

教育部于2017年发布的《中小学德育工作指南》明确指出中华优秀传统文化教育是德育内容之一，要"传承发展中华优秀传统文化，大力弘扬核心思想理念、中华传统美德、中华人文精神，引导学生了解中华优秀传统文化的历史渊源、发展脉络、精神内涵"，以此实现增强文化自觉和文化自信的德育目标。

教育部在2021年发布的《中华优秀传统文化进中小学课程教材指南》（以下简称《指南》）中首次就中小学课程教材如何切实贯彻中华优秀传统文化教育作出系统规划，其中明确提出了中小学课程教材中的中华优秀传统文化教育内容主要围绕"核心思想理念、中华人文精神、中华传统美德"三大主题，主要载体形式为"经典篇目、人文典故、基本常识、科技成就、艺术与特色技能、其他文化遗产"，遵循"坚持正确价值导向，强化经典意识；遵循学生认知规律，贴近学生实际；结合学科特点，注重有机融入；坚持整体设计，科学合理布局"四大融入原则，并明确了各学段要求和学科安排。

第二节　普通高中思想政治统编教材中的中华优秀传统文化

依据新课标编写出版的普通高中思想政治统编教材（以下简称"高中思政教材"）含四册必修教材、三册选择性必修教材、三册选修教材。与所有学科教材一样，中华优秀传统文化内容进思政教材的方式有两种，一是结合单元或课节主题融入中华优秀传统文化的融入式；二是设专门单元、在某课节集中展现或阐述中华优秀传统文化的专题式，如必修四在第四单元中专论中华优秀传统文化的传承和发展，在选修教材《历史上的哲学家》中设置中国古代思想家单元等。因选择性必修教材和选修教材的使用率非常低，本书聚焦于党的二十大后2023年新修订的必修教材，对教材中的中华优秀传统文化教育内容进行梳理和分析。

一、必修教材讲述中华优秀传统文化的方式

(一) 内容量与内容分布统计

我们以“课”为单位，统计四册必修教材中出现的中华优秀传统文化相关内容，并从呈现位置(正文、探究与分享、相关链接、阅读与思考)、呈现形式、主要载体形式、融入作用四个方面呈现统计结果。“主要载体”对标教育部2021年发布的《指南》，分为“经典篇目、人文典故、基本常识、科技成就、艺术与特色技能、其他文化遗产”六类。统计结果如表1－2所示。

表1－2　中华优秀传统文化融入高中思政必修教材情况表

课题	融入中华优秀传统文化的内容	呈现位置	呈现形式	主要载体形式	融入作用
必修一《中国特色社会主义》					
第一课：社会主义从空想到科学、从理论到实践的发展	民族生活和民俗、远古神话传说	探究与分享	文字	基本常识	通过文化内容的角度引导学生描绘远古人类的生产和生活状况，导入人类社会发展过程
	我国古籍记载中关于禹的故事	探究与分享	文字	经典篇目	通过史书典籍的记载让学生理解奴隶主与奴隶产生的过程及生产关系与阶级的关系
	“河南安阳殷墟甲骨文”“浙江良渚古城遗址的玉琮”图片	正文	图片	其他文化遗产	以遗产、遗址图片辅助“奴隶社会生产力的发展”教学
	中国古代耕作技术、水利技术、手工业、铁制农具等生产工具的发展	相关链接	文字	科技成就	以封建社会的科技成就辅助“封建社会生产力的发展”教学，从而理解封建社会相较于奴隶社会的历史进步性

续　表

课题	融入中华优秀传统文化的内容	呈现位置	呈现形式	主要载体形式	融入作用
	明朝中后期的丝织业、制糖业、制瓷业、冶铁业等	探究与分享	文字	科技成就	以封建社会的科技成就辅助“资本主义生产关系萌芽的表现和特点”教学，引导学生明白资本主义生产关系孕育发展于封建社会内部
第二课：只有社会主义才能救中国	——	——	——	——	——
第三课：只有中国特色社会主义才能发展中国	“天下大同”“协和万邦”“天行健，君子以自强不息”“地势坤，君子以厚德载物”	相关链接	文字	人文典故	阐明变革和开放总体上是中国历史的常态，引导学生体悟自古以来中华民族就有宽广的胸怀、变革和开放的精神，具有伟大的梦想精神，如今中华民族以改革开放的姿态继续走向未来，有着深远的历史渊源和深厚的文化根基
第四课：只有坚持和发展中国特色社会主义才能实现中华民族伟大复兴	四大发明、中国重大科技发明	探究与分享	文字	科技成就	以中华优秀传统文化尤其是历史上走在世界前列的四大发明等科技成就为素材，有利于学生认识、认同中华优秀传统文化，懂得中华民族伟大复兴的意义
	盘古开天、女娲补天、伏羲画卦、神农尝草、夸父追日、精卫填海、愚公移山等中国古代神话	相关链接	文字	人文典故	以中国人民勇于实现梦想的神话故事贯通古今，与“中国梦归根到底是人民的梦”的教学内容相联系，引导学生理解在中国

续　表

课题	融入中华优秀传统文化的内容	呈现位置	呈现形式	主要载体形式	融入作用
					的历史长河中，中国人民始终是具有伟大梦想精神的人民，要坚定理想信念、不忘本来、面向未来
	“穷则独善其身，达则兼济天下”——《孟子》	正文	文字	人文典故	以著名的人文典故引导学生体悟中国梦应与世界梦相结合
	“天下为公、求同存异、和合共生”等理念	相关链接	文字	人文典故	阐明古代大同思想、外交思想等核心思想理念与当代中国“坚持走和平发展道路，推动构建人类命运共同体”的理念相联系，引导学生领悟中国治国理政理念不仅结合当今实际，还源自中华优秀传统文化，属于中国智慧
必修二《经济与社会》					
第一课：我国的生产资料所有制	——	——	——	——	——
第二课：我国的社会主义市场经济体制	西汉史学家司马迁《史记·货殖列传》中的一段古文	相关链接	文字	经典篇目	以古代经济思想辅助“市场决定资源配置是市场经济的一般规律”教学，引导学生探索古今经济思想相通之处，从而理解其对发展社会主义市场经济的启示，明确当今社会主义市场经济体制的科学性

续　表

课题	融入中华优秀传统文化的内容	呈现位置	呈现形式	主要载体形式	融入作用
第三课：我国的经济发展	“盖有非常之功，必待非常之人”——《武帝求茂才异等诏》	探究与分享	文字	人文典故	以传统名言名句贯通古今，引导学生发现从古至今国家发展均需要创新人才，人是创新最关键的因素，让学生树立担当意识，争当创新型人才
	引用《管子·轻重甲》《孟子·梁惠王上》《荀子·王制》《吕氏春秋·孝行览》中的话为例	相关链接	文字	经典篇目	将“绿色发展理念”与中华优秀传统文化中人与自然和谐共生的思想相联系，引导学生体悟新发展理念中蕴含的生态智慧、中国智慧
	古代丝绸之路、丝路精神	相关链接	文字 图片	其他文化遗产	以古代丝绸之路为情境，有利于帮助学生了解“一带一路”的历史渊源和现实发展；理解丝路精神和共建“一带一路”的方向；引导学生用历史的观点看待古丝绸之路和“一带一路”；引导学生体悟“一带一路”对“开放新发展理念”的重要性
第四课：我国的个人收入分配与社会保障	引用《周礼·地官·遗人》《管子·轻重甲》《礼记·礼运》中的话为例	相关链接	文字	经典篇目	以中华优秀传统文化中蕴含的丰富的社会保障思想辅助“我国的社会保障”教学，有利于通过探究古今社会保障思想和实践的差异，引导学生明确当今社会保障制度的科学性，并体悟古代社会保障思想对其的借鉴意义

续 表

课题	融入中华优秀传统文化的内容	呈现位置	呈现形式	主要载体形式	融入作用
必修三《政治与法治》					
第一课:历史和人民的选择	——	——	——	——	——
第二课:中国共产党的先进性	——	——	——	——	——
第三课:坚持和加强党的全面领导	——	——	——	——	——
第四课:人民民主专政的社会主义国家	——	——	——	——	——
第五课:我国的根本政治制度	“物之不齐,物之情也”——《孟子》	探究与分享	文字	人文典故	引导学生理解国与国之间的制度、文明等存在差异,进而体悟人民代表大会制度具有鲜明的中国特色
第六课:我国的基本政治制度	我国56个民族的民族文化,提及京剧、武术、民族服饰、民族语言	探究与分享	文字	艺术与特色技能、其他文化遗产	引导学生在理解“多元一体的中华民族”的基础上领悟正确处理民族关系的意义
第七课:治国理政的基本方式	中华法系文化的发展历史;儒家思想;封建法典	正文	文字	经典篇目、其他文化遗产	引导学生体悟源远流长的中华法系文化,并理解其对中国法治建设的重要贡献
	中华法系的名词解释、法典《唐律疏议》图片	相关链接	文字图片	经典篇目	

续　表

课题	融入中华优秀传统文化的内容	呈现位置	呈现形式	主要载体形式	融入作用
第八课：法治中国建设	司马迁《史记·商君列传》中商鞅“徙木立信”的故事	探究与分享	文字	经典篇目	帮助学生理解诚信对增强政府公信力的重要意义
第九课：全面依法治国的基本要求	《说文解字》中对“法”的解释；中华法律图腾的古代神兽代表“獬豸”图片	探究与分享	文字 图片	经典篇目	引导学生了解从古至今中国人民对公平正义精神的追求与向往，从而积极借鉴中华优秀传统文化，推进公正司法，维护社会公平正义
	“徒善不足以为政，徒法不能以自行”——《孟子》	——	文字	人文典故	引导学生理解治理国家不能单有法律，还需要全民守法
必修四《哲学与文化》					
第一课：时代精神的精华	《尔雅》《说文解字》中对“哲学”的古汉语释义	相关链接	文字	经典篇目	引导学生理解“哲学”的含义，并明白其是具有悠久历史的学问
	中国神话：盘古开天辟地	阅读与思考	文字 图片	人文典故	有助于通过比较分析神话、常识，引导学生领悟哲学把握世界的独特方式，理解哲学与世界观的内在关系
	《周易》“形而上学谓之道，形而下学谓之器”	阅读与思考	文字	人文典故	有助于反映独特的哲学思想，引导学生理解“哲学就是对各种具体知识的一般抽象和升华”
	中国古代哲学关于哲学基本问题的思想，如知与行、理与气、心与物等关系	相关链接	文字	其他文化遗产	引导学生理解历史文化、民族等差异影响哲学基本问题的表达方式

续 表

课题	融入中华优秀传统文化的内容	呈现位置	呈现形式	主要载体形式	融入作用
	古代朴素唯物主义思想	相关链接	文字	其他文化遗产	阐明古代朴素唯物主义的核心观点、主要特征，及相较于其他唯物主义基本形态的差异，利于学生准确辨识不同形态的唯物主义
第二课：探究世界的本质	引用《周易》《老子》《尚书》的话说明中国古代哲学家将物质看作世界的本原	阅读与思考	文字	经典篇目	有助于引导学生思考自然界万事万物的根本属性
	《周易》"日往则月来，月往则日来……寒暑相推，而岁成焉"	阅读与思考	文字	经典篇目	引导学生了解中国传统经典文化对自然界运动变化现象的看法，从而帮助学生理解运动的概念以及物质与运动的关系
	《坛经》记载的故事	阅读与思考	文字	经典篇目	引导学生通过探究传统经典故事蕴含的哲学道理，理解不存在脱离物质的运动，不能陷入唯心主义立场
	《孟子》记载的揠苗助长故事原文；"水往低处流"	阅读与思考	文字	经典篇目、基本常识	帮助学生明白做事情、想问题都不可只发挥主观能动性而忽视、违背客观规律
	东汉史学家班固《汉书》称赞刘德"修学好古，实事求是"；唐朝颜师古释"实事求是"为"务得事实，每求真是也"	相关链接	文字	经典篇目、人文典故	帮助学生了解"实事求是"内涵的历史演变

续　表

课题	融入中华优秀传统文化的内容	呈现位置	呈现形式	主要载体形式	融入作用
第三课：把握世界的规律	关于“联系”的中国古代成语、故事、俗语	阅读与思考	文字	人文典故	通过分析学生熟知的各类人文典故所蕴含的哲学道理，引导学生领悟“世界是普遍联系的”，并导入教学
	中国古代建筑风格和蕴含的文化价值；中国建筑中的飞檐图片	相关链接	文字图片	其他文化遗产	帮助学生结合传统文化及生活实际以理解人为事物的联系及其客观性
	唐代韩愈的故事及其语录、宋代苏轼的读书故事	阅读与思考	文字	人文典故	以古人的读书方法帮助学生理解整体与部分的辩证关系原理及系统优化方法
	“自古不谋万世者，不足谋一时；不谋全局者，不足谋一域”——清代陈澹然《寤言二·迁都建藩议》	——	文字	人文典故	帮助学生理解树立全局观念的重要性
	中国古代计算工具；算筹、算盘图片	阅读与思考	文字图片	科技成就	以中国古代计算工具的发展历程帮助学生理解世界是永恒发展的
	中国古代哲人关于质变、量变富含哲理的名言警句	阅读与思考	文字图片	人文典故	引导学生分析名言警句蕴含的哲学道理，帮助其理解量变、质变的辩证关系
	中国古代哲人关于“事物发展的前途是光明的”古诗	阅读与思考	文字	经典篇目	引导学生分析古诗蕴含的哲学道理，帮助其理解新事物必然取代旧事物等知识
	老子、孙武关于“矛盾同一性和斗争性”的论述	阅读与思考	文字	经典篇目	引导学生理解古代经典名言，学习矛盾双方相互依存、相互转化

续 表

课题	融入中华优秀传统文化的内容	呈现位置	呈现形式	主要载体形式	融入作用
	史伯、孔子对“和”“同”关系的论述	阅读与思考	文字	人文典故	引导学生挖掘经典中论述的哲学道理，理解矛盾的同一性、斗争性的辩证关系
	张载“一物两体”、朱熹“一分为二，合二为一”、王夫之“阴阳相互转化”的命题与思想	相关链接	文字	人文典故	帮助学生理解古代思想家、哲学家的观点，领悟矛盾的普遍性，以及矛盾双方对立统一的关系
	中国文学宝库中歌颂祖国壮丽河山的文学作品，以诗歌、《水浒传》为例	相关链接	文字	人文典故	通过学生熟知的文学作品对矛盾特殊性的论述，帮助学生领会矛盾特殊性的含义及意义
	俗话说“金无足赤，人无完人”	阅读与思考	文字	人文典故	有助于引导学生领悟“坚持两点论与重点论相统一”，以及结合自身实际，思考如何正确看待自己与他人，学会取长补短，完善自我
	《论语》孔子的故事：对不同人问“孝”给出不同答案	阅读与思考	文字	人文典故	帮助学生理解具体问题具体分析的方法论
	《三国志》记载的华佗治病的故事	相关链接	文字	经典篇目	
第四课：探索认识的奥秘	老子、荀子关于认识的观点	阅读与思考	文字	人文典故	引导学生了解中国古代不同思想家、哲学家对“认识”的不同观点，明确辩证唯物主义认识论的科学性
	都江堰照片	正文	图片	科技成就	结合深圳发展图，在古今案例中帮助学生理解实践的主观能动性

续　表

课题	融入中华优秀传统文化的内容	呈现位置	呈现形式	主要载体形式	融入作用
	《庄子》“齐是非”和“是非莫辩”思想	阅读与思考	文字	人文典故	帮助学生明白实践为检验是非的唯一标准
	“纸上得来终觉浅，绝知此事要躬行”——陆游《冬夜读书示子聿》	——	文字	经典篇目	引导学生领悟实践的重要性
	嫦娥奔月神话故事	阅读与思考	文字	人文典故	通过嫦娥奔月神话故事引出中国现代探月工程“嫦娥工程”，以此为情境帮助学生理解认识的反复性和无限性
第五课：寻觅社会的真谛	中国古代哲学中关于经济因素在社会生活中的作用的思想，以《管子》的名言、孔子的主张为例	阅读与思考	文字	经典篇目、人文典故	帮助学生明白人类社会发展与经济发展的关系，引导学生认识物质资料的生产对社会发展的决定性意义
	有观点认为，中国历史是由孔孟老庄、秦皇汉武等大人物创造的	阅读与思考	文字	人文典故	帮助学生理解“人民群众是历史的创造者”这一思想观点
	藏族发展史诗《格萨尔王传》	阅读与思考	文字	经典篇目	引导学生理解世界最长史诗的创作以民间文学作品为基础，并由大众传承，帮助学生领悟人民群众是精神财富的创造者
	“水能载舟，亦能覆舟”——《荀子·哀公》	相关链接	文字	人文典故	引导学生理解党的群众路线
第六课：实现人生的价值	中国古代先哲探讨“义、利”	相关链接	文字	人文典故	引导学生了解人类历史上很早便开始思考人的价值，为当今思考价值问题提供了重要启发

续　表

课题	融入中华优秀传统文化的内容	呈现位置	呈现形式	主要载体形式	融入作用
	唐代诗人李约《观祈雨》诗句	阅读与思考	文字	经典篇目	通过唐诗中农民和地主不同的价值判断和价值选择，引导学生认识价值判断和选择的阶级性，分析行动主体的政治、经济地位
第七课：继承发展中华优秀传统文化	《周易》、西汉刘向《说苑》对“文化”含义的理解	阅读与思考	文字	经典篇目	从经典文化的词源角度让学生初步认识文化的内涵
	《周易》《说文解字》对“文”与“化”的释义	阅读与思考	文字	经典篇目	引导学生从词源上加深对“文化”的理解，帮助学生初步认识、理解文化的功能
	古代丝绸之路；吉尔吉斯斯坦学生在孔子学院举办的“孔子学院日”学习绘制京剧脸谱	相关链接	文字图片	其他文化遗产、艺术与特色技能	结合古代丝绸之路和当代“一带一路”，引导学生认识优秀文化具有推动政治、经济发展的重要功能
	正确认识中华优秀传统文化、弘扬中华优秀传统文化	正文	文字	——	明确学生对待中华优秀传统文化的正确态度和原则，积极推动其创造性转化与创新性发展
	战国简木牍、云冈石窟、《兰亭序》临本、《论语》、苏州园林图片	相关链接	图片	其他文化遗产	从多方面展示中华优秀传统文化的主要成就，引导学生认识中华优秀传统文化博大精深的特点，增强文化自信
	中华优秀传统文化的文学作品、艺术成就、哲学思想、科技成就的例子	相关链接	文字图片	经典篇目、科技成就、艺术与特色技能、其他文化遗产	

续　表

课题	融入中华优秀传统文化的内容	呈现位置	呈现形式	主要载体形式	融入作用
	秦始皇陵兵马俑	阅读与思考	文字 图片	其他文化遗产	通过中外对兵马俑的赞美，展现中华文化辉煌的历史成就，引导学生体悟源远流长、博大精深的中华优秀传统文化，从而提升民族认同感和文化认同感
	中国科学技术史记录的传往欧洲的重要发明：中国数学、天文历法、蚕丝织物、瓷器、铁器、农学著作、医药学	相关链接	文字	经典篇目、科技成就、其他文化遗产	引导学生认识中华民族在漫长历史中创造的各种璀璨文化成果，增强民族自豪感
	中华优秀传统文化在经济、政治、文化、生态、教育、外交等方面的基本思想	阅读与思考	文字	人文典故	引导学生明确中华优秀传统文化对国家发展的方方面面具有重要作用，同时为解决世界发展中的许多问题提供了中国智慧
	老子语录、中国雕刻艺术的发展、中国古代文学的发展；竹雕、沙雕的图片	阅读与思考	文字 图片	人文典故、经典篇目、艺术与特色技能	通过文学发展、雕刻艺术发展，阐明新旧事物之间的关系，帮助学生掌握创造性转化与创新性发展的要求
	《周易》中的“天行健，君子以自强不息。地势坤，君子以厚德载物”。	阅读与思考	文字	人文典故	让学生明确中华民族精神厚植于中华优秀传统文化
第八课：学习借鉴外来文化的有益成果	“建筑艺术、舞蹈艺术、体育运动项目、语言文字承载着怎样不同的文化内涵”设问；天坛图片	阅读与思考	文字 图片	经典篇目、人文典故、艺术与特色技能、其他文化遗产	设计具有民族性的教学导入，帮助学生体会不同民族文化的特色

续 表

课题	融入中华优秀传统文化的内容	呈现位置	呈现形式	主要载体形式	融入作用
	民族文化的含义和作用	正文	文字	——	明确文化具有民族性
	浙江杭州良渚古城遗址，代表了我国伟大的史前稻作文明	阅读与思考	文字 图片	其他文化遗产	列举、拓展资源，引导学生认识各类世界文化遗产，进一步认识文化的民族特色
	比较奥运会会徽，北京奥运会会徽上蕴含的文化印记	阅读与思考	文字 图片	艺术与特色技能	引导学生感悟民族文化和文化多样性的价值
	“物之不齐，物之情也”“一花独放不是春，百花齐放春满园”	正文	文字	人文典故	在中华优秀传统文化中体悟文化具有多样性，及其重要意义
	儒家哲学思想，孔子“己所不欲，勿施于人”	阅读与思考	文字	人文典故	引导学生理解各民族文化的差异，以及文化交流对不同民族文化的发展、创新有重要推动作用
	古代丝绸之路、张骞出使西域的故事、丝绸之路群雕图片	阅读与思考	文字 图片	人文典故、其他文化遗产	引导学生以史为鉴，了解先辈开辟的古丝绸之路积淀了和平合作的丝路精神，帮助学生理解文化交流的重要性
	沈绣《嘉藕图》(局部)	阅读与思考	文字 图片	艺术与特色技能	通过此案例引导学生理解文化交融可以促进文化的丰富与发展
	古代两河流域人民在法学和天文学领域内的成就、中国古代四大发明	正文	文字	科技成就	通过举例让学生明确文化交融可以提高世界文化的丰富性

续　表

课题	融入中华优秀传统文化的内容	呈现位置	呈现形式	主要载体形式	融入作用
	宋明理学的产生与发展、儒家哲学	阅读与思考	文字	其他文化遗产	通过宋明理学案例正面说明外来文化要与中国具体国情结合，而不是直接应用于本国问题的解决
第九课：发展中国特色社会主义文化	“文章合为时而著，歌诗合为事而作”——白居易《与元九书》	——	文字	人文典故	帮助学生理解文化的发展要立足时代、回答时代问题
	敦煌石窟、古代丝绸之路、莫高窟佛教艺术、藏经洞文物等敦煌文化艺术、绘画与雕塑、赤轴黄卷	相关链接	文字	其他文化遗产、艺术与特色技能	引导学生领悟文化创新需要融通不同文化资源
	《管子》关于“礼义廉耻”的一段文字	阅读与思考	文字	经典篇目	引导学生认识思想道德修养对国家、社会的重要意义，从而自觉学习中华优秀传统文化，坚定文化自信
	“开展理想信念教育、大力弘扬中华传统美德”“展示中华文化的独特魅力”	正文	文字	人文典故	帮助学生明确建设文化强国的意义与做法
	京剧、昆剧、昆曲、豫剧、越剧等中国戏曲	阅读与思考	文字	艺术与特色技能	引导学生认识到中华优秀传统文化走向世界有利于讲好中国故事、传播中华优秀传统文化蕴含的价值理念，同时引导学生思考如何讲好中国故事，推动文明互鉴

根据高中思政教材融入的中华优秀传统文化内容情况，将其进行量化统计，可知高中思想政治四本必修教材均含一定量的中华优秀传统文化内容。按课数统计，四本教材65%的课数含相关资源；按页数统计，总计约26.58页含有相关资源，占总页数8%，集中于必修四《哲学与文化》，零散分布于其他三本必修教材，其中必修三《政治与法治》中相关内容较少(具体如后文表1-3所示)。总体而言，中华优秀传统文化内容在思政教材中分布广泛，并在必修四中有集中呈现，内容量相比之前的教材有大幅度增加。

(二) 讲述方式

1. 专题式

高中思政教材中所设的中华优秀传统文化教育专题被安排在必修四《哲学与文化》第三单元“文化传承与文化”(以下简称“文化单元”)以及选修四《历史上的哲学家》中。后者的相关教材还未出版，且为面向少数学生开设的选修课，故暂不做分析。

文化单元由“继承发展中华优秀传统文化”“学习借鉴外来文化的有益成果”“发展中国特色社会主义文化”三课构成，分别回答了“如何正确认识中华传统文化?”“如何认识外来文化及其在中国的发展?”“如何正确运用马克思主义、中华优秀传统文化和国外优秀文化的资源建设以及发展当代中国文化?”三个问题。该单元共33页，其中与中华优秀传统文化最直接相关的第一课“继承发展中华优秀文化”共计13页。

文化单元的导入语提出了本单元要探讨的三个问题(如上所述)，并明确指出探讨和回答这些问题的意义：为了建设当代中国文化，建设社会主义文化强国，从而实现中华民族伟大复兴。可见，教材将中华优秀传统文化与当代中国文化的建设以及更宏大的民族复兴目标联系在一起。那么这个联系是如何成立的呢?

首先，第一课通过回答“为什么要继承发展中华优秀传统文化”，展现中华优秀传统文化的优势和价值，同时增强学生的文化自信；通过回答“如何继承发展中华优秀传统文化”，明确创造性转化和创新性发展这一文化发展的路径和举措，培养辩证对待中华传统文化的态度，由此为第三课“发展中国特色社会主义文化”奠定基础。其具体逻辑如下。

由“文化”的一般涵义和功能，引出中华优秀传统文化对中华民族伟大复兴的作用：文化是民族的血脉和灵魂。文化兴国运兴，文化强民族强。认同、传承和发展中华优秀传统文化，是铸牢中华民族共同体意识的前提，没有高度的文化自信，没有文化的繁荣昌盛，就没有中华民族的伟大复兴。

由中华优秀传统文化的形成和发展历程，揭示中华文化源远流长、博大精深的原因："中华文化既是我国各民族在交流、碰撞、交锋中发展起来的，也是在与世界各国文化的交流、碰撞、交锋中发展起来的。"由此显示中华文化具有的包容性。

从核心思想理念、中华传统美德、中华人文精神三个方面概括中华优秀传统文化的主要内容，总结出中华优秀传统文化优势——强大的凝聚力和连续性以及对世界的巨大影响力，从而归结到"中华优秀传统文化是中华民族的突出优势，也是我们最深厚的文化软实力"。

从民族共同的精神标识、传统文化中蕴含的思想观念阐述中华优秀传统文化对民族团结和国家统一、当代中国和世界问题的解决、新型国际关系的构建所具有的当代价值。

基于对中华优秀传统文化特点与价值的阐释，提出要辩证地看待中华传统文化中的糟粕与精华，阐述对中华优秀传统文化进行创造性转化与创新性发展的重要意义，强调弘扬民族精神。

第二课"学习借鉴外来文化的有益成果"，旨在让学生感悟世界文化的多样性，理解文化多样性的价值，明确文化交流互鉴的途径和意义。课文列举了多个中国文化与外国文化交流互鉴的事例，说明文化交流互鉴的积极意义，同时再次让学生感受到中华优秀文化的包容性。如列举宋明理学的产生发展过程——一方面借鉴了佛、道二教的思辨化哲学理论成果，另一方面从儒家文本中寻找阐发"形上之道"的经典依据——建立一个新的庞大哲学体系，从而展现中国传统文化成功吸收、整合外来文化为我所用的能力。此外，还列举了张骞出使西域、郑和七次远洋航海以及结合东西方艺术的沈绣等来说明文化交流和交融对文化发展的推动作用。虽没有集中展现中华优秀传统文化的特点，但仍可以对学生理解中华优秀传统文化具有包容性这一特点，以及理解中华优秀传统文化的继承发展方式产生强化作用。

第三课尽管着重阐述革命文化和社会主义先进文化，着眼于今天和未来的中华文化复兴之道，但在该课中，中华优秀传统文化始终被强调为中国特色社会主义文化的根基，以不断强化学生对中华优秀传统文化的自信。

"文化自信"与"创造性转化和创新性发展"可以说是文化单元的关键概念，忠实地反映了我国的文化强国思路和战略，集中体现了对于中华优秀传统文化的认同与重视。

2. 融入式

融入式就是将中华优秀传统文化作为思想政治教育的载体融入各课中。例如，必修一教材阐述奴隶社会代替原始社会后生产力的发展状况时，呈现了“河南安阳殷墟甲骨文”“浙江良渚古城遗址的玉琮”两幅图片来形象地展现这个时期的生产力发展水平。讲中国梦时，列举盘古开天、女娲补天等神话，说明中华民族具有勇于追求和实现梦想的执着精神。必修二教材引用了《史记·货殖列传》中的一段话阐述市场决定资源配置这一市场经济的一般规律。阐述社会保障时，教材摘录了《周礼·地官司徒》《管子·轻重甲》《礼记·礼运》中的语句，说明“我国优秀传统文化中蕴含着丰富的社会保障思想”。法治建设单元列举了《史记·商君列传》中商鞅“徙木立信”的典故、《说文解字》中对“法”字的解释、中华法系和代表性法典《唐律疏议》等，展现中国古代法律智慧。

此外，教材还在字里行间引用世代流传的诗句、格言来说理，如以“物之不齐，物之情也”说明各国国情不同，每个国家的政治制度都是独特的；在阐述夺取政权不容易，巩固政权更不容易，马克思主义执政党有决心跳出政权兴亡的历史周期律时，呈现了名言“其兴也浡焉，其亡也忽焉”；阐述依法治国的意义时，引用了孟子名言“徒善不足以为政，徒法不能以自行”、王勃的“法立，有犯而必施；令出，唯行而不返”等说明依法治国的意义。

二、必修教材讲述中华优秀传统文化的特点与不足

教育部在2021年颁布的《指南》中提出了传统文化进教材的四条基本原则：(1)坚持正确价值导向，强化经典意识；(2)遵循学生认知规律，贴近学生实际；(3)结合学科特点，注重有机融入；(4)坚持整体设计，科学合理布局。关于传统文化教育内容，提出中小学课程教材主要围绕核心思想理念、中华人文精神、中华传统美德三大主题进行遴选，并列举了上文所述六类优秀传统文化的载体形式。参照《指南》，我们发现高中思政教材完全符合第一条原则，第三条原则也基本符合，而对第二条和第四条原则的贯彻则稍显不足。

(一) 讲述特点

1. 遵循价值导向原则，强化育人功能

高中思想政治学科作为培养政治认同素养、落实立德树人目标的关键学科，其教

材要经过极其谨慎且严格的多次审查，保证在坚持正确价值导向上不出现问题。在文化单元，从定义文化和传统文化的内涵和功能，到阐释中华优秀传统文化的内容、特点、优势和当代价值，再到阐述创造性转化和创新性发展的含义，都与国家相关文件的口径保持了高度一致。这对于学生了解党和政府的文化发展战略，树立对待中华优秀传统文化的正确态度无疑是有帮助的。

教材在价值导向上不仅遵循了新课标"坚持正确的政治方向，突出立德树人要求"的基本原则，同时也呼应了后续《指南》的第一条原则及总目标要求，即课程教材显著增强了以下五个方面的育人功能：(1)厚植中华文化底蕴。如新教材注重融入经典文化素材，以中国古代科学成就、诗词歌画、哲学思想、建筑艺术、神话故事等为学生呈现源远流长、博大精深的中华优秀传统文化画卷。(2)涵养家国情怀，如必修一第四课中的"天下为公、求同存异、和合共生"等大同思想与当今治国理政思想、人类命运共同体理念相呼应，同时引用《孟子》中的"穷则独善其身，达则兼济天下"，强调青年一代要修身养性，有担当意识。(3)增强社会关爱，如必修二第四课中的"我国的个人收入分配与社会保障"，以《周礼》《管子》《礼记》中蕴含的古代社会保障思想，强调社会保障、社会关爱的重要性，增强国家治理认同感。(4)提升人格修养，如必修四第六课"实现人生的价值"中引用中国古代先哲的义利观，引导学生学习正确的道德伦理原则，做出正确的价值判断与价值选择；第七课"继承发展中华优秀传统文化"引用孔子的"己所不欲，勿施于人"、《周易》中的"天行健，君子以自强不息"等经典名言，引导学生养成良好的品德。(5)铸牢中华民族共同体意识，如必修三第六课"我国的基本政治制度"展示了 56 个民族的民族文化；必修四第七课第三框专题式引导学生要弘扬中华优秀传统文化与民族精神，增强文化自信和民族自豪感。

2. 基本实现有机融入，凸显思政学科特性

作为落实中华优秀传统文化教育的核心课程，相较于语文、历史等覆盖具体中华优秀传统文化内容的核心学科，高中思政学科在以中华优秀传统文化为载体，传承崇德向善的中华优秀传统美德，培养学生正确的世界观、人生观和价值观，增强国家认同感和民族自豪感，坚定文化自信等价值导向上起着无可替代的重要作用，此为中华优秀传统文化与高中思想政治学科的内在联系。目前，教材相关优秀传统文化资源与载体形式基本能做到结合本学科目标与学科特性、结合相关主题、知识有机渗透、衔接古今智慧，为学生古为今用、继承与弘扬中华优秀传统文化打下潜移默化的思想基础。

根据表1-2、表1-3可见，教材一半以上的课时数、单元数均含有中华优秀传统文化要素，大部分与学科知识有机结合，相较于旧版教材有明显的进步。而且载体形式涵盖前述六种形式，其中人文典故、经典篇目载体形式最多，占比分别为32%、29%，突出其经典性，所列举的“徙木立信”、盘古开天、孔子和孟子名言、《史记》故事等都是家喻户晓的典故、典籍和名言，这些虽然也出现在语文、历史、艺术等学科中，但作为思政教育的载体，它们与思政学科各单元主题的教学目标和内容要求相一致，能够体现它们在思政学科中与在其他学科中不同的教育价值，可以说大部分传统文化内容做到了有机融入。

文化板块即必修四第三单元集中而系统地阐述了中华优秀传统文化的特色、当代价值，以及正确对待中华优秀传统文化的方式，这些内容体现了思政学科特有的课程目标、内容要求和学业要求，具体来说就是培育关于文化的理论素养和形成正确的文化观，包括理解文化的内涵和功能，形成正确对待民族传统文化与外来文化、传统文化与当代文化之关系的态度和方法。换句话说，就是要培养一种文化的眼光，来面对社会变革和实践创新中的新挑战、新问题，这一点是其他学科不能替代的。

例如，在“文化的内涵和功能”一框，“阅读与思考”栏目列举了《周易》和《礼记》对“文”的解释，甲骨文和《说文解字》对“化”的解释。不同于语文课对汉语字词内涵在理解和使用方面的教学要求，思政课对字词涵义的解说是为了让学生理解文化的教化育人功能。

在“正确认识中华优秀传统文化”一框中，“相关链接”概要性地列举了中华传统文化在文学、艺术、哲学、科学技术等方面的精华，呈现了李约瑟在《中国科学技术史》一书中列举的从公元一世纪到十八世纪由中国传到欧洲等地的26项重要发明；在“阅读与思考”中，概述了中华优秀传统文化在经济、政治、文化、生态、教育、外交等方面的基本思想。这些知识有些可能分别在不同年级的语文教材和历史教材中有过不同程度的呈现，但思政教材呈现这些知识的用意，在于让学生从核心思想理念、中华传统美德、中华人文精神等方面系统把握中华优秀传统文化的内容和特点，就中华优秀传统文化对周边国家和世界文明进程产生的深远影响、中华优秀传统文化所蕴含的思想观念能够解决当代中国和世界发展中的许多问题等传统文化的价值形成系统认识，从而树立“中华文化是中华民族的突出优势，也是当代中国人最深厚的文化软实力”的信念和自信。

在其他模块中，必修一以盘古开天、女娲补天等中国神话链接“中国梦归根到底是人民的梦”，以“天下为公、求同存异、和合共生”等大同思想与当代中国“坚持走和平发展道路，构建人类命运共同体”的理念相联系。必修二引用《管子·轻重甲》《孟子·梁惠王上》等人与自然和谐共生的思想与“绿色发展理念”相联系。必修三《依法治国》中有机融入中华法系文化、《唐律疏议》法典、《说文解字》中对“法”的解释、中华法律图腾，纵向贯通古今。必修四哲学板块通过列举中国优秀经典篇目、人文典故等让学生分析并理解其中的哲学道理，如第一课以《尔雅》《说文解字》等经典篇目中对“哲学”的解释与西方哲学概念相比较，加深学生对哲学的理解；以人文典故“揠苗助长”揭示要尊重客观规律；以《周易》“日往则月来，月往则日来”揭示运动是物质的固有属性和存在方式。

3. 结合栏目功能编排

根据表 1 - 3 显示，中华优秀传统文化资源多以文字呈现，辅之以少量图片。在呈现栏目上，“探究与分享”“阅读与思考”占比最多，为 55%；“相关链接”次之，为 29%；正文最少，集中于《哲学与文化》的文化板块，为 11%。教材不同栏目的编排也将内容依据难度层次做出了区分，正文为最重要的必学内容；“探究与分享”“阅读与思考”创设情境并设问，以任务驱动学习，引导学生阅读分析材料、辨析问题、交流分享、导入教材观点及理论；而“相关链接”则旨在提供相关案例、数据、资料等，对教学内容尤其是疑难问题进行拓展、补充与名词解释。

其中，中华优秀传统文化资源在必修一、必修三、必修四中融入页数版面最多，且多蕴含于“探究与分享”和“阅读与思考”中，两者提供与正文内容密切联系的情境和问题，设计有不同程度复杂性、挑战性的情境，并提出具有思考性、辨析性、价值引导性的问题，起到培养学生阅读分析能力、交流合作能力和思辨能力的作用。如必修一通过“探究与分享”引导学生探究、辨析不同科技成就、史书典籍等的变化，明确各个历史社会形态的特点及其历史进步性；必修三在“探究与分享”中以《史记》商鞅“徙木立信”的故事及对相关启示的设问引导学生思考理解诚信对增强政府公信力的重要意义。必修四在学习“自觉站在最广大人民的立场上”时，教材开头的“阅读与思考”栏目引用唐代诗人李约《观祈雨》诗句，创设不同阶级主体、不同行为选择的复杂情境，并设问“为什么农民和地主会有不同的价值选择”，激发学生思考和探究，从而在融入中华优秀传统文化的同时引入新知；“阅读与思考”栏目也通过沈绣之类的案例引导学生理解

表 1-3　中华优秀传统文化融入高中思政必修教材情况汇总表

教材	含传统文化课数及占总课数比例	含传统文化页数及占总页数比例	呈现形式数及占比		呈现栏目数及占比			主要载体形式数及占比					
			文字	图片	探究与分享/阅读与思考	相关链接	正文	经典篇目	人文典故	基本常识	科技成就	艺术与特色技能	其他文化遗产
必修一	3 (60%)	2.23 (3.4%)	9 (90%)	1 (10%)	4 (40%)	4 (40%)	2 (20%)	1 (10%)	4 (40%)	1 (10%)	3 (30%)	0	1 (10%)
必修二	3 (75%)	1.37 (2.7%)	5 (100%)	1 (20%)	1 (20%)	4 (80%)	0	3 (60%)	1 (20%)	0	0	0	1 (20%)
必修三	5 (56%)	1.75 (1.7%)	7 (100%)	2 (29%)	4 (57%)	1 (14%)	1 (14%)	4 (57%)	2 (29%)	0	0	1 (14%)	2 (29%)
必修四	9 (100%)	21.23 (18.6%)	59 (97%)	15 (25%)	37 (61%)	15 (25%)	6 (10%)	20 (33%)	28 (46%)	1 (2%)	4 (7%)	8 (13%)	13 (21%)
合计	17 (65%)	26.58 (8%)	80 (96%)	19 (23%)	46 (55%)	24 (29%)	9 (11%)	28 (34%)	35 (42%)	2 (2%)	7 (8%)	9 (11%)	17 (20%)

注:其中“总页数”为去除书中单元间的综合探究页数后剩余的正文页数,“含传统文化页数”则根据教材当页传统文化内容所占版幅进行统计,不足一页记为 1/2 页、1/3 页等,相加即为传统文化内容大致所占页面。若版面较少,即仅记录为一句话、一行字等,则不纳入总计。

“文化交融可以促进世界文化的丰富与发展”，运用古代丝绸之路的相关历史知识让学生理解文化交流促进文化发展的重要性等。

在必修二中，中华优秀传统文化则多蕴含于“相关链接”中，辅助正文，起着拓展、补充作用。如在“市场调节”一框的“相关链接”处引用司马迁《史记・货殖列传》的一段话来补充讲解“市场决定资源配置”；“我国的社会保障”一框的“相关链接”以《周礼》《管子》《礼记》的摘录补充讲解中国古代丰富的社会保障思想。

（二）不足与问题

高中思政教材虽然在落实中华优秀传统文化进教材的要求上做出了创造性的努力，但是在遵循学生认知规律、科学合理布局方面仍有需要改进之处，在拓宽传统文化资源的题材范围并融入更多单元方面还有提升空间。为此，需要解决以下不足和问题。

1. 素材零碎缺乏系统性

首先，高中思政必修教材缺乏对中华传统思想理念的系统化阐释，虽然许多单元和课节介绍了中华经典名言和典故等，但散点式地零碎分布在各个单元中，无法形成关于中华传统思想理念（包括政治思想、经济思想、人生观、世界观、价值观）的系统把握。没有系统把握，便无法真正理解中华传统思想的深刻性、独到性，也就无法做到“去伪存真，取其精华”，辩证地看待传统文化，并树立牢固的文化自信。这一点与同样注重传统文化教育的日本高中公民必修教材中系统呈现日本传统思想发展脉络与各思想家们的理论主张形成很大差异。思政选修课虽然设有《古代哲学家》模块，但受当前高考制度的影响，只有极少数学校会开设这门课程，也只有极少数学生会选择这门课程。尽管大部分学生可以通过学习语文教材中的古代经典篇目来了解部分中华传统思想理念，从历史教材中了解中国古代思想家及其主要观点，但这两门学科毕竟有其自身的学科目标和任务，语文注重语言知识和语言表达能力的学习，历史广泛涉及政治、经济、军事、文化等领域的历史发展，思政课则偏重思想观念、民族精神、道德品质、制度方面的育人。学生有在语文课阅读经典和在历史课了解中国历史发展脉络的基础，完全可以通过思政课对中华优秀思想形成更系统、更深入的理解。

同时，思政必修教材还有近四成课数未将中华优秀传统文化纳入课程内容中，且中华优秀传统文化融入中国特色社会主义、经济、政治三大模块的内容和载体形式较少，据表 1-3，从必修一到必修三，三本必修教材含有传统文化资源的页数占比统计分别为 3.4%、2.7%、1.7%。三大模块虽有自身侧重的主题，而非文化专题，但其带有鲜明的政治属性，并肩负实现立德树人根本任务的重任，因此结合各模块特点，有必要进一步开发相关文化资源进行融入。在文化专题单元中，中华优秀传统文化的创造性转化与创新性发展是此单元的主要命题，但教材在这部分只是抽象说理，缺乏范例来说明究竟如何进行创造性转化与创新性发展。传统文化的传承、转化和创新的实践过程包含很多需要挑战的难题，应该让学生直面这些问题，并用真实感人的事例作为学生学习的范例。如莫高窟的守护者们在解决既要保护莫高窟脆弱的壁画又要让莫高窟继续向世人绽放异彩这一难题上创新了各种方法。高中思政教材应在今后加强对文化创新事例的研究与开发。

2. 素材简单缺少生动性

一方面，作为载体的中华优秀传统文化素材的呈现大都是蜻蜓点水式的，材料缺乏丰满细节的支撑，难以支持学生理解并建构对中华优秀传统文化的深度理解和牢固自信。这并不意味着每一份材料都要具体详实，因为教材篇幅毕竟有限，但至少应该有一部分材料具有容易被学生理解的具体性或完整性。如果所选择的材料在语文、历史等学科的教材中出现过，则不必具体，提示学生回顾、联想已学知识即可。但如果在其他学科教材中没有出现过，则应在思政教材中提供更具体详实的材料。例如，必修二第 51 页的“相关链接”摘录了《周礼》《管子》《礼记》中体现的中国古代社会保障思想，分别只有一句简短的话，这样缺乏前后文关联的片言只语只能让学生知道知识点，无法让学生真正理解与认同。也就是说，学生只是知道“我国优秀传统文化中蕴含着丰富的社会保障思想”这一陈述性知识，但难以理解、感受其思想有何可贵之处。这样的材料对学生来说抽象、不易理解，难以触动心灵。如果摘选一段更长的论述，并列举我国古代体现该思想的社会保障举措，如明清时代我国就建立了措施非常具体的养老保障制度，那么更容易让学生感悟、理解中国古代社保智慧。当然，此类材料有赖课程教材研究者和实践者的进一步开发。

另一方面，教材缺少具有张力的、可触动学生思考探究的、含有挑战性问题和任务的中华优秀传统文化相关的事实材料。新课标指出要培养政治认同、科学精神核心素养，要求学生认同并立足中华优秀传统文化，对文化有辨别、选择能力，以及能对传统文化的传承与发展问题发表见解并提出可行建议。而学生作为中华优秀传统文化的传承和发展者，在传承和创新文化的过程中将面对很多利益冲突、价值冲突。学会平衡不同利益和需求，开创新路径、新方法解决问题，需要拥有基于文化认同的批判性思维以及创造性解决问题的能力。若教材融入传统文化资源仅停留在陈述阶段，则只能让学生获得“描述与解释”的能力水平，而无法提升到更高阶的分析、运用、辨析等能力水平。

而培养21世纪核心素养要求我们转变课程教材教学的传统模式。课程改革专家指出，“指向核心素养的学习是深度学习，学习内容是蕴含意义的任务，即真实情境的问题解决；教学过程表现为高投入、高认知、高表现的学习；学习评价为真实情境下的问题解决、完成任务的表现”①。“素养的培养需要以复杂的、灵活多变的具体情境为载体”②。思政教材要从培养核心素养的角度，去挖掘与中华优秀传统文化相关联的问题以及解决问题的生动故事。

（陈慧婷　沈晓敏）

① 崔允漷.指向学科核心素养的教学即让学科教育“回家”[J].基础教育课程，2019(Z1)：5—9.

② 杨向东.关于核心素养若干概念和命题的辨析[J].华东师范大学学报(教育科学版)，2020，38(10)：48—59.

第二章

高中思政课堂优秀传统文化教学资源使用现状

我们运用课例分析和访谈法，以高中思政教师为研究对象，对其使用优秀传统文化资源的情况实施调查，揭示其实施优秀传统文化教育的经验、困惑和问题，以期能为适用于思政课的优秀传统文化资源的开发提出针对性建议。

第一节　现状调查方法

一、课例分析

（一）分析对象的选择

调查实施期间，受疫情影响，研究者无法进入中学实地观摩思政课，只能收集课堂教学录像。为减少疫情影响，落实停课不停学，各地纷纷运用在线课程、直播教学、空中课堂等教学形式。其中，空中课堂集中各省优质资源，以优秀教师课堂实录为主，教师在教室场景中进行无生授课，全省（市）统一课表、统一进度、统一要求。尽管存在互动性差、学生临场感弱的问题，但空中课堂聚合大量优质名师进行授课，并经过教育行政部门组织的专家审查，可以说能够体现各地区的教育理念、教育水平，且最具权威性。同时，北京、上海的课程改革走在全国前列，且北京的空中课堂还被列入教育部建设的国家中小学课程资源，得到了官方认可，可用于研究当前思政课优秀传统文化教学资源使用的情况。

另外，空中课堂能够覆盖高中思政四册必修教材的全部内容，四册教材在教学内容和教学方法上都存在差异，其中必修四《哲学与文化》与其他三册情况不同，有传统文化专题的教学内容。

因此，我们的课堂观察对象选取了上海、北京两地的高中思政空中课堂视频课。为了比较各册教材优秀传统文化素材的使用情况，选用上海必修一至必修四共 83 节课，单节课 20—30 分钟；为了比较京沪两地空中课堂《哲学与文化》模块素材使用的异同，北京选择性必修四《哲学与文化》模块的空中课堂共 32 节课，单节课 20—30 分钟。

在对空中课堂的优秀传统文化资源使用做出初步调研后发现，高中思政课堂中使用传统文化资源的节次较少，共61节，占所有样本数的45.9%。为了进一步验证空中课堂作为研究对象的科学性，此处选择部级优课和上海市高中思想政治优课进行对比。

表2-1 课例分析样本情况

地区	教材	节数
上海	必修一	16
	必修二	12
	必修三	25
	必修四	30
北京	必修四	32
合计		115

为了深度融合信息技术和教育，推动教学模式创新，提高教育质量，教育部从2014年起推出了"一师一优课、一课一名师"活动。研究开展时，现有最新的优课为2019年度优课，因此我们选择2019年部级优课为参考对象，优课所用教材版本为人教2003课标版、沪教课标版(新)、沪教课标版(旧)①。为了对比上海市的情况，我们还选择了上海市优课作为参考对象，上海市优课所用教材版本为沪教版②。如表2-2所示，对比可见，在不同类型的优课中，含有优秀传统文化资源的课节数都较少。空中课堂覆盖必修四册，包括文化专题单元，因此空中课堂具有一定的代表性，可以作为研究对象。

(二) 课例分析框架

我们基于相关理论，从优秀传统文化资源类型的选择、资源的使用路径和针对资源的问题设计三方面构建分析框架。

---

① 国家教育资源公共服务平台. 2019年部级优课[EB/OL]. [2023-08-21]. https://1s1k.eduyun.cn/resource/resource/CaseVote/caseTicketMain.jspx?year=2019&code=-1&s=subject.0030&date=1646484799291&sessionKey=fKvgm4kUANnuFYTnoa8L.

② 上海大规模智慧学习平台. 上海优课[EB/OL]. [2023-08-21]. https://youke-smile.shec.edu.cn/field/index/pages.html?cid=13&nianji=1045&kemu=1055&banben=1102&ce=0.

表 2-2　含有优秀传统文化资源、文化专题的课节数及占比

课程来源	含有优秀传统文化资源的课节数	使用优秀传统文化资源的文化专题课节数	课节总数	占比(含有优秀传统文化资源课节数/课节总数)
空中课堂	61	20	133	45.9%
一师一优课(2019 年部级)	12	3	119	10.1%
上海优课	5	1	48	10.4%

1. 资源的类型

中华优秀传统文化博大精深，在何学段融入何种内容是一个系统性工程。2021年，教育部发布《中华优秀传统文化进中小学课程教材指南》(以下简称《指南》)，力图解决优秀传统文化教育碎片化的问题，使优秀传统文化主题教育内容更加系统化，提升育人效果。传统文化教育面向全体学生开展，贯穿各个学段，同样的传统文化内容，几个学科都在讲，小初高也都一直在讲，反而不能凸显高中思政课的育人价值。因此，《指南》根据不同学科特点和学段差异，整体谋划，递进设计，精选内容，各有侧重，清晰明了地规定了高中思政课优秀传统文化教育的核心内容和基本要求，力争克服简单重复和交叉等问题。参考《指南》的要求分析空中课堂，可以有效考察高中思政课教学对《指南》的落实情况。

我们依据《指南》的建议，将优秀传统文化资源开发的内容层面观察点设为资源主题(Z)、载体形式(X)、来源年代(L)、内容领域(N)；又参考了姜浩哲在其文章中的分类标准①，将形式层面观察点设为呈现方式(C)。

(1) 内容层面

第一，资源主题，分为核心思想理念、中华人文精神和中华传统美德。优秀传统文化资源的主题内容应该是正向的，提升青少年的民族自信和价值自信，在主题选择上要取其精华，突出经典。

第二，载体形式，包括人文典故、经典篇目、科技成就、基本常识、艺术与特色成就

① 姜浩哲.我国传统数学文化融入教科书的价值、现状与展望——以人教版小学数学教科书为例[J].课程·教材·教法，2021，41(1)：98—104.

和其他文化遗产。高中思政课应选择合适的载体形式，增强学生对传统文化的理性认知。

第三，来源年代，包括优秀传统文化资源和基于传统文化的当代创新资源。传统文化教育不仅要引导学生正确认识优秀传统文化，保护、继承优秀传统文化；更强调不断发展优秀传统文化，赋予其新的内涵。因此，在选择教学材料时，既要有传统文化自身的内容，也不应缺少基于传统文化的当代创新内容，启发学生思考优秀传统文化的当代价值。

第四，内容领域，包括社会历史发展过程、经济与社会发展、国家和社会治理、文化发展与文化成就、理解认识世界五类。不同于小学和初中阶段简单地理解社会和认识国情，高中阶段明确了优秀传统文化内容不能局限于文化发展与文化成就，应将经济、社会、国家治理的智慧渗入课堂。

(2) 形式层面

第一种为贯穿性资源，指教学中出现的我国优秀传统文化资源贯穿了知识学习的整个过程，并针对该传统文化资源设置问题进行探讨。例如：在必修三"我国法治建设的历程"一课中，教师使用了徙木立信、约法三章和《唐律疏议》作为材料，让学生思考三个故事说明的道理。在这里，学生通过探讨材料本身的含义，理解我国法治发展的历史这一教学内容。

第二种为背景性资源，指教学中简单介绍我国优秀传统文化内容，有时出现在课堂导入部分以激发学生学习兴趣；有时出现在正式教学中，其目的往往是引出具体的新知识，通常也不对传统文化内容本身进行探讨。例如：必修一"实现中华民族伟大复兴的中国梦"一课，教师呈现了《孟子》中的"穷则独善其身，达则兼济天下"，请同学结合案例探究中国如何为实现世界梦作出贡献。这里，名言仅作为背景性材料呈现，教师并未对名言本身进行过多探讨。

2. 资源的使用路径

教材是重要的教学资源，教师使用教材的方式也能反映其使用教学资源的路径。国外学者多通过实证研究，探讨教师对教材的忠实程度，以此区分不同教师对教材的使用方式。尼科尔(Nicol)等调查四位准教师，得出教师使用教材的方式分为忠实(adherence)、调适(elaboration)和创造(creation)，研究还表明，实习环境、资源获取和教师对数学的理解会影响他们的使用方式①。弗里曼(Freeman)和波特(Porter)对比了小学教师的授课内容和教材,将教师的教材使用分为三类:照本宣科(textbook-bound)、结合基础知识选择性使用(focus on the basics),以及依据学习目标选择性使用(focus on district objectives),教师的教材观、教学观念和对主题知识的把握影响着教师的教材使用方式②。雷米拉德(Remillard)和布莱恩斯(Bryans)提出全面依赖(thorough piloting)、调适性使用(adopting adapting)和间歇式有限使用(intermittent and narrow)这三种教材使用方式③。李光浩(Kwangho Lee)将教师的教材使用分为三种情况:教师按照教材结构教学、教师将教材当作一种资源并结合实际选择内容及顺序、教师完全不使用教材④。

在国内,专家编写教材可以看作教材的"一次开发",教材"二次开发"则是教师根据学情再次处理教材。俞红珍把教材"二次开发"分为巧用教材、整合优化资源、创新开发三种⑤。熊昌萍开展个案研究,发现农村教师教材开发主要有调整教材顺序和教材内容,增添新内容,合并、融合、替换教材内容等形式⑥。丁洁发现英语教师常通过增加、删减、修改、替换和调序进行教材"二次开发"⑦。叶育萌基于对听课笔记的整理,总结教师处理教材内容的六种方法,分别是加、减、乘、除、替换、重组⑧。

基于上述文献,可以将使用教学资源的路径分为以下三大类:

---

① Nicol, C. C. & Crespo, S. M. Learning to Teach with Mathematics Textbooks: How Preservice Teachers Interpret and Use Curriculum Materials [J]. Educational Studies in Mathematics, 2006, 62(3): 331-355.

② Freeman, D. J. & Porter, A. C. Do Textbooks Dictate the Content of Mathematics Instruction in Elementary Schools? [J]. American Educational Research Journal, 1988, 26 (3): 403-421.

③ Remillard, J. T. & Bryans, M. B. Teachers' Orientations toward Mathematics Curriculum Materials: Implications for Teacher Learning [J]. Journal for Research in Mathematics Education, 2004, 35(5): 352-388.

④ Kwangho Lee. Elementary Teachers' Use of Mathematical Textbooks in Korea [D]. Korea National University of Education, 2011.

⑤ 俞红珍. 教材的"二次开发":涵义与本质[J]. 课程·教材·教法,2005(12):9—13.

⑥ 熊吕萍. 农村教师教材再开发个案研究[D]. 重庆:西南大学,2007.

⑦ 丁洁. 中学英语教师对教材二次开发现状的调查研究[D]. 上海:华东师范大学,2009.

⑧ 叶育萌. 教材二次开发的实践与研究——以湘教版高中地理教材为例[D]. 金华:浙江师范大学,2008.

（1）使用教材提供的教学资源

指教师完全使用教材所选用的资源（主要来源于“探究与分享”“名词点击”和“相关链接”），不对材料进行增删、调整和加工，也不改变教材原有的问题。

（2）教材二次开发

- 教师补充资源：即教师增加资源，其含义为教师增加一些教材上没有、但是授课所需的材料。此处补充指的是教师基于教材教学环节需要补充的新材料，而非下文所述创新性教学资源。例如：在讲中华优秀传统文化时，教材提供了中华文化的发展成就，教师则补充了“中国历史发展脉络”视频，帮助学生理解发展成就。
- 教师整合资源：这里所指的整合包含了改写和重组。教材资源的处理并不只是简单的补充和删减，有的内容仅靠添加并不能和原有资源形成整体，这就需要教师进行资源整合。一种是改写，使原来的内容更具体化，也可以理解为“扩展”；另一种是重组，即对教材原有的教学资源顺序做出调整。
- 教师删减资源：指删减教材上不符合学情的材料。

（3）创新性开发

指教师基于课标、教材和学生需要完全开发的、区别于教材的教学资源。教师自主开发的创新性教学资源应该能推动问题生成、激发学习意愿，促进其主动建构知识。

资源使用路径也是三个层次，第一层是直接使用教材提供的教学资源进行阐释；第二层是在教材提供的资源基础上进行补充、整合和删减；第三层次是根据教材的内容要求，自己开发全新的资源。后两个层次属于教学资源开发的范畴，第三层次属于创新性开发，也是教学资源开发的理想状态。

3. 针对教学资源的问题设计

寻找、挖掘教学资源是教学资源开发的第一步，接下来教师要思考如何使用教学资源，包括相关材料如何呈现，如何围绕材料提出问题，开展什么样的活动使学生能通过这些材料形成某种认识和观念，获得某种能力。日本学者有田和正认为，评价教学材料的效果，应考虑教学材料对学生原有的知识或经验有多大的动摇，对学生知识和经验的重建有多大的作用。① 爱仕拉尔（Margaret Ishler）归纳出提问的五个基本作

① ［日］市川博. 社会科的使命与魅力——日本社会科教育文选［M］. 沈晓敏，译. 北京：教育科学出版社，2006：159—169.

用，其中第四个作用为鼓励学生思考，认为高认知提问有助于批判性思维培养[①]。借鉴上述理论，根据教学材料设计高认知提问，可以发挥学生自主性、唤起学生的经验和知识，发展学生思维能力，进而实现教学资源的育人价值。因此，找到合适的教学资源之后，还有设计可讨论的问题这一重要环节。

课堂观察工具可以帮助确定教师课堂问题所要求的认知水平。崔允漷团队构建了LICC课堂观察模式，包含4个维度（学生学习、教师教学、课程性质、课堂文化）、20个视角、68个观察点。[②] 例如，教师教学有环节、呈现、对话、指导和机智5个视角，其中"对话"视角又包括教师提问的类型、课堂上有哪些话题、话题和目标的关联如何等具体的观察点。LICC课堂观察框架为我们观察课堂资源的使用提供了一个支架。空中课堂为无生上课，无法评估师生之间的互动情况，因此，我们从教师所提问题的类型、问题与素材关联度、问题与目标的关联度这三个角度观察。

崔允漷团队在实践中开发出了一些配套的工具并经过了检验，我们借鉴该团队中政治学科特级教师徐晓芸在评价素材资源开发利用的过程中所设计的工具[③]，如表2-3所示。

表2-3　针对教学资源的问题设计

<table>
<tr><th colspan="8">针对资源的问题设计</th></tr>
<tr><td rowspan="3">预设问题</td><td colspan="5">问题类型（W）</td><td rowspan="2">问题与素材关联度</td><td rowspan="2">问题与目标关联度</td></tr>
<tr><td>W1</td><td>W2</td><td>W3</td><td>W4</td><td>W5</td></tr>
<tr><td>归纳</td><td>分析</td><td>演绎</td><td>评析</td><td>体验</td><td>1—5分</td><td>1—5分</td></tr>
</table>

（1）问题类型

课堂提问多种多样，为了更好地把握教学提问的类型特征，对课堂提问进行概括分类是十分有意义的[④]。1950年以来，布鲁姆（Bloom）的认知分类系统被广泛采用，

① Wilen, W., Ishler, M., Hutchison, J., et al. Dynamics of Effective Teaching [M]. Longman Pub Group, 1995.

② 崔允漷. 论课堂观察LICC范式：一种专业的听评课[J]. 教育研究，2012(5)：79—83.

③ 崔允漷等. 课堂观察II：走向专业的听评课[M]. 上海：华东师范大学出版社，2013：196—197.

④ 沈小碚. 课堂教学提问类型的概括研究[J]. 教育学术月刊，1996(1)：46—48.

提问由低到高可分为以下六个层次①：

知识——要求学生掌握具体的学习知识、原理；

领会——考查学生解释、推断的能力；

运用——考查学生应用所学知识的能力；

分析——考查学生对要素、事物关系的分析；

综合——能综合所学知识，构建新的体系，推导出一套抽象关系；

评价——要求学生能够根据评价标准，对事物的本质进行理性、深刻的评判。

参考布鲁姆的分类，结合思政课特点，我们将问题类型分为以下五种，并引用徐晓芸的案例阐释各类型的含义，如表 2-4 所示②。需要明确的是，这五种提问方式并非完全独立，有时还会同时出现。

表 2-4　课堂提问的分类及其内涵

分类	含　义
归纳	考查学生理解材料内容和对教材知识的基本把握，没有现成的答案，需要学生联系材料和所学知识综合得出答案。例如："这家企业的 logo 代表了什么？""上面的材料体现了书中的什么道理？"
演绎	侧重于考查学生对概念、基本原理的应用和推广。演绎是基于教师建立的特殊情境，学生运用教材的一般原理和技能解决情境中的问题。例如："请运用《生活与哲学》的知识分析张謇的成长经历与创业过程。"
分析	分析要求学生拆解知识结构、因素，分析相关关系和原理。属于高阶思维活动，学生需要自己分解知识、寻找根据、判断材料的相关性。教师常用"分析""为什么"等关键词。其也常与归纳、演绎类提问同时出现，例如："其生产销售有哪些秘密呢？"
评析	教师引导学生根据一定的标准对材料的价值观进行判断，提出自己的见解。例如："我们怎么评价张謇的一生？"
体验	思政课不仅关注学生知识的获取和能力的提升，也关注课堂对学生情感态度与价值观的影响。中华传统文化意蕴丰富，通过感性化的提问，能引导学生体悟传统文化之美。如教师请同学们谈谈感受。

① [美]布鲁姆. 教育目标分类学：第 1 分册　认知领域[M]. 罗黎辉，等译. 上海：华东师范大学出版社，1986：59—190.

② 崔允漷等. 课堂观察Ⅱ：走向专业的听评课[M]. 上海：华东师范大学出版社，2013：197.

（2）问题与素材关联度

好的问题应该做到与所使用的教学资源关系密切，推进课堂教学，促进教学目标的实现。因此，我们对问题与素材关联度进行赋分，就能方便快捷地对比不同教学资源使用的效果，进行量化评估和对比，这对改进课堂教学，提高教学资源利用率非常必要，具体内涵如表 2－5 所示。

表 2－5　问题与素材关联度等级

问题与素材关联度	1	不紧密，即教学资源仅作为背景资料，学生依靠教材知识或者日常积累即可作答。
	2	有一点紧密，教学资源作为背景，问题指向和答案都和材料关系不大。
	3	一般紧密，教学资源作为背景，学生回答问题前需要整体把握教学资源，答案不直接来源于教学资源。
	4	比较紧密，围绕教学材料涉及的内容提问，可以运用所学知识和生活经验回答。
	5	非常紧密，紧扣教学资源提问，需要运用所学知识对教学资源的内容进行分析。

（3）问题与目标关联度

与上表类似，好的问题应该与教学目标紧密相连，服务于教学目标。徐晓芸老师将问题与目标的关联度分为“A 很紧密，B 比较紧密，C 不紧密”三个等级。为了精确评估，我们采用五个等级，详细内涵如表 2－6 所示。

表 2－6　问题与目标关联度等级

问题与目标关联度	1	不紧密，问题并未指向本节课的教学目标。
	2	有一点紧密，所提问题与教学目标关系不大。
	3	一般紧密，所提问题能部分体现教学目标。
	4	比较紧密，问题围绕教学资源和教材内容展开。
	5	非常紧密，问题与目标密切相关。

基于上述分析，我们构建了课堂观察框架，如表 2－7 所示。通过课堂呈现的教学

资源的主题、形式、内容领域等，分析教师使用的优秀传统文化资源类型；通过分析资源使用路径考察教师教学资源开发情况；通过课堂教师提问的类型和水平，评价教学资源利用的水平。

表 2－7　优秀传统文化资源使用情况观察框架

<table>
<tr><th>项目</th><th>主维度</th><th>次维度</th><th>编码</th><th>编码依据</th></tr>
<tr><td rowspan="18">资源的类型</td><td rowspan="3">资源主题</td><td>核心思想理念</td><td>Z1</td><td rowspan="18">《中华优秀传统文化进中小学课程教材指南》</td></tr>
<tr><td>中华人文精神</td><td>Z2</td></tr>
<tr><td>中华传统美德</td><td>Z3</td></tr>
<tr><td rowspan="6">载体形式</td><td>经典篇目</td><td>X1</td></tr>
<tr><td>人文典故</td><td>X2</td></tr>
<tr><td>基本常识</td><td>X3</td></tr>
<tr><td>科技成就</td><td>X4</td></tr>
<tr><td>艺术与特色技能</td><td>X5</td></tr>
<tr><td>其他文化遗产</td><td>X6</td></tr>
<tr><td rowspan="2">来源年代</td><td>传统文化遗产</td><td>L1</td></tr>
<tr><td>基于传统文化的当代创新</td><td>L2</td></tr>
<tr><td rowspan="5">内容领域</td><td>社会历史发展过程</td><td>H1</td></tr>
<tr><td>经济与社会发展</td><td>H2</td></tr>
<tr><td>国家和社会治理</td><td>H3</td></tr>
<tr><td>文化发展与文化成就</td><td>H4</td></tr>
<tr><td>理解认识世界</td><td>H5</td></tr>
<tr><td rowspan="2">呈现方式</td><td>贯穿性资源</td><td>C1</td></tr>
<tr><td>背景性资源</td><td>C2</td></tr>
<tr><td rowspan="5">资源的使用路径</td><td colspan="2">使用教材提供的资源</td><td>K1</td><td rowspan="5">教材二次开发相关理论</td></tr>
<tr><td rowspan="3">教材二次开发</td><td>补充</td><td>K2</td></tr>
<tr><td>整合</td><td>K3</td></tr>
<tr><td>删减</td><td>K4</td></tr>
<tr><td colspan="2">创新性开发</td><td>K5</td></tr>
</table>

续　表

<table>
<tr><th>项目</th><th>主维度</th><th>次维度</th><th>编码</th><th>编码依据</th></tr>
<tr><td rowspan="8">针对资源的问题设计</td><td colspan="2">预设问题</td><td>—</td><td rowspan="8">LICC课堂观察表</td></tr>
<tr><td rowspan="5">问题类型</td><td>归纳</td><td>W1</td></tr>
<tr><td>演绎</td><td>W2</td></tr>
<tr><td>分析</td><td>W3</td></tr>
<tr><td>评析</td><td>W4</td></tr>
<tr><td>体验</td><td>W5</td></tr>
<tr><td colspan="2">问题与素材关联度</td><td>1—5</td></tr>
<tr><td colspan="2">问题与目标完成度</td><td>1—5</td></tr>
</table>

（三）课例分析实施

为了确保分析的客观性，我们设置了相应的观察量表和编码表进行数据记录和汇总，具体采用如下方法对空中课堂的优秀传统文化资源使用情况进行统计：首先，课堂中每呈现一次优秀传统文化相关的教学资源，便将其记录为一次。如，在“文化交流与文化交融”一课中，“指南针的发明与应用”在载体形式上属于“科技成就”、属于“教师补充资源”。然后，再依据针对材料提出的问题，评价问题的类型以及与素材、目标的关联度。为了确保数据准确性，我们共进行三轮观察和编码。第一轮记录使用资源的类型，记录问题、教学目标等文字信息，简单进行分类；第二轮再次观看课程，补充遗漏内容，对资源进行精细化编码分类；第三轮进行最后的校对。过程中，针对模糊部分，邀请专家进行指导。在观看记录完全部的课程后，运用质性分析方法进行整理、归纳和分析。

二、教师访谈

（一）访谈对象

为了更深入地把握教师对于优秀传统文化教学资源的开发和使用情况，我们访谈了13名上海高中思政教师，其中包括4名有空中课堂录制经验的老师，了解教师开发和使用优秀传统文化教学资源的过程，补充课例分析的部分观点。访谈后，如实转写了访谈文字。为避免个人信息泄露，以大写字母为编号代替访谈对象姓名，且该字母不代表教师真实姓名，仅用于区分访谈对象。

表 2-8　受访教师信息表

序号	编号	性别	教龄	是否录制过空中课堂
1	L	女	7 年	否
2	Z	女	2 年	否
3	X	男	8 年	是
4	H	女	26 年	否
5	S	男	10 年	是
6	T	女	16 年	是
7	A	女	10 年	否
8	W	女	15 年	否
9	Y	女	24 年	是
10	C	男	5 年	否
11	D	女	18 年	否
12	N	男	28 年	否
13	J	女	2 年	否

(二) 访谈工具

通过课例分析可以把握教师在教学中使用了何种类型的优秀传统文化资源、是如何使用的，但并不能完全探明教师对于优秀传统文化教学资源价值的认知，也不能了解教师为何使用，困难有哪些，影响因素又有什么。彬彬、孔凡哲等从理解和认识资源，利用和开发资源，评价资源三个维度对教师的教学资源开发与使用进行评估①。为了更清晰地描绘教师对于优秀传统文化资源的开发与使用情况，补充课例分析结果，我们参考上述研究编制了“高中思政课传统文化教学资源开发与应用教师访谈提纲”。访谈主要围绕以下几方面展开：一是受访教师的基本信息以及是否有参与空中课

① 彬彬，孔凡哲．教师开发利用课程资源的过程分析及水平模型的构建[J]．教育科学研究，2014(12)：42—48.

堂录制的经验；二是挖掘教师对于优秀传统文化资源使用的理念，包括对传统文化的认知以及教学资源开发意识；三是通过具体课例，了解教师对于优秀传统文化资源的开发与使用方式；四是探究教师对于优秀传统文化资源开发与使用的影响与效果；五是寻找影响教师开发优秀传统文化资源的因素。访谈内容维度与问题设计如表 2 - 9 所示。

表 2 - 9　高中思政教师优秀传统文化资源开发与使用访谈内容维度与问题设计

<table>
<tr><th>三级编码</th><th>二级编码</th><th>问题</th></tr>
<tr><td rowspan="2">优秀传统文化资源使用的意识</td><td>对优秀传统文化的认知</td><td>您对教材中的传统文化内容了解吗？</td></tr>
<tr><td>优秀传统文化资源开发的意识</td><td>您是否会有意识地在思政课上选用传统文化素材设计及开展教学？</td></tr>
<tr><td rowspan="3">优秀传统文化资源使用的方式</td><td>教材传统文化资源的处理</td><td rowspan="3">您是否在思政课上用过传统文化素材，能否列举一个您自己比较满意或者印象深刻的课例？
您去听其他老师的思政课时，有没有遇到在使用传统文化素材方面或者进行传统文化教育方面对您有启发的课例？
能否分享一个您认为比较好的教学资源开发的例子？
您可以为其他思政老师更好地开发、用好传统文化资源提供一些建议吗？</td></tr>
<tr><td>使用与开发依据</td></tr>
<tr><td>使用与开发方式</td></tr>
<tr><td rowspan="2">优秀传统文化资源使用的效果</td><td>对学生的影响</td><td>学生对你呈现的传统文化素材表现出的兴趣如何？用传统文化素材开展教学的效果如何？</td></tr>
<tr><td>对教师的影响</td><td>回顾这个例子，您觉得当时还需要什么样的帮助？下次会如何改进？</td></tr>
<tr><td colspan="2">影响因素</td><td>您认为教师开发出一个好的教学资源需要做什么？需要哪些条件？</td></tr>
</table>

（三）访谈实施

我们根据访谈对象的实际情况开展线下或者线上的访谈，访谈通过设密码的录音笔进行录音、转录后上传网盘存档，保证数据的隐私性。访谈开展的时间为 2021 年 5 月至 2022 年 1 月，共 13 名受访教师，每次访谈 30 分钟左右。收集访谈数据后，对访谈数据进行归纳总结，分析教师对优秀传统文化资源开发的意识、方式与效果，探究影响因素。

第二节　课例分析结果

样本115节课中，教师共选用优秀传统文化相关教学资源133个，即平均每节课使用到的传统文化资源数量约为1.56个。空中课堂的优秀传统文化资源总体比较丰富，但是仍有增加的空间，内容上也有调整的余地。同时，就各册教材来说，空中课堂对于优秀传统文化资源的使用各具特色，优秀传统文化资源也在内容、使用路径和使用方式上表现出了鲜明特征。

表2-10　各册教材空中课堂优秀传统文化资源的数量

	优秀传统文化资源的数量(个)
上海必修一	2
上海必修二	1
上海必修三	11
上海必修四	66
北京必修四	53
合计	133

一、资源类型

(一) 资源主题覆盖全面

整体而言，空中课堂教师所用资源覆盖面广泛且全面，内涵丰富且详实，各资源主题都有涉及但分布不均衡。

在样本所统计的所有空中课堂所使用的优秀传统文化资源中，“核心思想理念”“中华人文精神”和“中华传统美德”三大类的素材占比差别较大，各占比53.8%、33.2%和13.1%。进一步聚焦对比必修四，上海空中课堂三大类各占比52%、31%和

17%；北京空中课堂三大类各占比 53.6%、35.7%和 10.7%，均是“核心思想理念”的比重最高，如图 2－1 所示。

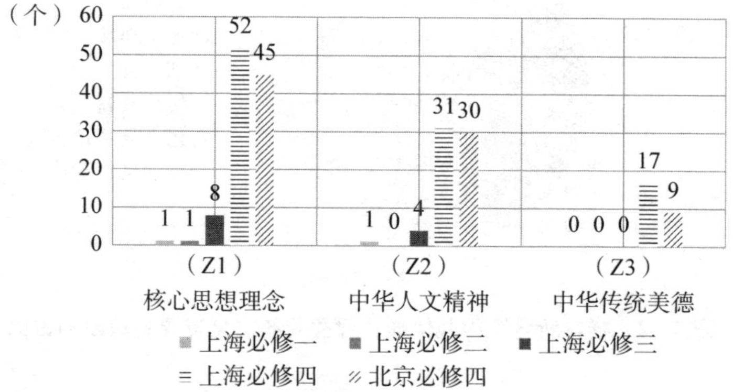

图 2－1　样本所含不同主题优秀传统文化资源的数量

高中思政课更注重学生理性认知的培养。尽管三类主题的优秀传统文化内容贯穿学生培养的始终，但随着学段的提升，学生的认知逐步深入，从人文精神上升到思维意识，高中思政课的特点决定了教师选择核心思想理念的素材最多。在小学和初中学段，《指南》提出要注重培养学生理解、感知传统文化的素养，学习传统美德，形成良好的道德感。在小学和初中学习的基础上，高中思政课则需要让学生更进一步，全面客观地看待传统文化，领悟中华民族的智慧，理性看待外部世界。

（二）载体形式有所偏重

高中思政空中课堂总体上载体形式多样，但是经典篇目和人文典故偏多。分类统计教师使用的优秀传统文化资源的载体形式，发现教师常使用经典篇目和人文典故进行教学，在所有传统文化资源中的占比分别为 36%和 20.5%，合计占比超过 50%；教师较少使用科技成就、艺术与特色技能类的教学资源，分别仅占全部教学资源的 6.2%和 9.3%，如图 2－2 所示。

总览空中课堂的优秀传统文化资源可发现，教师大多使用名人名言、经典故事等形式的教学材料，《周易》《管子》等典籍中的名言在教学资源中反复出现。从小学到高中，学生对传统文化的认知由具体内容上升到观念意识，经典篇目言简意赅，展现了文化的精髓，丰富了学生的认知。如在“文化强国与文化自信”一课的教学中，教师引用了《管子》中对国之四维“礼义廉耻”的论述，来说明此四维代表了中国人的精神追求。

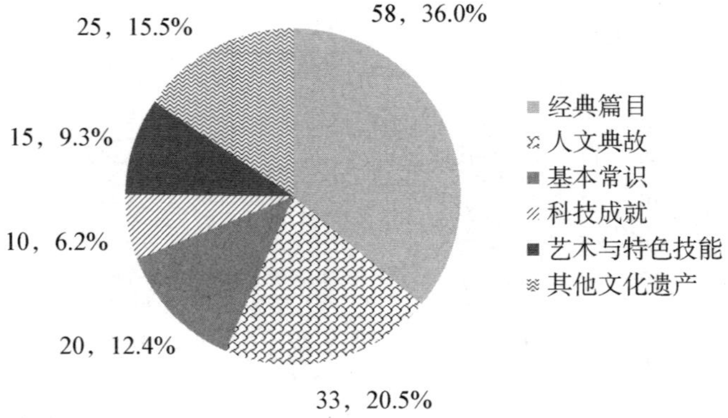

图 2－2　样本所含不同载体形式优秀传统文化资源的数量和占比

接着，教师将礼义廉耻的治国观点和我们当前提倡的以德治国相对照，为后续回答“如何建设社会主义文化强国”这一话题做了铺垫。

（三）当代价值挖掘不足

高中思政课程标准要求学生在辩证看待传统文化的基础上，自觉创造性地发展优秀传统文化。这要求老师使用的优秀传统文化资源不应仅仅局限于经典篇目、人文典故等祖辈们留下的文化遗产，更要引导学生思考如何对文化遗产进行传承和发展。因此，我们将传统文化资源划分成“优秀传统文化遗产”和“基于优秀传统文化的当代创新”两类，空中课堂优秀传统文化资源本身有 122 个，而基于优秀传统文化的当代创新资源仅有 25 个，如表 2－11 所示。

表 2－11　样本所含不同来源年代资源的数量

	优秀传统文化遗产资源数	基于优秀传统文化的当代创新资源数
上海必修一	2	0
上海必修二	1	0
上海必修三	11	0
上海必修四	59	15
北京必修四	49	10
合计	122	25

教师对优秀传统文化遗产的当代价值挖掘不足。如上海空中课堂必修三《政治与法治》第七课“治国理政的基本方式”，教师由学生关注的热播电视剧《长安十二时辰》中的“不义罪”引出《唐律疏议》“五刑之中，十恶尤切”的规定，并介绍了《唐律疏议》在中国法律史上的重要地位。结合前面呈现的徙木立信、约法三章的典故，教师说明了法律对国家治理的重要性。在这节课中，教师将《唐律疏议》作为封建社会法律思想发展的标志介绍给学生，但并未深入挖掘其具体的规定和价值取向。在唐代，“孝”的观念与法律相融合，是法的核心价值之一。“十恶”罪中，与孝道相关的有恶逆、不孝、不睦；国家政策上，孝子的事迹被大肆宣扬褒奖，充分彰显了孝道在唐律中的核心价值地位①。唐律认为德治是根本，刑法要和德治相配合，其对孝道的法律规定生动体现了“德法合治”的特色，这也形成了中国丰厚的德治思想和独特的德治传统。如教师能让学生在课堂上围绕《唐律疏议》中有关孝的内容，讨论在当代如何平衡孝道与法律，请学生挖掘唐律的规定并加以借鉴，进而上升至法治和德治的关系，会使课堂更有深度和高度。

如前文统计数据所示，讨论传统文化当代发展的素材仅出现在必修四“文化传承与文化创新”单元的教学中。如用古代丝绸之路和当代“一带一路”的案例，引导学生串联古今，感悟中华文化深厚的历史底蕴，传承并发扬中华民族开放包容、互学互鉴精神。

（四）内容领域较为单一

《指南》将优秀传统文化资源分为社会历史发展过程、经济与社会发展、国家和社会治理、文化发展与文化成就、理解认识世界五个内容领域，涉及社会生活的方方面面，这一分类也和高中思政教材的分册逻辑接近，空中课堂的优秀传统文化资源所涉及的领域如图 2－3 所示。不同内容领域素材使用的频率差异较大，“理解认识世界”类的素材高达 66 个，而展现“经济社会发展”的素材仅有 8 个。空中课堂选用的资源侧重呈现文化发展与文化成就，培养学生的文化自豪感，这也和前文所分析的资源多以经典篇目和人文典故为载体、多选用传统文化遗产素材相一致。

当前思政课选用的优秀传统文化资源领域还十分单一，结合各册教材、各单元特点、主题有机融入不足。事实上，优秀传统文化蕴含着大量与经济、社会生活密切相关的案例，传统文化不仅是抽象的价值观念，也产生于生产生活实践。优秀传统文化的

① 龙大轩．孝道：中国传统法律的核心价值[J]．法学研究，2015，37(3)：176—193．

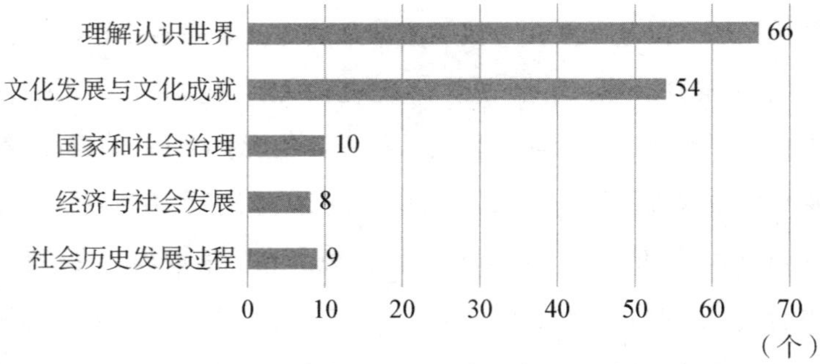

图 2－3　样本所含不同内容领域优秀传统文化资源的数量

"生活性"案例是学生学习传统文化、理解价值观念的重要抓手，丰富了学生对传统价值观念的细节认知。在必修二《经济与社会》第四课的教材中，就有关于我国古代社保思想的诸多论述。事实上，中国古代也有着许多社保制度的实践，明代就设立了养济院以保障孤苦老人的晚年生活。深入了解、学习古代社保知识，能够汲取古代智慧，发展当代养老事业。

（五）呈现方式分布不均

空中课堂中，贯穿性资源和背景性资源均有分布，但是两种呈现方式的数量和比例分布不均衡。整体而言，贯穿性资源占比 57.9%，背景性资源占比 42.1%。与必修一、二、三的情况相反，上海、北京两地必修四空中课堂里贯穿性资源占比均超过一半，上海为 54.5%，北京甚至高达 73.6%。毋庸置疑，呈现方式会影响其作用。使用贯穿性资源可以将教学内容与材料相结合，让学生在教师以优秀传统文化为载体创设的教学情境中运用所学知识去解决问题，实现优秀传统文化教育的目的；背景性资源则可以引出学习内容，拓宽学生的眼界，但是也存在和教学内容衔接不充分的问题。例如，必修四哲学部分使用"不积跬步，无以至千里"等名言警句，引导学生思考背后的哲学道理。又如，有的课以宋明理学的发展过程为载体，要求学生思考宋明理学在中国哲学思辨化过程中发挥的作用。这种将教学内容和资源建立紧密联系的方式有利于学生深度感受优秀传统文化。此外，以背景性资源介绍优秀传统文化，激发学生的学习兴趣，也不失为一种拓宽学生视野、丰富课堂教学、提升学生对优秀传统文化兴趣的手段。

表 2-12 样本所含不同呈现方式资源的数量

	优秀传统文化资源总数	贯穿性资源	贯穿性资源占比	背景性资源	背景性资源占比
上海必修一	2	0	0	2	100%
上海必修二	1	0	0	1	100%
上海必修三	11	2	18.2%	9	81.8%
上海必修四	66	36	54.5%	30	45.5%
北京必修四	53	39	73.6%	14	26.4%
合计	133	77	57.9%	56	42.1%

二、资源的使用路径

我们将资源使用分为三种路径：一是直接使用教材提供的教学资源进行阐释，二是在教材提供的资源基础上进行补充、整合和删减，三是根据教材的内容要求，自己开发全新的资源。北京和上海的空中课堂使用优秀传统文化资源的情况如表 2-13 所示。需要特别说明的是，教师删减资源(K4)数指的是教材上出现、但并未在课堂上使用的资源的数量。若某个教学资源在北京和上海的空中课堂中都未使用，也仅记作一次。例如：上海、北京空中课堂必修四“世界是普遍联系的”一课，均未使用教材提供的“中国建筑中的飞檐构造”作为教学材料，便只记录一次。

表 2-13 空中课堂资源使用路径的分析结果

<table>
<tr><th>主维度</th><th colspan="2">次维度</th><th>资源数</th><th>次维度占主维度比重</th></tr>
<tr><td rowspan="5">资源使用路径</td><td colspan="2">使用教材提供的资源(K1)</td><td>76</td><td>45.0%</td></tr>
<tr><td rowspan="3">教材二次开发</td><td>补充(K2)</td><td>41</td><td>24.3%</td></tr>
<tr><td>整合(K3)</td><td>6</td><td>3.6%</td></tr>
<tr><td>删减(K4)</td><td>43</td><td>25.4%</td></tr>
<tr><td colspan="2">创新性开发(K5)</td><td>3</td><td>1.8%</td></tr>
</table>

空中课堂多选用教材提供的资源，合计素材数 76 个，占比 45%；教师补充的资源相对较少，占比 24.3%，这与线下教师教学情况有所出入。出于权威性、学生学情和制作时间等的考虑，空中课堂的资源选择范围较小，因此更多地直接使用教材所提供的教学资源，辅以教师补充资源以丰富课堂教学。另外，由于空中课堂没有真实的师生互动，教学资源的挖掘难以深入，多数仅是简单呈现，学生是否清楚也不了解。尽管如此，还是有一些教师补充、整合甚至自主开发了创新性的教学资源。例如，上海空中课堂“弘扬中华优秀传统文化与民族精神”一课，教师基于教材上提到的故宫建筑，将其做了拓展，延伸到故宫文创、云游故宫线上小程序，以此展现弘扬中华优秀传统文化的新手段、新形式。

三、问题设计

（一）问题的认知要求不高

不同的问题类型要求的认知水平也不同，通过分析问题类型，可以考察教师对学生的能力要求。由图 2－4 可知，分析和归纳类问题占了绝大多数，教师对学生的认知水平要求不高。大部分优秀传统文化资源的使用不涉及学科核心知识，不包含学科问题，或者教师未对优秀传统文化背后所蕴含的学科价值进行充分挖掘，这不利于构建学习情境，培养学生的高阶思维。

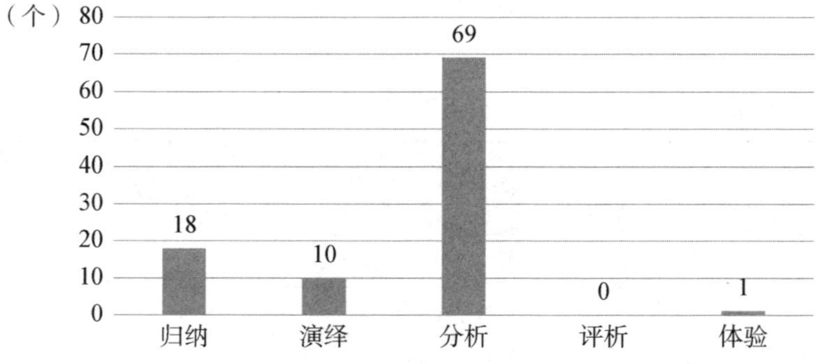

图 2－4　样本所含各问题类型数量

值得注意的是，评析和体验类的问题很少，只有一个。中华优秀传统文化深刻影响着中国和中国人民，是中华民族的精神血脉。相较于其他类型的教学资源，传统文化资源所蕴含的积极进取思想、匹夫有责的担当意识，还有情景交融的审美情趣，都有助于培养学生良好的品德。此外，学生欣赏文学、建筑、艺术作品可以领悟到传统美学。因此，教师在运用优秀传统文化资源的同时，要注重让学生知其然并知其所以然，注重情感价值的挖掘。体验型问题既指身体之体验，又强调心灵之感受，要让学生具身感受优秀传统文化之美，需要教师巧妙设计问题以增进学生对优秀传统文化的情感认知。在北京空中课堂“文化民族性与多样性”一课中，教师在课堂导入阶段，通过视频展现了北京的中轴线，并请同学们观看后相互交流所感悟到的中华文化内涵。

（二）问题与素材关联度不强

通过考察问题设置与素材的关联度，可以评判教师是否在课堂上充分挖掘了传统文化内涵，关联度可分为1—5个等级进行评价。

首先，教师并未针对一些优秀传统文化资源设置问题，这与上文所说呈现方式互相印证。具体来看，空中课堂共有133个教学资源，但是与素材相关的教师提问仅有81个，有相当部分素材仅仅作为背景呈现，教师没有运用素材创设教学情境，也没有进一步提出与材料相关的问题。例如，在上海空中课堂必修三“科学立法”一课中，教师对比古今中外的法律，使得学生了解法律之于社会治理的重要性，而后在PPT上呈现了图2-5，展现中国的法律成就。之后，教师梳理了新中国成立以来的立法变迁，并请同学们“结合我国改革开放以来人口与计划生育立法方面的演变历程，尝试用一些词语或短句表述科学立法的内涵”。

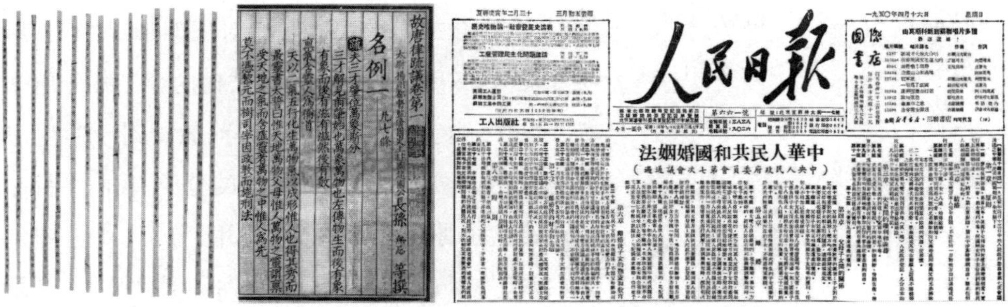

《秦律》　《唐律疏议》　建国之初颁布的第一部法律《中华人民共和国婚姻法》

图2-5　中国的法律成就举例

在这个教学片段中，教师仅仅用图片展现了我国古代的立法成就（《秦律》《唐律疏议》),而后根据教材逻辑落脚到新中国成立以来的立法成就,问题则结合改革开放以来人口与计划生育立法方面的演变历程,请学生探究科学立法的内涵。在这段教学中,教师并未深挖中国古代法治的智慧,但是若能结合设问中的人口和计划生育立法挖掘中国古代人口相关的立法举措,会和设问结合得更加紧密,也更能使学生感受到中国古代法治的智慧。

在 81 个与素材相关的教师提问中,得分为 5 分的教学资源有 72 个。以恰当的问题促进学生掌握学科知识的同时了解优秀传统文化是教师使用传统文化资源开展教学的理想状态。在运用上述 72 个资源的课程中,教师针对教学资源设计了问题,使教学资源服务于教学内容。比如,在北京空中课堂“文化的民族性与多样性”一课中,教师解读了北京、伦敦和里约奥运会会徽,并提出问题:为什么不同的奥运会承办国设计出不同的会徽?通过奥运会会徽来进一步认识文化的多样性。在“文化交流与文化交融”一课中,向学生讲授沈绣的事例,播放视频,通过提出问题“沈绣的魅力来自何处”,引导学生结合具体事例思考文化交融对文化发展的作用。

(三) 问题与目标关联度不高

在空中课堂的 133 个教学资源中,“问题与目标关联度”平均分为 2.83,可见两者关联度不高。为了厘清语文教材中要求学生掌握的传统文化内容和学生需要达到的学习目标,罗燕以布鲁姆(Bloom)的教育目标分类学为依据构建了内容和目标水平的二维框架①,我们对框架加以修改,形成了图 2-6 所示的优秀传统文化内容二维分析框架。其中,内容维度是分析课标、教材对于学生应掌握的传统文化内容知识层次的分类;我们将目标水平维度由原“记忆、理解、应用、分析、评价和创造”替换为“归纳、演绎、分析、评析和体验”,主要用来明确对于课标和教材中具体的传统文化内容,学生应该达到的能力水平。

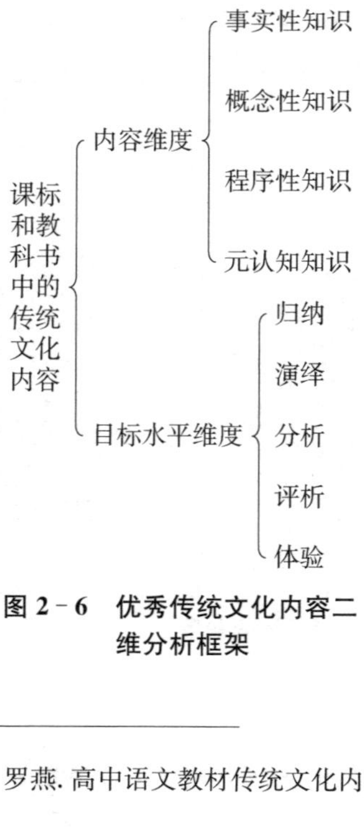

图 2-6 优秀传统文化内容二维分析框架

① 罗燕.高中语文教材传统文化内容教学实施策略研究[D].重庆:西南大学,2019:23—24.

基于上述框架，我们根据课程标准对学生应该学习掌握的传统文化内容及其对应的学生应该达到的能力水平进行分析，并在此基础上将此部分学习内容和教师的教学资源、设问加以对应，以期深入挖掘教师教学资源使用中的目标达成情况。研究发现，教师对资源的使用依然停留在较为初级的阶段。以必修四第七课“继承发展中华优秀传统文化”为例，课标在内容上要求学生能“辩证地看待传统文化，领会对中华优秀传统文化进行创造性转化、创新性发展的重要意义，弘扬民族精神”。① 就内容而言，属于元认知知识；就目标水平而言，要求学生能理性看待、评价传统文化，属于“评析”水平。在上海空中课堂这一课的教学中，教师使用了教材上反映古代文学、艺术、哲学、科学技术等方面成就的材料，并请学生思考“还能列举出哪些其他的成就?”这些教学资源和问题仅停留在事实性知识层面，对学生的要求属于“演绎”水平，未达到课标和教材的预期。

就具体的素材而言，教师呈现的内容也比较简单，缺乏细节。以故宫文创为例，教师在课堂上仅仅呈现了故宫在手机支架、书签、帆布袋上融入传统文化元素设计新产品，如能进一步展示故宫文创收益数据、营销情况，并让学生在此基础上针对特定文物谈谈自己的文创策略，就能让学生自己参与到问题解决中来，思考如何弘扬优秀传统文化，并能够借鉴故宫模式，提出新思路、新方法。

四、各册资源使用比较

(一) 各册资源使用的共性

1. 以直接使用教材资源居多

空中课堂作为示范课，要求教师忠实于教材，在优秀传统文化资源的选择上遵循教材的权威性，这点可以理解。但是，仅局限于教材上有限的素材虽然保证了课堂教学对教材内容的忠实执行，却影响了知识内涵的丰富性、多样性和学习的深度。尽管如此，还是有老师对教材上的资源进行了补充、加工，甚至创新性开发。必修四“文化的内涵与功能”一课的教材在讲解文化的内涵时，通过使用拉丁语、汉语中“文化”的概念，并让学生思考为什么天山、三江源、滇池等引人入胜的自然景观不能被称为文化，

① 中华人民共和国教育部. 普通高中思想政治课程标准(2017 年版 2020 年修订)[M]. 北京：人民教育出版社，2020.

以辨析文化的概念。在上海空中课堂中，教师并没有使用教材上的材料，而是以“黄河文化”为素材回答了“什么是文化”，澄清了文化的概念。在这个教学片段中，教师先通过黄河、珠穆朗玛峰等自然资源和巴黎圣母院、京剧、莫高窟等人文资源让学生判断何为“文化”，然后根据教材的论述说明文化的内涵。接着，教师进一步以黄河为例，区分了黄河自然景观和黄河流域文化，丰富了文化的内涵。

图 2-7 自然与人文素材举例

Y 教师在接受访谈时以必修二第二课市场调节的案例为例，强调教师要能通过梳理案例的核心结构对教材中的案例进行二次开发。

Y 老师：教材当中提了一个大白菜的故事，你们还记得吗？20 页上大白菜的案例，是北京的老师在珠海上的一节全国优质课。他的资源找得非常好，最后也进入了我们的教材。他对资源有一个整体的设计……比方说刚才白菜的案例，如果我能够梳理出它的基本结构，在上海可以不用白菜这个案例，北京人对大白菜特别熟悉，上海人是不熟悉的，比方说我们可以举一些大闸蟹、月饼的例子，道理是一样的。

2. 资源缺乏情境性

新课标强调要通过创设教学情境，引导学生面对现实问题，促进素养落实。情境是学生运用知识，展现素养水平的舞台。情境学习理论从个体、社会和环境统一的角度看待学习，强调个体生活的真实环境对学习的重要意义①。在真实的问题解决学习

① 姚梅林. 从认知到情境：学习范式的变革[J]. 教育研究，2003(2)：60—64.

中，学生要像专家一样迁移所学知识，解决社会生活问题①。这就要求教师能贴合学生生活的情境讲道理。

在上海空中课堂20—30分钟的教学里，教师均采用议题式教学，每节课在主议题下选择2—3个分议题展开，但是各个分议题下所使用的材料缺乏连贯性，而且缺乏情境性和可议的问题。例如，"文化的民族性与多样性"一课，教师共设计了2个核心问题：一是如何正确认识文化的民族性。围绕这个问题，教师展示了北京故宫、意大利古罗马斗兽场、印度泰姬陵、法国巴黎圣母院和日本名古屋城，请学生辨识建筑属于哪个国家并说出判断依据。接着，教师从建筑材料、空间布局和建筑风格方面进行区分，让学生领悟文化的民族性。二是正确认识文化多样性。教师呈现了另外一则材料——意大利某品牌的广告视频，然后请学生评价该品牌的做法，最后总结出对待文化多样性应有的态度。

材料：2018年，意大利某奢侈品牌创始人发布了一段用筷子吃披萨的视频，刻意嘲笑筷子的用法，网友纷纷觉得这是在歧视中国传统文化，在网络上激起了中国人的强烈不满。

基于情境学习理论研究，可以发现教师创设学习的情境就是将要解决的问题嵌入进一个真实的或者贴近真实的情境中，在这个情境中学生要逐步调动自己的知识去一步步地解决问题。真实的情境一定是包含有意义的问题的。在上述两个教学环节中，显然教师都没有创设包含有价值的问题的复杂教学情境。教师不妨以意大利某品牌的广告视频创设情境，将主议题设置为"该品牌错在哪里"，请学生思考该品牌的做法是否合理，以及原因何在。在解决这个问题的时候，学生就要逐一思考以下问题：(1)中西方的餐具有什么不一样？(2)中西方餐具为什么会不一样？回答了这两个问题，学生自然而然就理解了何为文化的民族性。(3)在前两问的基础上，进一步从多角度思考为什么会发布这样的视频广告呢？可以深化学生对中国餐饮文化的了解，也能在讨论"筷子吃披萨"事件中阐发出平等看待和尊重不同文化的观点。(4)最后，教师还可以进行适当的延伸，比如请学生思考如何才能更好地让外国人了解中国的传统文化。

① 蔡亚萍.基于真实情境问题解决的教学设计[J].电化教育研究，2011(6)：73—75+80.

（二）各册资源使用的差异

纵览空中课堂观察数据，对比空中课堂各必修教材使用优秀传统文化资源的数量和效果，发现必修四册的课例在使用传统文化资源上显示出很大差异。将差异较为显著的数据梳理出来，如表 2－14 所示。

表 2－14　四册课例使用优秀传统文化资源对比

	素材数	最常用的资源使用路径	素材相关均分	目标相关均分
上海必修一	2	教材提供资源 1(50%)	1	4
上海必修二	1	教材提供资源 1(100%)	2	5
上海必修三	11	教材提供资源 7(63.6%)	0.9	0.9
上海必修四	66	教材提供资源 29(43.9%)	2.5	2.4
北京必修四	53	教材提供资源 38(71.7%)	3.8	3.7

一是各册优秀传统文化素材使用数量差异巨大。必修四作为文化模块毫无疑问使用了大量的传统文化素材，但必修一、二和三则使用得非常少，甚至必修一和必修二只使用了 1—2 个优秀传统文化素材，优秀传统文化资源融入必修一和二的教学仍然有很大的空间。

二是素材相关度均分。由表 2－14 可见，必修一、二用到的优秀传统文化资源很少，不具有可比性。显然必修四的表现也优于必修三，在教学中，教师缺乏主动使用优秀传统文化资源的意识，即使使用了教材中的优秀传统文化素材，所提问题与素材也缺乏联系，没有让优秀传统文化资源在课堂中发挥育人的作用。例如，在必修三“始终走在时代前列”一课中，教师补充使用了《论语》的“君子之德风，小人之德草，草上之风必偃”来说明共产党员要做表率、发挥先锋模范作用，但没有提出问题让学生开展讨论，仅诵读一下经典语录，无法确信学生是否理解了这句话，这句话对学生的认识是否产生了影响。

三是目标相关度均分。与素材相关度均分表现一致，只有北京的必修四表现略好，优秀传统文化资源的使用对于课堂教学目标的达成作用仍需提升。比如，在讲巩固党的执政地位时，教师引用了教材上“长风破浪会有时，直挂云帆济沧海”的古诗句；在引导学生探究人民代表大会制度的独特优势时，教师也呈现了教材上“物之不齐，物之情也”的名言。这些名言的使用过于简单，并不能促成教学目标的达成，学生即使知道了这些名言，也还是不能理解党的执政地位从何而来，人民代表大会制度的优势何在。

第三节　教师访谈结果分析

收集访谈数据后，结合空中课堂课例分析结果，深入分析了教师对于优秀传统文化资源的使用和开发情况，把握教师对于优秀传统文化资源的使用现状，同时探析教师在教学资源开发方面的困境与成因。编码表如表 2－15 所示。

表 2－15　教师访谈数据分析框架

<table>
<tr><th>一级维度</th><th>二级维度</th><th>三级维度</th></tr>
<tr><td rowspan="5">优秀传统文化资源使用的意识</td><td rowspan="2">优秀传统文化的认知</td><td>优秀传统文化知识的储备</td></tr>
<tr><td>对优秀传统文化价值的认知</td></tr>
<tr><td rowspan="3">优秀传统文化资源开发的意识</td><td>教学资源内涵的理解</td></tr>
<tr><td>教学资源开发的动机</td></tr>
<tr><td>教学资源开发的态度</td></tr>
<tr><td rowspan="6">优秀传统文化资源使用的方式</td><td>教材优秀传统文化资源的处理</td><td>教材优秀传统文化资源的使用情况</td></tr>
<tr><td rowspan="2">使用与开发依据</td><td>课程标准</td></tr>
<tr><td>学情</td></tr>
<tr><td rowspan="3">使用与开发方式</td><td>使用教材的资源</td></tr>
<tr><td>教材二次开发</td></tr>
<tr><td>自主创新开发</td></tr>
<tr><td rowspan="4">优秀传统文化资源使用的效果</td><td rowspan="2">对学生的影响</td><td>学习兴趣</td></tr>
<tr><td>学习效果</td></tr>
<tr><td rowspan="2">对教师的影响</td><td>专业发展</td></tr>
<tr><td>教学负担</td></tr>
<tr><td colspan="2" rowspan="2">影响因素</td><td>内部因素</td></tr>
<tr><td>外部因素</td></tr>
</table>

一、教师对待优秀传统文化资源的方式

(一) 优秀传统文化资源使用意识

1. 关于优秀传统文化

在访谈中,针对“您对教材中的优秀传统文化内容了解吗?”这一问题,有两位教师表示自己了解教材中优秀传统文化的内容,但是了解程度较为初步,传统文化知识储备有待进一步提升。两位受访教师都表示在日常也会有意识地阅读优秀传统文化相关的媒体信息和书籍以增进了解,服务教学。

L老师:我认知也不是很多,就知道它大致的分类而已,是蛮初步的,因为传统文化也很宽泛,我最多就是了解我们现在教材中所出现的一些内容。

Z老师:教材上它其实是分为广义和狭义的,对教材上的原理方面还是比较熟悉的。

在被问及“您是否会有意识地在思政课上选用优秀传统文化素材设计并开展教学?”时,有3位受访教师表现出“认为优秀传统文化教育重要”但是“课堂很少使用”的矛盾心态,可见教师在开发优秀传统文化教学资源时“有心而无力”。

Z老师:更多还是用时政,新发生的东西,离学生比较近。不会特意地去用到优秀传统文化。

L老师:平时还是基本用时政多。

T老师:教材上的离生活比较远。

2. 关于优秀传统文化资源开发

通过教师分享的教学案例可以了解教师对教学资源开发内涵的认知和开发的意识。多数受访教师没有分享出优质的使用优秀传统文化资源开展教学的案例,可见大多数教师并没有开发优秀传统文化教学资源的意识。仅有3位教学经验丰富的高级

教师给出了自己对教学资源开发的理解。Y 老师，特级教师，教学经验丰富，参与过上海市空中课堂的录制工作。仔细观看 Y 老师的空中课堂会发现，她使用了较多的优秀传统文化资源，并且设计了有深度的问题供学生讨论。在访谈中，她从满足课标要求、服务教学目标和资源容量与难度三个方面论述了自己对好的教学资源的理解。

Y 老师：全国各地会有一些特殊性，教师要对教材进行二度开发。那么，一个好的资源首先能够满足课标提出的要求，然后资源和我教学的整体设计之间能够形成关联，最后资源的容量和难度符合学生水平。

（二）传统文化资源使用方式

1. 对教材传统文化资源的处理

事实上，除了必修四文化单元的专题教学外，优秀传统文化的资源也以名言警句、探究与思考的形式渗透在各册教材中。但是在访谈中，有 9 位老师忽视了非文化单元的传统文化资源。必修一、必修二、必修三，分别是中国特色社会主义、经济与社会、政治与法治主题，老师们普遍表示优秀传统文化资源利用较少，时政类素材使用比较多。

Z 老师：对、对，更多地还是在用一些比较新的东西，就比如讲经济、讲法治可能想不到(用传统文化素材)，更多还是用时政。

X 老师：是的。必修一《中国特色社会主义》没有什么其他的很多材料，其实还是以课本为主。

T 老师：《哲学与文化》可以从头到尾贯彻的、结合点多一些。然后像经济相对会少一些，新的经济教材我还没上过，原来的教材比较偏西方经济学一些，那么中国传统文化的结合就会比较难一些。

仅有 4 位教师关注到了非文化模块的优秀传统文化资源，并在教学中加以实践。

S 老师：在法治这块，现在教材里面有法律内容，我们也会讲到中国的法治文化，秦朝的秦律、唐朝的唐律都会讲到，包括变法中古人对于法治的见解。经济我们也会讲到，比如中国古代的一些商业理念，其他也会渗透，包括市场原则。讲市场经济的时候，也会举一些中国传统市场的例子，学生会觉得比较新奇吧，好像没有想到这样一点。

Y老师：必修二51页，我国优秀传统文化中蕴含着丰富的社会保障思想，这个我是印象非常深的，我们上课用过，而且当时为了用这个资源，我还跟我们校长，是个语文老师，讨论高一的学生用这个资源解读的时候在古文翻译上的困难在哪里，后来我们的预判还是准的，学生的困难就在于“委积”这个词语，学生是不懂的，帮他们突破了“委积”这个词语之后，他们自己可以先做一个梳理。梳理的过程中，我们也可以比较同样蕴含着社会保障思想的文献，它们是有差异的，这是我印象深刻的一个例子。16页上司马迁的《史记·货殖列传》，我听课的时候听到老师有用到。

2. 使用与开发的依据

在问及“您认为教师开发出一个好的教学资源需要做什么？需要哪些条件?”时，几乎所有教师都认为要考虑学生需要。相较以前，如今以学生为中心、促进学生核心素养发展已然成了教师们的基本共识。教师在教学资源开发过程中更加关注学生已有的知识经验和水平，关注学生们的兴趣点。

在访谈中，T老师对中医学颇有研究，这样的兴趣和专业知识储备也使她可以将中医运用到思政课的教学中。

T老师：上次录空中课堂的时候用到了几个中医方面的例子，包括用眼保健操来解释事物是普遍联系的，讲人体它是一个有机的统一体。像城门失火，殃及池鱼，或者是螳螂捕蝉黄雀在后，这就感觉太简单了。因为他们每天自己生活中都要做眼保健操，眼保健操里边有一个抚摸耳垂，然后脚趾抓地，这个其实就看出人的穴位是一个整体。

中医学的治疗手段、养生理念无不体现着“世界是普遍联系的”这一观点。运用中医学素材开展教学，加深学生对中医的了解，破除刻板印象，也可以与学科知识有机结合。

3. 使用与开发的方式

从访谈结果看，部分高中思政教师对优秀传统文化案例挖掘不足，资源使用浅层化、碎片化。教师在访谈中表示自己会有意识渗透优秀传统文化，但是当问及“个人满意的课例”“听到的其他老师满意的课例”时，多数受访老师很难一时间分享出典型、完整的课例。受访老师们能举出一些例子，如“黄河文化”“秦律、唐律”等，但是这些案例在课堂中发挥什么样的作用，是简单提及还是深入挖掘，老师未做详细论述。

C老师：听过一些，但是没有留下太深刻的印象，无非就是结合本地的特色文化进行挖掘，过程中是怎么发展的，遇到了什么问题，有地方特色。这种课倒是不少，但是最近没有听到印象太深的。

A老师：那肯定是还没有系统化，或者说还是有些不太深入。但是，我们的主要问题就是课时比较少，也不太适合深入地去学习这个。文化是综合性的，在语文、历史当中也学，我们给学生提供的是一种政治课的视角，不是要专门学习这个文化是什么的。

在教学资源的使用和开发上，多数教师停留在教材二次开发阶段，即对教材上的教学资源进行补充、整合或者删除，如上文所述必修三对唐律、秦律的使用。但是少有教师进行自主创新式开发，这对教师的能力是一个很高的要求。H老师对中华优秀传统文化资源开发颇有研究，曾使用《梦溪笔谈》、苏绣、二十四节气、故宫角楼等素材授课。在访谈中，H老师提到了这样一个案例，后文会进行详细的分析。

H老师：十几年前我就拿《梦溪笔谈》中的独轮车上了一课，独轮车是中国山东在农业生产过程中经常使用的一种车型。从讲独轮车讲到《梦溪笔谈》，然后再说《梦溪笔谈》实际上是中国科技史上非常重要的一个贡献，它里面介绍了很多中国古代劳动人民的发明创造，由沈括编撰而成记录下来。沈括考科举不是很成功，但是他很喜欢农业，做了很多梳理，因为他的梳理，我们才能看到那个时候这么多有意思的笔记，他的行为本身也是一种创造，难能可贵。

当然，教学资源的创新性开发也不能简单等同于替换案例，而是要关注案例能否落实教学目标，能否把教学内容和目标嵌入进去。它不是简单的替换，关注的不是材料的新奇，而是要看案例能否反映特定的社会现象规律，能不能解释学习的内容。

（三）优秀传统文化资源使用效果

除了资源开发、授课方式上的问题，优秀传统文化教学资源应用的效果也很难评价。在访谈中，教师关于“学生对你呈现的优秀传统文化素材表现出的兴趣如何？用优秀传统文化素材开展教学的效果如何？”问题的答案各异。

如A老师曾以莫高窟为教学资源开发设计了单元教学，巧妙利用莫高窟丰富的视频影像资料，给学生呈现美丽的莫高窟，达到了较好的效果。

A老师：有以莫高窟九色鹿为主题改编的动画。很多学生都没有去过莫高窟，九色鹿色彩、雕塑非常好，再加上动画的形式，学生就特别感兴趣。而且时间又不长，每集也就两三分钟、三四分钟，既有佛教故事，又融入了美学，利用这种美术的、历史的(材料)，学生就很感兴趣。

S老师：文史哲不分家，语文其实也有很多关于传统文化的部分。学生在学到哲学这一块的时候，特别是讲到老子、孟子的一些观点，他们在语文课上都学过，哲学课上出现学生会好奇，原来用哲学也可以解释……这些会反馈到他们的语文作文里面去。

L老师任教于一所普通高中，访谈中L老师表示由于学生接受程度有限，优秀传统文化资源可讨论性较差；C教师任教于一所市重点高中，也同样表示学生对优秀传统文化资源不感兴趣。两者均提到，是否能够吸引学生的关键在于问题是否具有可讨论性。

L老师：没有时政热点感兴趣，时政热点类资源讨论的覆盖范围可能会再广一点，文化(学生)也没有很大的兴趣，离生活太远。

C老师：比如你给学生讲文化建筑，好像这里边没有思辨性，还是一种知识性的了解，当然有情感价值观认同，但是说实话孩子们好像也知道中华文化很好的，小学、初中都学，所以到了高中怎么加深对文化的认识，要下功夫。关键是要有问题。

第四节　优秀传统文化教学资源开发的教师经验

尽管受限于教师个人原因、学校教学安排，加之相关配套资源也不充足，许多老师未能做好优秀传统文化教学资源开发。但是，调查中还是发现了一些教师在积极推进优秀传统文化进课堂，并积累了宝贵经验。本节着重呈现两个优秀课例，为高中思政课优秀传统文化教学资源开发和应用提供实际借鉴：其一，在必修四第三单元“文化传承与文化创新”模块开展专题式教学，选用受访教师H老师以古代榫卯工艺素材上的一课；其二，在其他非文化课程中进行融入式教学，恰当选取传统文化资源，既能深化学生对知识的理解，又可以培养其对传统文化的认同，选用X老师“世界是永恒发展的”一课进行分析。

一、专题式优秀传统文化资源开发——以“榫卯工艺”素材为例

（一）课例简介

H老师任教高中思政课20多年，教学经验丰富，热爱阅读，知识面广，对中华优秀传统文化，特别是中国古代建筑充满浓厚兴趣，曾经带领学生前往北京比赛时专门拍摄过故宫角楼。她阅读了梁思成《中国建筑史》后，结合自己拍摄故宫角楼的经历，选定“榫卯工艺”作为授课的材料，将古代的故宫角楼、当代的世博会中国馆和榫卯工艺体现出的工匠精神三者融合在她的思政课教学中。

优秀传统文化资源和教材内容结合如下：

一是运用故宫角楼讲述中华优秀传统文化的传承。H老师选择以故宫角楼展现榫卯结构之美，带领学生体会古代工艺之精巧，感悟优秀传统文化的魅力。

二是结合世博会中国馆呈现优秀传统文化的创新成果。2010年世博会在上海举办，中国馆的建筑保留至今，上海学生对此并不陌生。H老师运用上海世博会中国馆的建筑，让学生感知榫卯结构的现代形式，领悟传统文化创新性发展的含义。

三是从榫卯结构建筑之精巧体悟工匠精神。榫卯结构看似简单却千变万化、屹立不倒，蕴含着中国人深邃的哲学思想，体现了中华民族精益求精、追求完美的工匠精神。

H教师结合自己的阅读、生活体验，联系古今，通过设置一系列问题，层层递进，既让学生感受到了榫卯结构之精巧，教会学生从历史的维度看待过去，并和今天联系，也对学生进行了价值观的传达。

(二) 课例分析

通过对 H 老师的访谈，可以看到以下三点在其教学资源开发中发挥着重要作用。

第一，思政教师要有自己的“故事”。

H 老师：我的师父在入职的时候就跟我说，我们老师，吸引学生的第一个层面是我们的故事，我们要会说故事。你要有一百个能够随时提取的故事，就像一本字典。

第二，广泛阅读才能形成自己的体系。

H 老师：政治老师要能够把复杂的知识简单化，清晰地教给学生。故事的载体要常见，但也要能吸引到学生。

第三，有对思政学科教育的信念，赋予课堂个性。

H 老师：有很多老师是这样的，认为自己上不好课是因为教材编得不够好。会强调很多客观原因。实际上，我们有自己学科的魅力。我想把自己的课上到理想当中的状态，我对自己上的课呈现出什么气质有一个界定，并且在努力地去塑造这个界定。

(三) H 老师的其他课例

1. 运用中国古代科技成就诠释“劳动精神与创新创业”

中国古代科技成就长期领先于世界，有着丰硕的成果，四大发明、冶炼技术、陶瓷技术、建筑工艺等对世界影响深远。中国古代科技成就有着鲜明的实用主义特征，大多源于生活，由劳动人民创造并进行经验总结。近代以来，西方科技发展领先世界。只有不断创新创造，才能逐渐缩小差距赶超西方。因此，教师可以挖掘中国古代科技智慧，感悟古代先民的创造精神，激发学生的创造精神。

H 老师曾使用《梦溪笔谈》上过这样一节课：

H 老师：十几年前我就拿《梦溪笔谈》上了一堂课，独轮车是中国山东在农业生产过程中经常使用的一种车型，它很便捷，又很小巧，它是一般家里，特别是佃户家里经常使用的东西。这个独轮车实际上是三国时期华容道上那个东西改造来的，有很多的渊源，然后孩子们就对这个渊源特别感兴趣。从讲独轮车讲到《梦溪笔谈》，然后再说《梦溪笔谈》实际上是中国科技史上非常重要的一个贡献，它里面介绍了很多中国古代劳动人民的发明创造，由沈括编撰而成并记录下来。包括刚才说的小孔成像，它后面都有故事的，孩子们就听得很有劲。创造是来自生活的，不只是牛顿那种才是创造。沈括考科举不是很成功，但是他很喜欢农业，做了这么多的梳理，因为他的梳理，我们才能看到那个时候这么多有意思的笔记，他的行为本身也是一种创造，难能可贵。

挖掘中国古代科技成就不仅可以使学生领悟传统文化的魅力，还能进行劳动教育，培养学生的创新精神。这也与必修二的综合探究内容形成有效衔接。尽管古代的科技成就已经不适用于现代社会，但先民的创造精神、研究思路仍能为我们所借鉴。

2. 运用非物质文化遗产阐释“文化传承与文化创新”

在访谈中，H老师也提到了苏绣和创新的苏绣滴滴绣针法。苏绣是国家级非物质文化遗产，针法细密，颜色文雅。教师可以以苏绣为教学资源，从中国古代刺绣技术的发展讲述中华文化的内容和价值，进而聚焦苏绣中东西融合的特点，凸显中华文化是在融合中不断发展的，文化的发展要取别人之所长，最后结合当代苏绣产业的发展，讲苏绣工艺的当代创新。

二、融入式传统文化资源开发——以“儒家思想变化”素材为例

(一) 教学片段

本节课教学内容为必修四第三课第二框“世界是永恒发展的”。X老师为哲学硕士，知识底蕴深厚，课堂上旁征博引，对社会问题分析精准，课堂有深度、有高度又不失趣味，深受学生喜欢。过往，教师们讲授发展观时，常引用教材中的一些名言，如“不积跬步，无以至千里”，虽然十分恰切，也融入了优秀传统文化的元素，但是这些古代名言学生早已熟知，挖掘的深度显然不够。X老师的这节课，以孔子地位在中国的变迁为主线，阐述发展、量变、质变的概念和基本哲学原理，该节课的教学过程如下：

1. 时政分享(10:00—10:20)

X老师任教学校高一、高二合格考班级在课前均有学生的新闻热点分享环节,在此不对内容做赘述。

2. 孔子地位变化脉络(10:20—10:24)

X老师介绍了孔子地位、儒家思想的变化历程:

- 西汉,儒家思想开始变为官方正统思想。《论语》的思想也成为官方的标准;
- 经过千年的发展,儒家思想经朱熹发扬达到顶峰。《四书章句集注》是宣传儒家思想的教科书,其普及最广、最为重要,也被封为科举考试的参考用书;
- 五四运动以来,孔子的地位受到了极大冲击;
- 20世纪80年代,中国设立了第一个中国哲学博士点,中国哲学再度受到重视;
- 十八大以来,习近平总书记考察曲阜并提出新要求。

3. 基本原理阐释(10:24—10:37)

基于对孔子地位变迁的梳理,X老师带领同学们讨论量变、质变的辩证关系。

“量变是渐近的”。明清出现了对儒家思想持怀疑态度的学者,李贽反对教条式的儒学,否定儒学正统地位。他还自居为传统的“异端”。明清以来对儒家思想的批判继承是一种量变。

“质变是根本变化”。五四运动猛烈冲击了旧传统,先进青年提出了“打倒孔家店”的观点,与封建的文化彻底决裂。

X老师提出疑问:“为什么反孔在五四运动时达到高潮?”学生对此问题进行讨论、分享。经明清时期的不断积累,近代以后,孔子的地位发生了质变。

4. 拓展延伸(10:37—10:40)

课堂最后,X老师提出一个开放性问题,请同学们分享对待孔子的态度,同学们就此问题进行了简单讨论。班级上一位同学分享观点,提出对待传统儒家思想应持创新发展的态度。

(二) 教学特点

1. 从孔子地位变化讲发展观

提到儒家思想在中国的发展,想必大多数学生都不陌生,但是学生对其的认识更多停留在知其然不知其所以然的层面,即知道一些儒家思想的观点,但并未系统掌握儒家思想的发展演变。在X老师的这节课里，他从孔子儒家思想在中国地位的变化这一事实入手，先帮学生回忆历史，建立基本认知；接着重点探究了明清到五四运动时期孔子地位的变化，并请同学们思考为何对孔子思想的反思会在五四运动时期达到高潮，在老师的引导下，同学们理解了何谓从量变到质变。

儒家思想本是学生熟悉了解的内容，但是这节课却上出了不一样的味道。通过这节课，学生基本掌握了发展观的原理和方法论，也加深了对儒家思想的认知，起到了优秀传统文化教育的作用。对比单纯使用一些名言警句、名人故事，这种对传统文化发展脉络的深刻探讨，显然更能发挥中华优秀传统文化的育人价值。

2. 丰富了学生看待问题的视角

在完成主干内容的教学后，X老师提出了开放式的问题，请同学们谈谈自己对孔子和儒家思想的态度。有一名学生提出了这样的想法：他认为要对孔子的一些思想进行创新，包括五四运动期间的一些观点，也是对传统儒家思想的创新，融入了新的时代内容。通过这位同学的答案，我们可以看到学生在积极思考课堂问题，也对传统儒家思想的内容持有自己的见解。尽管这节课是通过探讨孔子地位的变化讲发展观，但是在课堂结束时，学生不仅掌握了发展观，也加深了对儒家思想的认知，这样的教学无疑是更深入的。

总之，这节课教师带领学生从发展观的视角梳理儒家思想的变化，让学生既掌握了发展观的内涵，又形成了对儒家思想比较宏观的认知。可以看到学生对我国优秀传统文化的观点是自然而然形成的。课堂结束，学生对于儒家思想在当代如何发展已然有了自己的判断，而且这个判断也是正确的。在高中的思政课堂上融入中华优秀传统文化的内容应区别于小学、初中单纯的情感体验。学生既然在小学、初中阶段已经有所了解，有了一定的知识基础，那么在高中阶段，学生应进行更多理性的思考，这样才能和小学、初中形成衔接。反观单纯地使用名言名句教学，其内容显然过于单薄，没有深入挖掘背后的价值和意蕴。

三、教师教学资源开发的经验总结

（一）具备较丰富的传统文化本体性知识

教师的专业性首先体现在精通特定学科知识，也即本体性知识，丰富的学科知识是"基本保证"。① 访谈也发现,能够在教学中熟练开发并运用优秀传统文化资源的老师,都对传统文化本身兴趣浓厚且有着一定的研究。例如,T老师自己对中医学兴趣浓厚,因此能够结合学生眼保健操中"轻抚耳垂"的动作,运用中医穴位的相关知识,分析眼睛和耳垂之间的关联,生动地解释了"联系"的概念。如果没有对中医学的兴趣和知识积累,教师很难从学生做眼保健操这一日常事件中挖掘教学材料。再如,H老师本身喜爱传统文化,业余时间阅读广泛。从教20余年,挖掘了《梦溪笔谈》、中国建筑、苏绣等多个传统文化教学资源。

H老师:什么东西可以让学生和老师有很强烈的共鸣呢?这个共鸣是大家心里要有一种共识。我发自内心地认为中国传统的很多东西都值得骄傲,当有案例展现出来的时候,最简单的共鸣就是我要让我的学生觉得它值得骄傲。

可见,教师对传统文化本身的了解和认同程度在教师资源开发时发挥了重要作用。

(二) 具备较强的专业发展动机

教师开发教学资源可以提升教育认知水平、优化知识结果、发展专业技能。② 不仅如此,教师开发教学资源有助于形成自己的教学风格,可以为自己提供教学反思和专业自主成长的空间。对自身专业发展有着强烈需求的教师往往表现出对教学资源开发的兴趣,访谈中对优秀传统文化教学资源开发经验丰富的教师,也往往表现出教学经验丰富、不断追求进步的优秀特质。如上文所述H老师,她提到要在学生之间树立口碑,赋予课堂生命力,优化自己的教学。Z老师也提到,无论是活动型课程还是议题式教学,每一节课都是有理念支撑的,教师要不断地进行学习和尝试,找到自己的发展方向。可见,教师自己的能动性是最首要的,对专业发展的强烈渴望吸引着教师不断探索。

① 辛涛,申继亮,林崇德.从教师的知识结构看师范教育的改革[J].教师教育研究,1999(6):12—17.

② 李定仁,段兆兵.论课程资源开发与教师专业成长[J].教育理论与实践,2005(11):42—45.

第五节　问题归纳与剖析

一、教师开发优秀传统文化资源存在的问题

（一）资源的类型单一与分布不均

从空中课堂和教师访谈得知，高中思政教师较少在教学中使用优秀传统文化资源，即便使用了优秀传统文化资源，也是蜻蜓点水，不求甚解的居多。但是，也有少数教师有将优秀传统文化融入思政课教学的意识，并进行了创造性开发，提供了示范作用。

首先，在资源的类型上，教师在空中课堂使用的优秀传统文化资源类型多样，但不同类型的资源数量不均衡。就资源的主题而言，样本所使用的优秀传统文化资源中“核心思想理念”“中华人文精神”和“中华传统美德”三大类素材的数量差别较大，各占比53.8%、33.2%和13.1%；就载体形式而言，资源载体形式丰富，其中经典篇目和人文典故占比最多；就来源年代而言，对优秀传统文化遗产的当代价值挖掘不足；就内容领域而言，优秀传统文化资源内容十分单一，结合各册教材、各单元特点、主题有机融入不足；就呈现方式而言，贯穿性资源和背景性资源分布不均衡。

其次，在使用路径上，教师多选用教材提供的资源，教学资源自主开发不足。教材提供的资源合计素材数76个，占比45%；教师补充的资源相对较少，占比24.3%。但也有30.7%教师补充、整合甚至自主开发了更鲜活生动的教学资源。

再次，在使用效果上，教师使用优秀传统文化资源时对学生认知要求不高。课堂问题中评析和体验类的问题较少，仅有一个。有相当一部分素材仅仅作为背景呈现，教师没有运用素材创设教学情境，也没有提出与材料相关的问题，以进一步引发学生的思考和探究。

最后，各模块优秀传统文化资源使用数量整体差异大。必修四作为文化模块的教学，毫无疑问使用了大量的优秀传统文化素材，但优秀传统文化资源融入必修一和必修二的教学还远远不足。

(二)教师对于优秀传统文化资源的开发水平参差不齐

通过对空中课堂的课例分析,把握教师在教学中使用了什么优秀传统文化资源以及如何使用优秀传统文化资源。通过访谈进一步探析教师对优秀传统文化教学资源开发与使用的理解,并发现不同主体对优秀传统文化资源价值的看法差异很大,教学资源开发的水平也参差不齐,这些差别表现在两个方面。

一方面表现为教师对优秀传统文化教学资源的关注。在访谈中,9 位老师未关注到非文化单元的优秀传统文化资源。特别是在必修一、二、三中,时政类素材使用较多,几乎没用到优秀传统文化资源。仅有 4 位教师关注了非文化单元的优秀传统文化资源,并在教学中加以实践。一些教师自身的传统文化知识不足导致即便看到教材中的优秀传统文化内容也无法引起重视,更无法调动相关知识与思政教学内容建立关联。而少数教师自身对优秀传统文化抱有兴趣,会敏锐地捕捉到优秀传统文化内容和思政教学的关联点并加以运用。

另一方面表现为教师对优秀传统文化资源的开发和处理能力。同样的教学素材,不同的教师使用的方法、设计的问题也不一样,这都反映出教师的教学资源开发水平。如同样是讲中国的法治发展史,有的老师仅仅是呈现了秦律、唐律的相关规定,学生通过这则材料只能获得“我国古代有着封建法律”的认知,却不能深入理解古代法律的价值意蕴;而有的老师则可以从小处着眼,由古代法律中对孝道的规定联系当代社会对孝的看法,从而凸显我国德法合治的传统,同时也能引导学生关注优秀传统文化的现代性转化。

(三)内外因素共同制约教师对于优秀传统文化资源的开发与使用

从教师的内在因素来看,教师在优秀传统文化资源开发与使用中扮演着关键的角色,可以说优秀传统文化教育能否真正落实,关键在于教师,教师的意识与态度影响着教学资源的开发。具体表现为:教师教学资源开发意识不足,对教学资源的理解过于片面,在实际教学中受限于考试,不敢对教材内容进行删减改造;教师传统文化知识储备不足,了解不够深入,甚至有些老师的知识储备可能还不如学生多。对传统文化不甚了解导致教师不会使用、不敢使用优秀传统文化资源;教师的教学方式单一,授课以文字性材料为主,未有效使用丰富多样的优秀传统文化资源。优秀传统文化不仅包括文学、艺术,还有科技、民俗等多种形式。

教师对于优秀传统文化资源的开发也存在客观的制约因素。课时安排、教材内容、配套资源和学生特点是重要外因。具体表现为：高中思政课任务多但课时量不足，教师在实际教学中往往不会完全按照教材的课时安排进行，文化单元相对简单，课时经常受到压缩；相关配套资源缺乏，新教材启用时间不长，优质公开课资源不丰富，教师难以及时参考借鉴；教材的优秀传统文化内容有待优化，在材料提供上过于简化，配套的教师参考用书也没有起到恰当的补充，即便是已有的材料也没有创设学习情境；最后是来自学生的挑战，多种社会思潮都在影响着学生的判断和选择，部分学生受到了国外文化影响，对中华优秀传统文化的认同度有待提升。

二、影响教师开发优秀传统文化教学资源的内在因素

（一）教师开发优秀传统文化教学资源的意识不足

通过分析访谈记录，发现多名受访教师有类似"教师自主性""要靠教师的设计""教师的知识观"等表述。教师有了开发资源的意识，才会在日常的教学工作中留意好的素材，思考其教育价值，并加以挖掘、转化，在课堂中运用。虽然各种培训、公开课展示使得教师具有一定的资源开发意识，但是面对自上而下制定的课程、教材，教师依然是以执行为主，缺乏突破教材文本、主动开发资源的自信和意识。事实上，在日常教学中，在课程标准的框架之下，要讲哪些内容、怎么讲这些内容，教师是拥有一定的自主权的。S老师对于这个问题的回答是，课上到什么程度很大程度上取决于教师自己的认知。

S老师：就像习近平总书记所讲的，搞好思政课的关键在于教师，发挥教师主观能动性是首位的，因为很多时候课堂上讲什么老师有绝对的自主权，你讲什么、讲到什么程度、怎么去讲，更多是取决于老师自己的认知。

教师开发教学资源的意识缺失一方面表现为对教学资源的理解过于片面，并未真正认识到教学资源的重要性，在日常教学中更多关注学生的知识掌握而非终身发展需要，对于教学资源开发态度消极。

L老师：我自己也不知道，以前没有想过把它用作一个课程的开发或者怎么样，就

比较碎片，我也没感觉有用……因为我工作的学校学生的整体水平不是很高，挖掘这些材料，可能开发出来太多的东西，学生并不能接受，而且没有这么多的时间和精力去完成。

另一方面也表现为教师受限于教学进度安排和考试价值导向，教师更倾向于用“短平快”的、易于理解的资源对教材内容进行阐释，较少对某一课程资源进行深入挖掘。如Z老师所言，在实际教学中，教师不能对教材进行随意删减和改造，如果要去专门讲优秀传统文化，这对日常教学而言是额外的、多余的。

Z老师：所以，我感觉每个老师调整的方式可能也是不一样的。但是，教材有的东西我们都不能忽视，也不能随便来进行删减。很难把每一节课都设计得非常完美，有非常多材料来支撑，其实是很难的。如果专门去讲，我感觉就是额外的一种设计。

（二）教师缺乏传统文化知识储备

如前文所述，原沪教版教材的优秀传统文化内容仅有一课，这也导致教师对思政课的优秀传统文化教学不甚了解。加上考试比重低，教师也就缺乏驱动力在课后去熟悉、了解更多的传统文化内容。在访谈中，部分老师也坦言自己对于中华优秀传统文化的学习不够深入，也没有在课后自觉阅读积累，更遑论将中华优秀传统文化的精华运用到自己的课堂中，服务于教学目标。教师自身的传统文化素养相对缺乏，就很难对教材中优秀传统文化的内容作出深度解读，优秀传统文化的教学流于表面，也就很难撼动学生心灵，深化学生认知，优秀传统文化的功能也就无法发挥出来。

L老师：我今年刚上高二的教材，它就是优秀传统文化、革命文化、外来的有益文化这三块内容，这个可能跟我们的传统文化联系在一起，然后你说其他比较大的范畴的话，我们可能也没有那么专业。

甚至有受访教师还表示，一些学生自小接受传统文化熏陶，热爱传统文化，其传统文化知识储备甚至高于老师。学生的知识、能力变化也给老师带来了很多挑战。

S老师：我觉得我们对文化的理解相对来说还是比较浅的，中国文化毕竟博大精深，你想把它讲好，能够讲到位、讲到学生心坎上，能够让他有所触动还是不容易的。有些学生可能了解的比你了解的还要多，从小接受传统文化的教育，包括学习国学各方面，有些学得还是很深的。有时候如果讲不到点子上，他对你是不屑一顾的，如果你后面再讲课，他可能基本就不听你在讲什么，所以也很难让他接受自己的观点。

T老师本身是一个中医爱好者，学了几年的中医。在讲解哲学内容的过程中，T老师向学生分享了专家“辨证施治”，利用“清肺排毒汤”医治了很多轻症患者，取得了很好的效果。在这个过程中，我们可以看到T老师自身的中医知识储备，帮助她在课堂上驾轻就熟地运用传统文化资源落实教学目标。这也从侧面反映出教师个人对传统文化的了解程度对于能否运用好传统文化资源至关重要。

三、影响教师开发优秀传统文化教学资源的外在因素

（一）教学任务艰巨

在访谈中，有4位老师共6次提到了高中课时紧张、教学任务艰巨这一问题，课时与教学任务之间的矛盾是教师在思政课课堂运用优秀传统文化资源开展教学的重要阻碍因素之一。

X老师：困难很多，我们必修有4册，选择性必修有3册。如果是高考选政治的，要学完这7册。我们选修的人挺多的，对于我们而言现在最大的困难是怎么在有限的时间内把这么多内容上完。

上海市普通高中在思政课节数的安排上虽略有不同，但整体差别不大，高一、高二大多为每周2—3课时，高三选考政治的同学大多为每周3—4课时。以某示范性高中为例，高一的思政课每周有2课时，《习近平新时代中国特色社会主义思想学生读本》则安排专门时间开展教学，并未占用原正常教学时间。以上海市2021年秋为例，学期共21周，扣除国庆节等法定节假日、学校有关课外活动时间、期中考试、期末考试时间，大约还有16—17周上课时间，再扣除习题讲解答疑时间，实际课时非常紧张。根

据上海市统一安排，高一需完成必修一和必修二共计21框（含综合探究）的教学任务；高二则需要完成必修四《哲学与文化》共计28框（含综合探究）的教学任务。

必修四《哲学与文化》包括哲学与文化两部分，其中哲学部分距离学生生活较远，概念多、原理多、易混淆，学习难度大，而文化易学、易理解。在整体课时紧张的情况下，文化单元课程安排在必修四的最后一个单元，留给这个单元的时间更是不多。

X老师：如果我们按部就班上，高三第二学期还在上新课，没有复习的时间。所以文化这一块，我们学校的课时安排是非常紧的，因为前面的辩证唯物主义和历史唯物主义，我们没办法加快，只有文化，这个可以快一点，然后就立马上选择性必修。

C老师：新教材就这么一个单元，然后基本上也到最后了。从目前考试来看，这个东西本身说实话难度不是很大，也到最后了，老师可能讲得也都比较快，我是这样感觉。

（二）相关配套资源缺乏

目前，教材中的优秀传统文化内容大多是碎片化地、蜻蜓点水式地呈现，缺乏具体的教学材料，难以引发学生的兴趣并引导至优秀传统文化的现代价值。即便有些教师有意识地运用了优秀传统文化资源，也只是停留在经验层面，与教师本人的经历和兴趣密不可分。要实现优秀传统文化资源开发由经验走向理性，就需要借助一些专业的力量，为一线教师形成示范，但是现实情况却不容乐观。

S老师：特别是大学有很多专家、教授，他们专门研究文化这一块，其实是可以提供一些理论上的支持还有一些资源上的帮助。因为有些问题我们可能讲不清楚，但教授们他们专门研究这个方向，是可以讲清楚的。

Z老师：现在开发资源，因为又是新教材，其实没有很多样本的，也没有很多参考，所以我只能自己去找很多东西，但是有的时候可能就会遇到瓶颈，所以我感觉也没有很好的一种平台或者是一些范例。

从以上这段访谈的摘录可以看出，教师在实践中迫切需要理论支持和平台范例。事实上，高校和中小学的联系并不密切，中小学不能及时应用来自高校的研究成果。

而且,新教材使用时间不长,相关的配套素材、课程也不完善,不能给老师教学提供支撑。尽管每位教师都有一本配套的教师用书,教师用书的内容也比教材更加丰富,但是其远不能满足老师开发教学资源的需要。

问:那您平时在开发课程资源的时候,有跟同事之间的合作吗?

L老师:会的,但毕竟这个课程是自己的,还是以自己为主。

问:您有跟同事之间的这种合作吗?这种合作会帮您提高效率吗?

Z老师:自己当然会先理出来、先构思,然后才会和其他老师、带教师父以及同学科、不同学科的同事沟通,其实集体备课的模式能够集思广益,作用很大。

从以上这两段访谈的摘录可以看出,团队合作、集体备课制是帮助教师进行教学资源开发的重要方式。在实际教学中,"家常课"中教师更多是以自己为主,较少与同事进行合作,在"公开课"的准备过程中,团队的力量就凸显出来了,而良好的同事互助可以帮助教师整合教学资源,拓宽自身的认知,也更容易开发出优质的课程资源。

(三)学生对优秀传统文化认同不足

改革开放以来,随着社会生产力的不断发展,作为上层建筑的社会思想观念也随之改变。同时,中国与世界的交流日益密切,西方的自由主义文化、消费主义文化和价值观涌入国内,形成了多种社会思潮,对中国传统的思想观念、核心价值观构成了挑战。00后对于吃西餐、穿外国品牌、看迪士尼动画和美国大片已经习以为常,日本动漫、韩流文化也渗入到00后的日常娱乐中。

高中生的思想活跃、求知欲强,但是辨别力不足、思想不成熟,容易被一些别有用心的思潮误导。甚至有学生盲目崇尚西方的发展模式,陷入历史虚无主义的陷阱,这也对教师开展优秀传统文化教学提出了挑战:一方面要重视传统文化的教育,在教学中层层渗透,另一方面也要选择贴近学生认知、学生喜闻乐见的材料。在访谈中,老师们也坦言,学生受到了一些西方观念的影响。

由上述教师访谈和课例分析的结果可见,思政课落实优秀传统文化教育的情况总体上不容乐观。将优秀传统文化有机融入思政课,需要教师自身对传统文化拥有较强的兴趣和较为丰富的传统文化知识,才能发现思政课程内容与优秀传统文化的结合点;而且,教师要有较强的专业发展动机,才能在完成艰巨的教学任务的同时,愿意花时间去研究和实施优秀传统文化教育。目前大多数教师缺乏主动运用优秀传统文化教育资源开展教学的意愿和能力,外部环境对他们开展优秀传统文化教育缺乏有力的支持。不过,多数思政教师已经在主观上认识到开展传统文化教育的意义,他们需要的是看到更多将优秀传统文化与思政课相结合的案例,并学习到这些案例背后的理念、方法和策略。本书将在后面章节回应教师的这种需求。

（韩笑梅　沈晓敏）

第三章

优秀传统文化资源的选择与使用

由第二章可知，受各种内外因素的影响，高中思想政治教师缺乏开发优秀传统文化资源的热情和能力，教材也未给教师提供充分的支持，导致高中思政课未能充分落实优秀传统文化教育。如何开发更为丰富而适切的优秀传统文化资源，使之有机融入思政课每个模块、每个单元，甚至每一课的教学，并具有吸引学生主动学习和探究的效果？思政课程与教学论研究者应与相关领域专家合作承担起开发优秀传统文化资源的责任，探索文化资源开发的策略、路径和方法。本章借鉴日本的经验与我们自身开发文化资源的经验，对此问题做出探讨。

第一节 传统文化资源开发的他国经验

21世纪初，中国和日本都认识到了文化的强大作用，均确立了文化发展战略，并将传统文化作为文化发展的源泉，在中小学加强了传统文化教育。但是，在传统文化教育的理念、文化传承与文化创造的关系、传统文化与现代文化以及未来文化的关系上，日本与中国存在不小差异。日本的传统文化教育是在“过去、现代和未来相互联系的视野”下谋求文化的传承与创新。它不止于传统文化的传承，还更重视传统文化的价值创造；它不仅通过传统文化培养爱国情感和民族自豪感，还更重视文化创新能力的培养。在我们引导学生学习并对优秀传统文化进行创造性转化与创新性发展、从而创造社会主义先进文化之际，可以批判性地借鉴日本传统文化教育的一些理念与做法。

一、日本中小学社会科教材中的传统文化内容

21世纪初，日本认识到文化的强大作用，确立了文化发展战略。2002年，日本文化审议会发表了一份咨询报告:《创建尊重文化的社会——为了实现每个人都拥有丰富心灵的社会》，提出“文化立国”国家战略。这份报告指出了文化的五个作用:(1)文化对于人能够像人一样生活发挥着极其重要的作用；(2)文化能够产生人与人之间的连带感和凝聚力，是人与人共同生活的基础；(3)文化能够实现更高水准的经济活动；(4)文化能促使科学技术和信息化的进步，能真正为人类的发展带来益处；(5)文化可

以保持世界的多样性，成为世界和平的基石。此外，还提出创建尊重文化的社会的五个途径，其中之一便是"培育珍视文化的心灵"，这一条又包含五个方面：(1)充实尊重日本历史、传统及世界多元文化的教育；(2)推进儿童的文化体验活动；(3)丰富教师的感性和文化涵养；(4)重视国语；(5)振兴地方文化。①

在上述文化战略的引领下，日本文部科学省于2008年颁布的中小学课程标准充实了有关传统与文化方面的内容，例如，在国语科中增加经典古文，在小学社会科中增加日本历史，在初中社会科地理、历史、公民三个领域及技术—家庭科中增加传统生活方式等内容，音乐科则增加日本民乐，美术科增加日本的美术文化，保健和体育科增加日本武道等。2017年版小学和初中课程标准进一步要求小学社会科增加对区域内主要文化遗产和传统节庆习俗的学习，小学家庭科与初中的家庭—技术科增加有关和食与和服的学习。2018年版高中课程标准要求国语科充实有助于加深学生理解日本语言文化的内容，地理历史科要加强与政治、经济和社会变化相关联的日本文化特色学习，公民科丰富有关日本先人的故事及其智慧，保健和体育科加强日本武道的学习，家庭科充实和食、和服、和室等日本传统生活文化的继承与创造方面的内容。就学科而言，日本的社会科与我国的思想政治科目比较接近，下面主要介绍日本社会科和公民科教材展现传统文化的方式。

(一) 对传统文化的创造性转化与创新性发展

前文指出我国思政教材在阐述传统文化的创造性转化与创新性发展上缺少范例、问题情境和挑战性问题。日本小学的社会科教材在这方面的设计值得我们借鉴。下面从东京书籍出版社的小学社会科教材《新社会3-4下》(2011年版)中列举两例。

该册教材有一个单元名为"我们的县"，其中第二小单元"有特色的地方以及人们的生活"以兵库县三个不同类型的城市——养育鹳鸟的丰冈市、守护古城的姬路市、盛产陶器的篠山市——为题材，展现这三个地区的人们为守护、弘扬家乡的"宝物"(文化遗产)而做出的种种努力。这些"宝物"分别为自然资源、世界文化遗产、传统产业和技艺。

"守护古城的城市——姬路市"这一课首先展现姬路市有座古城"姬路城"，"姬路

① 日本文化厅.文化を大切にする社会の構築について　～一人一人が心豊かに生きる社会を目指して[EB/OL].[2023-10-01]. https://www.bunka.go.jp/seisaku/bunkashingikai/sokai/sokai_2/shakaikochiku_toshin/.

城”是日本第一个世界文化遗产，姬路市还有各种各样的传统节日，这些都是姬路市宝贵的文化财富。然后，课文展现了当地人为保护姬路城多次对它进行修缮的历程，其中不乏艰辛和挑战；“姬路城”被评为世界文化遗产之后，姬路市民继续采取各种保护措施。课文还引用了一位参与古城修复的工匠柴田先生的话：“姬路城录入世界文化遗产的那年，我就想亲自来守护姬路城，便从东京搬到了姬路市。在高高的作业台上工作虽然很危险，注意力需要高度集中，但是由于我从小就喜欢古城，所以觉得从事这份工作真好。全国也有很多古城，从平时开始一点一点地修整，就能够把它们保存到未来。”

最后，课文呈现了姬路市政府和市民为创建历史文化名城，传扬古城文化风貌而采取的行动，如提供外语导游服务、做影视拍摄地、小学生当向导讲述古城之美、参加爱城会的清洁行动等。也就是说，课文从举办各种传统节日、定期对古城进行修缮、开发古城的文化旅游资源、市民加入志愿者活动等角度，展现一座古城的风貌是如何完好地保留到今天，今天的人们又如何为它能传至未来而继续努力，并使它的价值得到更好的发挥。

“陶器之都——篠山市”这一课首先介绍了日本六大古陶之一“丹波立杭烧”的历史及其独特魅力。说明丹波立杭烧是篠山市的传统产业，当地手工艺人一直在用心地传承着制作丹波立杭烧的传统技艺，这种技艺是过去的人们利用自然赋予的资源，通过几百年的历史积淀而逐渐形成的，凝结着传统手工艺人的心血。课文引用了一段制陶工匠大上先生的话：“在篠山市今田町，除了我还有 60 个左右窑户，传统制陶技艺的传人有很多。我们是用取自自然的泥土为原料、树木为燃料来制作陶器。今后还要继续制作出全国人民都喜欢的作品。”之后，课文介绍了今田町的人们围绕丹波立杭烧开展的各种振兴、弘扬传统产业和传统技艺的活动，如：每年举办一次陶器节，设立名为“陶之乡”的设施，不仅售卖丹波立杭烧特卖品，还开设陶艺体验馆，每年有 10 万人来访，等等。课文用真实的照片，展现陶器节上各地游客来窑户门口挑选丹波立杭烧、在陶艺馆体验陶艺制作的情境，展现今田町的人们对丹波立杭烧的宣传，以及由此带来的小镇繁荣景象。

围绕每个案例，教材随案例故事的展开过程中，提出若干学习任务，如：(1)篠山市今田町为什么盛产陶器？(2)丹波立杭烧是怎么做出来的？(3)丹波人利用丹波立杭烧开展了哪些活动？其中还嵌入了“传统产业”“传统技艺”的概念解释。

最后，课文展示了一份学生探究总结报告，比较了三个地方的文化遗产、地域特色与保护文化遗产的活动(人们的愿望),报告最后写有感想:“姬路市和蓧山市有着各自独特的历史、文化、传统产业,在精心守护、传承城市的文化遗产这点上,它们是相同的。这些城市里的人们相互合作,发扬着城市的特色,发挥着文化遗产的价值,让他们的城市更美好。”单元最后呈现了一个学习任务:让学生制作一本宣传当地文化遗产的手册,并写一篇短文,表达自己在手册中最想宣传的内容。

姬路城与丹波立杭烧这两个例子深入浅出地展现了日本文化审议会所阐述的文化的作用。不仅让学生认识到流传至今的文化遗产是如何受到人们保护的,从而激励学生为文化遗产继续传至未来而成为它们的守护者,还让学生学习如何让家乡的文化遗产发挥更大的价值,从而促进家乡的经济发展和文化繁荣,增加人与人之间的连接感和凝聚力。需要说明的是,课文呈现的是一个一个情境化的学生探究学习的范例,知识和技能嵌入在探究活动过程中。在实际教学中,日本教师会指导学生运用教材上提供的方法和思路去探究本地区的文化遗产,采访文化遗产的保护者或传承人,调查本地区围绕文化遗产所开展的事业和活动,思考自己如何参与当地文化遗产的保护和宣传。这样一种情境化的教材编写方式符合学习理论所揭示的学生认知规律和学习本质,符合培养核心素养的要求。

(二)传统思想理念的系统学习

现行日本高中公民科含必修《现代社会》《伦理》《政治经济》,分别有一册教材,大致为一学年的学习量。《现代社会》可以说是《伦理》《政治经济》的压缩版。根据2009年版课程标准的规定,学生必选《现代社会》一门或者必选《伦理》加《政治经济》两门,2018年版课程标准以《公共》替代《现代社会》,规定其为必修课,《伦理》与《政治经济》为选修课。在日本,一般报考大学的学生都会选《伦理》与《政治经济》,因此选修这两门课的学生比例非常高。

《政治经济》或《现代社会》涉及政治经济的单元中,很少有传统文化的融入,传统文化集中体现在《伦理》和《现代社会》的其他单元中。本文主要介绍发行量较大的东京书籍出版社(以下简称“东书版”)《伦理》中有关传统思想的编写方式。

根据日本高中公民科课程标准(2009年版)的规定,伦理教育的目标为:

“基于尊重人的精神和敬畏生命的观念,加深对青年期人格形成与人生道路的理解和思考,同时提高努力完善人格的实践性愿望,促进与他人共生的自我的确立,培养拥有良知的公民所必需的能力和态度。”

据此，目标设定的内容之一为：“人的存在方式和人生之道：联系自己的人生课题，以先哲的基本思想方法为线索，加深对人的存在和价值的思考。”关于该条内容的具体处理方法建议：“在处理先哲的基本思想时，要精选与内容深度关联、适合学生发展和学习阶段特点的、有代表性的先哲的学说。要精心思考使其成为学生自己确立人生观与世界观的参考。”

从课程内容来看，日本伦理科就是一门关于人生观、价值观和世界观的哲学课程。用先哲的学说为学生确立人生观和世界观提供参考。因此，教材精选了古今东西方先哲对人生和世界的看法。东书版《伦理》的第一章阐述青年期的课题与人格形成，第二章以“人的自我认识”为主题，阐述东西方先哲关于何为人、何为理想人生的学说，即东西方哲学思想依次为古希腊思想、基督教思想、伊斯兰教思想、佛教思想、中国思想。第三章则全部阐述日本思想。第四章为“生存于现代社会的伦理”，阐述近现代伦理思想，如社会契约论、功利主义、社会主义思想、实用主义思想等。第五章为“思考现代社会的课题”，阐述人们对生命、家庭、乡土社会、信息社会、文化和宗教、环境、国际和平与人类福祉的各种探讨。全书共 224 页，第三章专门阐述日本思想，共 54 页，占全书总篇幅的 24%。含 7 节：

导言：日本人的思想方法

第 1 节　日本人的精神风土：日本人的宗教观和伦理观

第 2 节　佛教与日本人思想的形成

第 3 节　儒教与日本人思想的形成

第 4 节　国学的思想

第 5 节　平民的思想

第 6 节　西方思想与日本人的近代化

第 7 节　国际社会中的日本人的觉醒

以第 3 节“儒教与日本人思想的形成”为例，教材先阐述儒家的伦理观，概括其为“维护现实秩序”的伦理，然后讲述儒教传入日本的背景，日本儒学家对儒教理论的阐释和发展，并配有一幅江户时代日本儒学家谱系图。这一节课文重点介绍了五位日本儒学家的思想观点。在“日本的阳明学”部分这样介绍中江藤树等人的思想主张：

“中江藤树从独自的立场出发对朱子学进行了严厉的批判。他认为孝不应该只是对父母的孝行，而应针对所有人与人之间的关系，甚至应成为贯彻天地万物的普遍真理……晚年，他吸收了阳明学的思想方法，认为应发掘所有人生来就有的‘良知’这种道德能力。”

“经过对朱子学的批判，伊藤仁斋主张撇开后世的儒教解释，直接回到《论语》《孟子》，采用古义学的方法研究儒教。依照这种方法，他发现孔子原本的教义是关于日常生活的、人伦的、生动的和合之道。”

教材在正文之外，附有伊藤仁斋《语孟字义》中关于“诚”的 200 多字的原文摘抄。几乎每个重要的思想家都配有生平介绍和 200—300 字的原著摘录，并将关键概念用粗体突显。每个人物的思想介绍约一页篇幅（约 1100 多字）。这样的编排为学生理解日本传统思想的形成和发展、每个思想家的思想主张及思想家之间的关系提供了支撑。

另外，中国思想作为日本思想形成的重要来源之一，与日本人的思想、行为方式和生活方式有着深厚的渊源。教材用了 8 页篇幅阐述以儒家思想为代表的中国传统思想，包括孔子的仁和礼思想，孟子的性善说，荀子的性恶说，韩非子的法治主张，墨子的兼爱说和非攻论，朱子的理气二元论，王阳明关于性即理、心即理、致良知、知行合一的学说。具体可见沈晓敏的论文《中国传统文化在日本教科书中的地位与育人价值》，此处不做赘述。《伦理》教科书将以孔孟为代表的儒家学说和老庄为代表的道家学说与古希腊思想、基督教思想、佛教思想并列在一起，作为人类思想宝库中的重要遗产，用相当多的篇幅进行阐述，彰显了中国思想所具有的育人价值在日本受到了高度重视。参考日本《伦理》教材既有助于我们加深对中国传统思想的理解，又可以作为论证中华优秀传统文化价值的证据之一。

《伦理》对东西方思想史的梳理，对日本思想形成和发展历程的系统论述，可以让日本学生“正确认识传统文化”，感受日本文化的包容性和独特性，同时理解“学习借鉴外来文化的有益成果”的意义。这种对传统思想的系统化教学值得我国思政教材编写者学习。

二、东京都“日本的传统与文化”课程中的教学材料

（一）“日本的传统与文化”课程架构

文化审议会公布审议报告之后，日本各地相继开始了传统与文化教育研究和实践。其中就包括东京都教育委员会自2005年开始实验的“日本的传统与文化”课程，它由一些著名的传统文化、传统文化教育的研究者参与研制，经过一年多实验和修改，推出了同名课程方案、教材集和教学指南。课程方案强调，这门课程的宗旨“不仅仅在于加深对乡土和祖国的传统、文化以及历史的理解，还在于它有助于培养自主地、创造性地继承和发展传统与文化的实践力，培养以这种素质和能力为基础去理解和珍视异文化、接纳价值观的差异并得到世界各国信赖和尊重的人”。[①]

课程内容包含四个方面：(1)别具特色的技艺与日本人的心灵；(2)衣食住；(3)艺术与表演；(4)保存与修复中存在的问题。由于传统文化的理解和传承是文化创新的基础，因此经历漫长历史积淀的传统文化在课程内容中占据很大比例，但是在这门课程中，传统文化的学习始终是与现在和未来文化的创造联系在一起的。

东京都教育委员会还发行了一套与课程方案配套的教材集，供学校参考。教材集由“基本单元”“体验和创造单元”“新文化单元”三部分构成，每个单元包含若干“教材”，供学校选择。在日本，“教材”不完全等同于教科书，而是指所有具有教育价值的材料，教材开发就是根据教学目标，寻找将教学内容变得易于理解的素材，挖掘隐含的教育价值，然后对此进行转化和加工，使之成为促进学生学习的材料，这类似于我国的教学(课程)资源开发。“日本的传统与文化”教材集所涉及的传统文化资源的题材和范围相当广泛，含艺术、工艺、运动、游戏、节日、生活工具和印刷媒体等方面。

(1) 基本单元中的教学材料有：色、形、纹——学习使用包袱布之一；折叠、包裹、打结——学习使用包袱布之二；日式游戏；筷与碗；日本的住宅；日本之音；节日的魅力，等等。

(2) 体验和创造单元中的教学材料有：制作漫画画卷——从《鸟兽戏画》、北斋漫

---

① 東京都教育委員会．東京都立学校設定教科・科目『日本の伝統・文化』カリキュラム．平成18年：8—9．

画到现代动漫;摩登城市东京的生活文化;身边的信息和媒体;探索出版文化的诞生;仪式中的音乐;世代相传的日本民歌;大相扑和现代生活;和服的着装;学“道”——花道、茶道、道具和工具;生活中延续至今的江户文化;学习武道;学习象棋;学习围棋。

(3) 新文化单元中的教学材料有:现代艺术中隐含的日本的传统和文化;折纸鹤——宇航员野口的“宇宙鹤”计划;从“和”中创造出日本品牌;西式舞蹈与和式乐器的结合,等等。

课程方案参照当时日本所有学科通用的评价维度,确立了从日本传统与文化的“兴趣和态度”“创造力”“发表和交流能力”“鉴赏能力”这四个评价维度来对具体的教学活动展开评价。

(二)“传统与文化”校本教学计划

东京都内开展传统与文化教育的高中各自结合学校和所在社区的条件,开设了各种各样的校本课程。下文以其中一门课程的年度教学计划为例,考察其如何体现过去、现在与未来的联系。

课程名:从江户到东京及现代日本的文化①(2 学分)

目标:通过学习江户文化,了解日本的传统和文化,进而理解日本各地传统和文化的精彩之处。并以国际化的东京为焦点,培育面向未来、传承和创造文化的态度。

课时:每周 2 课时(2 课时 * 35 周/年,共 70 课时)

年度教学计划②

学期	月	课时	单元	学习目标	主要学习活动	留意点(评价维度)
第一学期	4月	2	导入	对东京的文化产生兴趣,形成自己的学习课题	查阅资料集,观看录像	让学生了解全学年的学习内容(兴趣和态度)

① 东京在明治维新前被称为“江户”。

② 東京都教育委員会. 東京都立学校設定教科・科目『日本の伝統・文化』カリキュラム. 平成 18 年:27.

续　表

学期	月	课时	单元	学习目标	主要学习活动	留意点（评价维度）
	5月 6月 7月	4	江户的文化	以千社帖①和垃圾袋的图案及其图案设计的背景为线索，学习江户的市井文化	调查江户的图案设计； 制作千社帖和垃圾袋	让学生注意到现代社会中仍保存着江户文化（创造力）
		10	江户的传统节日	以江户时代的神田祭、三社祭等为线索，学习传统节日； 从节日和音乐的关系中思考文化	调查描绘江户时代节庆活动中的图画和文字记录等； 探究各地节日中音乐的共性	使学生对与节日相关的各种事物（如音乐伴奏）产生兴趣（鉴赏能力）
		6	认识东京	了解江户城的构造和现代东京，了解都市的环境文化	参考历史类影视剧或动漫，调查江户城的特点，并作汇报和交流； 探讨街区，考察路线	事先沿考察路线走一趟，开展田野研究（兴趣和态度）
		6	引以为自豪的社区文化	整理自己感兴趣的社区的文化遗产和节日等； 用文字、图表、音像等制作汇报材料	通过学校周围的文物和节庆活动，调查社区文化的特征，并作交流	让学生理解社区的文物和节庆活动是如何被保存、继承下来的（鉴赏能力）
		6	我的乡土	总结之前的学习，加深对乡土的思考	用可靠的论据，表达自己的想法，便于听众理解	斟酌各种交流方式，布置好交流空间（表达和交流能力）

① 日本人参拜神社或寺庙时，会携带写有自己姓名或公司名、店名之类的条幅，贴在神社或寺庙里，这种条幅叫“千社帖”。千社帖后来发展出特定的图案风格，贴在佛坛或桥梁上，以求平安。

续 表

学期	月	课时	单元	学习目标	主要学习活动	留意点（评价维度）
第二学期	9月 10月 11月 12月	6	江户与京都的文化差异	整理世界上对代表日本的两座城市的评价，思考日本文化的特点	分衣食住、环境、谚语等项目开展调查； 灵活运用图书资料	事先搜集有关江户文化和京都文化的学习材料（鉴赏能力）
		6	我喜爱的日本城市	加深理解日本各地的传统和文化	利用资料、因特网等对自己喜爱的城市展开调查	让学生思考传统和文化在现实生活中的意义（兴趣和态度）
		6	从“日本的游戏”中看地域特性	根据自己的生活经验，创作谚语，从而理解文化创造的意义	从“日本纸牌”中了解东西部地区谚语的差异； 创作纸牌	对其他游戏也展开自主调查（兴趣和态度）
		4	我出生时的东京	了解自己出生时东京的文化	调查自己出生时东京的文化； 交流调查结果	教师可将自己的切身经验有效地引入教学中（兴趣和态度）
第三学期	1月 2月 3月	4	传播至世界的日本文化	了解现代艺术和文化中隐藏着的日本传统精神和审美观	以浮世绘和现代美术为主题开展调查学习，用文章归纳并发表调查结果； 探究流行世界的日本文化	不局限于既有的学说和资料，尊重学生自己的发现（创造力）
		4	获世界好评的日本的传统与文化	从多种角度加深理解日本的传统和文化	阅读有关日本的传统和文化方面的新闻报道； 整理自己所学的知识	重视小组研究、调查活动（创造力）

续　表

学期	月	课时	单元	学习目标	主要学习活动	留意点（评价维度）
		6	汇报、交流（参考案例：创造日本品牌）	在小组研究的基础上，重新发现日本和东京的文化	将自己所学的知识用便于听众理解的方式进行讲解	使用没有桌椅的教室，准备好合适的学习汇报和交流的环境； 总结一年的学习（表达和交流能力）

“从江户到东京及现代日本的文化”这门课程为期一年，共含12个小单元，从该课程的年度教学计划中，可以看到几乎每个单元都包含了“传统与文化”所指的三类事物。

（1）表现“历经漫长岁月、形式发生多种变化而传至今日的事物”：以千社帖、垃圾袋上的传统图案为例的江户市井文化，以江户的传统节日、江户城布局结构为例的江户文化，以日本纸牌为例的日本传统游戏、京都文化、浮世绘等。这些代表传统文化的事物都与现代生活联系起来，让学生从现代生活中发现传统，发现现代文化与传统文化的联系，并比较发现不同地区的传统文化存在的差异和共性。这种对传统文化价值的发现和理解为文化创新能力的培养奠定了基础。

（2）表现“在现代得到好评的有价值的事物”：“传播至世界的日本文化”和“得到世界好评的日本的传统和文化”两个单元所列举的事物。这些事物有日本动漫、日本设计等。还让学生认识到这些得到好评的现代文化凝聚着日本传统的精神和审美观。

（3）表现“形成新的文化并将在未来继续拥有生命力的事物”：这类事物尚不存在，是需要新一代去创造的事物，因此这类事物是期待学生来创造、通过学生实际的创作活动来表现的。如，“江户的文化”单元让学生借鉴传统图案和样式设计千社帖和垃圾袋；“从‘日本的游戏’中考察地域特性”单元设计了让学生创作纸牌的活动；“得到世界好评的日本”单元开展了设计日本品牌的活动，等等。这些活动都是在培育通向未来的新文化创造力的萌芽。

由此可见，该教学计划充分体现了对过去、现在和未来的文化进行传承与创新，将知识理解、情感态度与创造力的培养有机融合的理念。同时，该教学计划还明确了每个单元的评价重点，各学期各单元的评价重点达到了合理分配：五个单元的评价重点是“兴趣和态度”，三个单元的评价重点是“鉴赏能力”，三个单元的评价重点为“创造力”，两个单元的评价重点为“发表和交流能力”。兴趣和态度、鉴赏能力是创造力的基础，所以第一、二学期以这两方面为评价重点；虽然创造力评价在第一学期也有安排，但偏重在第三学期；大型的汇报和交流活动主要安排在一学年的中期和最后，所以只有两个单元着重于“表达和交流能力”评价。各单元所写的评价维度只说明了评价的重点，实际上每个单元都整合了鉴赏、创造、表达和交流等活动。

三、文化创造取向的传统文化教学案例

除了东京都教育委员会主导的“传统与文化教育”课程开发和实践之外，日本其他地区也有文部科学省制定的“传统与文化教育”实验区和实验学校，这些地区和学校结合当地的文化资源，开发了丰富多彩的“传统与文化教育”课程资源，推出了很多优秀的教学实践案例。而民间学术团体和文化教育研究交流协会在推动各地学校开展“传统与文化教育”方面发挥了举足轻重的作用。和文化教育研究交流协会更偏重培养文化创造力，并且构筑了一套心技体合一的教育方法论，这一方法论的核心内容就是：通过创设心技体统整的学习场，让学生模仿、练习形式化的技艺，体认蕴含于技艺中的精神，形成身心合一的人格，进而养成灵活运用体认的技艺进行文化创造的素养。这一方法论为如何在“传统与文化教育”实践中处理文化传承与文化创造的关系、技能学习与心灵培育的关系提供了理论依据。以下两则教学案例反映了文化创造取向的“传统与文化教育”理念。

（一）案例一：单元“日本的游戏——伊吕波纸牌”

伊吕波纸牌诞生于18世纪后期，纸牌共计96张，由48张读牌和48张花牌构成。读牌上分别写有以48个日语假名开头的谚语，在花牌上有与读牌对应的48幅图画以及句首文字。玩纸牌的人将花牌在榻榻米上排成一排，将读牌人读到的对应花牌迅速取走。得牌最多的人为胜。伊吕波纸牌被认为体现了日本都市庶民阶层的智慧和机智，是日本市民文化的宝贵遗产。

教师首先让学生玩纸牌，猜谚语。在玩的过程中，学生发现关东地区和关西地区纸牌上的谚语存在差异，即谚语第一个字的发音虽然相同，但出现的谚语却完全不同，

进而理解不同地区文化的差异性，同时也学习了谚语的表达方式。然后，教师让学生根据自己的生活经验创作谚语，并制作纸牌。制作过程中，一部分学生负责编谚语，制作读牌，另一部分学生负责绘画，制作花牌。制作活动完成后，学生相互交流自己对文化创造的意义和含义的看法。

中村哲对这则教学案例做了这样的评析：该案例不是以日本人应有的形象和素质以及日本文化的优秀特点作为前提，并把这些传统的文化价值作为手段来培养学生的情感和态度，而是把对文化价值的理解和文化创作本身作为目标。尤其值得肯定的是，该案例着眼于被长期传承下来的文化所具有的价值以及产生这种价值的技术力量，同时通过开展让学生向国内外发送信息的活动来培养学生创造未来新文化的能力。

（二）案例二：单元“从《鸟兽戏画》和北斋漫画到日本动漫”

风靡世界的日本动漫被认为起源于日本古代的“绘卷”，这是由于人们发现日本绘卷的代表作《鸟兽戏画》的连续情节和角色设计与现在的动漫有很多共同点。该单元中，教师首先让学生追溯日本动漫的历史渊源，将古代绘卷《鸟兽戏画》和 19 世纪的北斋漫画①进行比较，分析古代绘卷在时间、画面构图、角色设计上独特的表现手法。然后，让学生自由组合成若干小组，运用古代绘卷的表现手法合作创作绘卷。教师要求学生首先设计只用四幅画来表现的故事，然后设计漫画中的角色形象，最后分工制作完成连环漫画。学生通过这些活动体会不用语言来表现故事的方法，以及连环漫画制作过程中独特的分工方式。然后，教师再让学生分析现代日本动漫在色、形等表现手法和内容上的特点，并通过小组合作绘制具有这些特点的动漫绘卷，从而认识到“文化是一种创造”“传统和文化”是在“传承→评价”“模仿→创造”的循环往复中发展起来的。

这则案例以学生极感兴趣且在世界上产生巨大影响的日本动漫为导入材料，引入日本古代绘画史，将现代文化与传统艺术联系起来，由此使学生理解风靡世界的现代日本动漫与古代绘卷的联系，对古代绘卷的艺术表现手法和现代动漫的艺术表现手法之异同产生学习兴趣。同时，又通过两次绘卷创作活动，加深理解古代绘卷和现代漫

---

① 葛饰北斋（1760～1849 年）是日本伟大的浮世绘师，对欧洲绘画界产生巨大影响，他是将“漫画”一词用在画作上的第一人。其创作的漫画被称为北斋漫画。

画的创作方法，初步掌握运用古今不同的绘卷创作手法创作自己的故事的技能，从而体会文化创造的乐趣和意义。传统文化和现代文化的有机融合、文化理解力和面向未来的文化创造力的有机结合在这个案例中得到了充分体现。

上述日本传统文化教育的案例虽然不是通过一门社会科来实现的，但是它们所体现的过去、现代和未来文化相联系的视野以及对面向未来的文化创造力的追求是值得我国思政课借鉴的。

第二节　思政课优秀传统文化资源开发框架

一、从文化创新的角度开发优秀传统文化资源

在党和国家的文化发展战略下，优秀传统文化教育在中小学日益受到高度重视，特别在通过传统文化教育弘扬民族精神、培养民族自豪感和文化自信方面不遗余力，取得一定成效。但是，从文化创新的角度来看，“我国传统文化教育缺少了日本‘传统和文化教育’所具有的将过去、现代和未来文化相联系的视野，缺乏面向未来的文化创造的追求。通过传统文化教育培育民族自豪感和归属感以及提高道德品质，这些固然重要。但是，从建设创新型国家和发展文化软实力的国家战略来说，仅局限于情感态度价值观目标是远远不够的”。①

文化强国不仅需要新一代重视、热爱、传承优秀的传统文化，更需要从传统文化中吸取精华，根据现代社会的特点，为未来创造新文化，只有这样，中华传统文化才具有生命力和世界影响力。因此，今后我国的传统文化教育还要在基于优秀传统文化进行文化创新的能力培养上考虑内容和方法的改进。在此提出以下两个具体的思路。

（一）展现优秀传统文化得以传承至今的事迹

要重点开发那些创造性地传承和发展优秀传统文化的生动、具体且真实的人物故

---

① 沈晓敏.从文化传承到文化创造——日本“传统与文化教育”的走向[J].全球教育展望，2011(11)：83—89.

事，体现其中的甘苦、精神和智慧，使这些事例成为学生学习的榜样、激发文化保护热情和文化创造力的媒介。如，优秀非物质文化遗产面临后继无人的困境时，它的传人怎样苦心坚守，改变处境，最后重新焕发非物质文化遗产的生命力。当然，也可以告诉学生这些人面临的新挑战。让学生探究、学习这些事例，然后思考、讨论优秀传统文化要继续传承下去，还可以有怎样的方法，自己可以做什么。这类学习经验的积累，可以逐渐培育起文化创新能力的萌芽。

（二）展现传统文化的当代境遇和课题

中小学思政教材和课堂上常常会列举中国瓷器之类的文化遗产来展现古代中国科技之先进、工艺之精湛、经济之发达，以及令人敬佩的工匠精神。在涉及这方面内容时，不管是教材还是教师，不仅要展现古代制瓷工艺的精湛，同时还要直面这些传统工艺曾经或正在面临的问题和困境，引发学生对传统文化生存状态的关注以及振兴它们的使命感。

例如，笔者在主编上海科技教育出版社《品德与社会》教材时，在四年级第二学期（2018年版）第二单元“千年文明　独具风韵”中以瓷器和丝绸为题材设计了两篇课文。

关于陶瓷的课文在最后部分写道：

中国是最早发明陶瓷的国家，但是近代以后，西方国家陶瓷制造业迅速发展，而我国却由于科学技术以及科技教育发展缓慢，陶瓷业水平远远落后于西方发达国家。

实际上，陶瓷业是一个前景广阔的产业。陶瓷具有耐高温、耐低温、绝缘、隔热等独特的性能，它可以广泛应用于工业、军事及航天技术等领域。随着科学技术的不断进步，将来陶瓷甚至有可能像塑料一样轻便，并具有更多用途。

为了重振中国陶瓷的雄风，陶瓷行业的人们正在通过科技创新，改进生产工艺，努力提升中国陶瓷业的水平。

相关链接：日本物质和材料研究机构成功开发出一种具有超塑性的新型陶瓷。这种陶瓷在高温下能够像金属一样被拉长，可用来制造形状复杂的机械零件。

“神舟六号”飞船穿的“防热衣”，是景德镇研制的大型陶瓷隔热瓦，能耐近2000摄氏度的高温。这项发明为陶瓷在航天领域的应用开辟了一条新的道路！

课文还呈现了两个学生的学习体会:“陶瓷是我们的传家宝,作为中国人,怎么能让它落后于他人!”“我们今天好好学习,将来一定要创造出让世界惊叹的新型陶瓷”。

关于丝绸的课文在最后部分写道:

中国的养蚕制丝技术早在公元前2世纪就传入日本,随后日本不断改良生产技术,成为中国丝绸业的竞争对手。

新中国成立后,中国丝绸业重整旗鼓,通过改良技术和生产工艺,提高了丝绸的产量和质量,出口贸易额重新攀升。

丝绸研究专家表示:以前的丝绸制品很容易起皱,也不能用洗衣机洗,洗后易褪色和缩水。针对这些问题,我国真丝业的研究人员经过潜心钻研,终于攻克了难题!通过改进面料的生产技术,丝绸克服了以往许多缺陷,而且种类也比过去多了。

课文相应地展现被用于各种场合的新型丝绸制品的图片。

这段文字展现了中国丝织技术的当代境遇——已经无法在世界上独领风骚,并提出了新的课题——“我国丝绸行业必须探索新的发展道路”。然后,又通过专家的话,向学生传递了振兴传统工艺的精神以及方法。

如果在教学中能再补充更为生动、具体而真实的人物故事,则可以对学生产生更大的感染力,促动学生思考并投入到传统文化的振兴行动中。

总之,我们可以借鉴日本的传统文化教育,立足过去、现代和未来之间的联系,挖掘中华优秀传统文化的各种代表性事物在滋养学生心灵、培育文化创造力方面所具有的价值,研究开发更加丰富多样的传统文化教育资源,尤其需要开发更多体现创新精神的制度设计、传统技艺的教学资源,在提高传统文化的理解力和文化自信的同时,培育面向未来的文化创造力的萌芽。

二、优秀传统文化资源开发的路径

中华优秀传统文化浩如烟海,犹如取之不尽的宝藏,同时它又深邃厚重,让我们难以把握。利用有限的课时和精力挖掘并呈现适合思政课的具有典型意义的素材属实不易。要在思政课中更科学且有机地融入优秀传统文化,一个前提工作是进行优秀传统文化资源的开发，也就是从优秀传统文化中寻找与思政课内容相得益彰的素材，对其教育价值进行挖掘，然后进行加工、转换，确定资源使用的方法和效果。什么样的素材适合进入教材和课堂，需要经过严谨的学理研究、科学的加工和反复的教学实验来决定。因此，资源开发是传统文化融入学科教学的基础工作。

（一）资源选择要件

优秀传统文化资源作为思政课的教学资源，具有所有教学资源都具有的基本内涵和要素。这里可以借鉴吴刚平对课程资源的阐释来定义教学资源的内涵。他认为课程资源就是"形成课程的因素来源与实施课程的必要而直接的条件"，可分为素材性资源和条件性资源。素材性资源包括：(1)外在物化载体，如承载课程知识、技能和其他信息的课程标准、教材、参考书、练习册、试卷等文本以及相应的影像资料等；(2)内在生命化载体，如师生在教学交往中形成的经验、感受、理解、创意、困惑、方式、方法、情感、态度、价值观等。而条件性资源包括设施设备、作息时间等。① 本文聚焦资源中的素材性资源，阐述文化资源的开发。另外，从"资源"的本意来看，它属于未被加工和利用的客观存在，是具体的教学材料（案例）的来源。当素材资源被挖掘出了价值并加工成为支持特定主题的教学材料时，资源就成为了教学材料。因此，本文在有些地方会同时使用"教学资源"与"教学材料"这两个概念。根据建构主义学习理念，一份能有效实现教育教学价值的资源（材料）应该具备以下特征：

1. 具有真实性和复杂性

真实性又可以说是逼真性，需要符合生活逻辑、揭示社会生活的本质，因此它可以是虚构或虚拟的人和事。真实性首先是指资源（材料）内含真实世界存在的真问题，这个问题可能发生在学生的身边，也可能发生在遥远的古代。但问题的解决具有生活意义或社会意义，能够带来对学生自己、他人和环境的影响，感受自身的力量和价值。真实世界的问题往往是复杂的，不容易找到解决问题的答案，需要学生用更长的时间从更多的角度认识事物之间错综复杂的关系，对观点进行耐心的论证。只有这样，学生才能不断积累应对复杂问题的能力，并产生长时间探究的耐久力。例如，《唐律疏议》虽然是一本距离学生现实生活比较遥远的古代法律文本，但其中"亲亲相隐"判例和"兄弟讼田案"所体现的家庭纠纷具有一定的复杂性，对于今人处理亲子关系和

① 吴刚平. 中小学课程资源开发和利用的若干问题探讨[J]. 全球教育展望，2009(3)：19—24.

兄弟关系、解决财产纠纷问题、思考孝道如何入法、德法如何合治等现实问题有着启示意义。

2. 有意外性和迫切性

好资源（材料）应与学生经验产生关联，让学生有似曾相识的感觉，能带着新鲜感、惊奇感去重新认识那些每天发生在我们身边我们却熟视无睹的事物，那些我们似乎每天看到而实际上又没留意的事物。[①] 这是学生产生强烈探究兴趣和学习动机的可靠保证。如第五章法律题材的资源有“兄弟讼田案”，介绍了蓝鼎元历时三天调解两兄弟为分田产而产生的纠纷。这个纠纷如何解决，会让学生产生争议，而蓝鼎元的调解方法可以让学生产生意外感，并让学生联想到身边类似的现象，引发他们的探究兴趣。

3. 具有典型性和普遍性

资源（材料）可以取自现实生活中的具体事物或历史上的具体事物，但必须反映超越特定时间和空间的社会生活本质，也就是要嵌入希望学生掌握的学科知识、方法和观念等，能指向对大概念的理解。只有这样，才能实现知识从具体到抽象再到具体的迁移。如，第五章使用的资源《唐律疏议》，虽然是一本距离学生现实生活比较遥远的古代法律文本，但其中“亲亲相隐”判例体现的家庭伦理问题、“兄弟讼田案”体现的财产纠纷调解问题却具有跨越时代的典型性。今天的很多家庭纠纷，如父母赡养、遗产分割，都是历久弥新的问题，而《唐律疏议》便可以为学习古代中国法律思想、增强依法治国意识、探究德法兼治之道提供丰富的典型案例。

4. 具有正确的价值导向性

这是思政课选择资源（材料）最为基本的条件。思政课的资源不能有违背主流价值观及有损国家利益、伤害民族情感、影响民族团结的要素。中华传统文化中有精华和糟粕，精华和糟粕往往糅合在一起，如《唐律疏议》中的律条和判例，会同时出现具有当代价值的内容与封建糟粕。教师不仅要进行分辨，还要引导学生进行分辨，通过这种分辨增强价值导向。而有些传统文化资源，即使其中存在有助于学生理解思政课知识原理的要素，也要谨慎甚至避免使用。

日本社会科教材开发专家有田和正认为，教材开发的目的就是引发学生的问题意

---

① 有田和正．我的教材研究[M]//市川博．社会科的使命与魅力——日本社会科教育文选．沈晓敏，主译．北京：教育科学出版社，2004：168—169．

识，动摇他们原有的简单的思维方式，激发他们的探究热情，提升他们的思想认识。从这一目的出发，教材开发，就是指对那些在学生周围无限存在的素材，通过转换视角、重组内容、改变顺序等方式进行加工，使学生能从中发现问题，激发起探究的热情。就是让学生带着新鲜感、惊奇感重新去认识那些每天发生在我们身边我们却熟视无睹的事物，那些我们似乎每天看到而实际上又没留意的事物。① 他的教材开发方法论也适用于优秀传统文化资源的开发。

有田和正的教材观符合当今中国倡导的课程教学理念，是遵循学生认知规律，有助于培养思考能力、探究能力和问题解决能力的教材观。传统文化教育不仅仅是让学生知道中华优秀传统文化有些什么，会背诵或引用一些名句典故，更重要的是拥有解决文化传承和创新中可能遇到的各种难题的能力。为此，学生迫切需要的是有田和正所言的能让学生产生好奇、触动，继而产生探究热情的资源和学习材料。

（二）资源开发步骤

在探讨思政课教学材料开发时，借鉴国内外已有研究和自身实践经验，提出这样四个步骤：素材本体研究、素材教育价值研究、教学设计与素材加工、教学实施与价值验证。优秀传统文化资源的开发也可以遵循这样的步骤。

1. 素材本体研究

对素材的本体研究指对素材的来龙去脉、前因后果等事实进行考证、梳理，如一个社会事件作为素材的话，要弄清其发生的时间、地点、背景、过程、影响、牵涉的相关人与事及其之间的关系等，这是避免误解误用，判断素材之价值的前提。本书第四章到第九章的资源开发案例中，都先介绍该案例的背景信息。如第四章挖掘了“清末民初实业家张謇”的事迹，作者先广泛查阅资料，了解张謇的生平故事，重点研究了张謇的社会历史贡献，得知“张謇一生创办了 20 多家企业，370 多所学校，为中国近代民族工业的兴起、教育事业的发展作出了宝贵贡献。作为一个企业家，张謇一切行为处世均从爱国出发，他将浓烈的爱国情和炽热的爱国心化为对强国梦的不懈追求，最终铸就了他辉煌的人生和不朽的事业”。然后从办厂兴产、办学兴教、救灾行善、打造“第一城”挖掘具体的故事，理清张謇的创业之道。这些为挖掘张謇事迹的教育教学价值奠

---

① 有田和正. 我的教材研究[M]//市川博. 社会科的使命与魅力——日本社会科教育文选. 沈晓敏，主译. 北京：教育科学出版社，2004：168—169.

定了基础。

2. 素材教育价值研究

挖掘素材的教育价值就是从教育学和学科课程的角度分析素材内涵的价值。作为思政课的教材，要从思政课的育人目标和内容以及政治、法律、经济、哲学、文化等学科领域出发考察、分析素材的价值，包括其反映的现象或事件的真实性、科学性、教育性和趣味性，更要顾及其政治性。如，本书第四章分析张謇的事迹与思想具有的教育价值，包括张謇的人生经历展现了人生价值的实现之道、张謇创业和营商之道对完善社会主义市场经济体制具有借鉴价值。

第五章清代“兄弟讼田案”是一个至今仍值得借鉴的体现中国古代调解智慧的经典判案，此案体现了“以和为贵”的调解理念，与高中选择性必修二《法律与生活》的第四单元“社会争议解决”第九课“纠纷的多元解决方式——以和为贵选调解”的教学内容和编写意图相符合。

第七章在思政教学中融入中医药文化，可以增强青少年学生对中医药文化的认知与认同，激发其对中华优秀传统文化的自豪感与自信心，坚定文化自信和民族自信；通过挖掘和弘扬中医医者的科学精神，将其作为涵养科学精神的重要资源；中医药文化内涵丰富，其中的健康养生文化与健康中国战略强调的“坚持预防为主、倡导健康文明的生活方式”具有相通之处，因此在课程中普及中医药知识，有利于引导青少年养成健康文明的生活方式，从而落实思想政治教育的核心素养。

3. 教学设计与素材加工

明确素材隐含的教育价值后，就要结合课程和教材内容设计教学，根据教学目标对素材进行加工。确定单元目标或课时目标之前，首先梳理课程标准和教材的相关内容，明确素材与哪些知识、观念、方法和技能建立关联。为此，要进一步精选和研读材料，结合学情调查，设计合适的目标、议题和评估方法，并在教学过程中根据学生的反馈进行调整。对素材的加工包括两方面，一是精选课堂上让学生一同观看的材料和材料投放的时机，有时一个案例故事可能要分解成若干部分依次呈现；二是编辑相关文字和图表材料，作为学生的学习支架。教学过程中，目标确定、议题设计与素材加工是一个交互进行、不断完善的过程。如第四章将张謇事迹与教材单元内容进行了关联(见表3-1)。

表 3 - 1　单元教学内容(第四章)

单元总议题	课时探究	教材内容	学习内容
清末状元实业家张謇的事迹为何仍具有当代价值?	1. 初识张謇,知其在南通留下的财富	价值和价值观	概念理解
	2. 走进张謇,品其人生义利观	价值判断和价值选择	标准理解
	3. 学习张謇,寻其创造和实现人生价值的密码	价值的创造和实现	做法理解、应用

第五章以《唐律疏议》作为贯穿整节课的教学材料,设置了三个探究问题,每个问题又分化为具体的驱动性问题。

问题一:《唐律疏议》体现中华优秀传统文化怎样的特色?让学生从唐律的条文中解读中华优秀传统文化的内涵;

问题二:孝道法律化能不能成为文化财富?通过立法论证会活动,帮助学生树立对待传统文化的正确态度;

问题三:如何处理道德与法律冲突的难题?围绕该议题进行探究,从中华优秀传统文化中寻找解决现代问题的方法,加深对中华优秀传统文化当代价值的认识。此外,本课运用古今两个案例设计了一个学生模拟庭审活动,使学生从古代案例中发现其蕴含的当代价值,从中寻找解决当代问题的思路。

第六章作者根据教材必修二第二单元第四课第二框“我国的社会保障”的内容,重点结合这一框中第一个“相关链接”,从明代养老制度中挖掘有助于体现我国古代社会保障思想以及有助于学生理解社会保障的作用与完善社会保障体系重要性的素材;结合“综合探究”的要求,从以潮汕善堂为代表的民间善会的历史中挖掘体现社会互助精神和智慧的素材。通过对上述素材的加工,确定使用如下材料创设情境并展开教学:“我国古代社会保障制度的演变”“多元化的社会保障机构创办主体”“明代的养老政策”“明代的养老问题”“善会”“潮汕善堂”“存心善堂旧址事件”。

第七章将中医药文化与教材内容进行了关联(见表 3 - 2)。

表 3-2 单元教学内容(第七章)

单元总议题	课时探究	教材内容	学习内容
大变局下,如何发展和创新中医药文化?	1. 中医药文化是包袱还是财富?	正确认识中华传统文化	为什么
	2. 中医药文化创新靠什么?	弘扬优秀传统文化	怎么发展和创新
	3. 中西医如何实现共赢?	正确对待外来文化	怎么发展和创新

4. 教学实施与价值验证

教学资源的价值最终要通过学生与材料交互作用后产生一系列探究和学习才能实现。课堂上向学生提出什么问题、怎么提、什么时候呈现材料、布置什么任务,组织什么活动、如何给学生反馈才能让教学资源产生育人效果?某份材料适用或不适用于哪个年级或哪类水平的学生?这些都要运用科学的方法,进行观察和分析,取得令人信服的证据,基于证据进行评估、反思与改进才能得出结论。从实施教学到评估、反思和改进,是一个多次反复的过程,应由不同教师在不同班级或年级进行多轮教学实验,共同研讨,不断改进。如此开发出来的资源材料,才可能具有体现学科本质的长久生命力。

(沈晓敏)

第四章

企业家题材的开发：以张謇为例

著名的行为主义心理学家班杜拉提出的社会认知理论强调观察学习,强调思想对行为和行为对思想的作用。这一理论揭示了一种极为普遍的学习形式,格外重视教育教学中榜样示范的作用。基于这一理论基础,本章将通过分析优秀历史人物的事迹和思想,将传统文化中涌现的典型人物作为教学资源融入教学设计中,推进中华优秀传统文化与思想政治课有机结合。

第一节　张謇人生故事的教育价值

唯物史观主张人民群众是历史的创造者,但不否认个人在历史上的作用,只是有的人发挥的作用小一些,是普通的个人;有的人作用大一些,便成了"历史人物";当这个"历史人物"能够反映时代要求,代表进步阶级,对社会发展起着显著促进作用,他就成为了"杰出人物"。张謇正是这样一个人,他以一己之力,实现了"一个人影响一座城",至今仍然具有深远的影响力。

一、张謇生平简介

张謇,1853 年出生于江苏海门常乐镇,是中国近代著名的实业家、教育家、慈善家、社会活动家,是伟大的爱国主义者。他于 1869 年考中秀才,1876 年前往浦口入吴长庆庆军幕任文书,后袁世凯也投奔而来,两人构成吴长庆的文武两大幕僚。1882 年朝鲜发生"壬午兵变",日本乘机派遣军舰进抵仁川,吴长庆奉命督师支援朝鲜平定叛乱,以阻止日本势力扩张。张謇随庆军从海上奔赴汉城,为吴长庆起草《条陈朝鲜事宜疏》,并撰写《壬午事略》《善后六策》等政论文章,主张强硬政策,受到"清流"南派首领潘祖荫、翁同龢等的赏识。吴长庆病故后,他离开庆军回乡读书,准备应试。

1885 年,张謇参加顺天府乡试,考中举人。1894 年,慈禧太后六十大寿设恩科会试,张謇考中状元,授翰林院修撰。1904 年,清政府授予他三品官衔。1909 年,他被推为江苏咨议局议长。1910 年,发起国会请愿活动。1911 年,任中央教育会长,江苏议会临时议会长,江苏两淮盐总理。1912 年,起草清帝退位诏书,在南京政府成立后,任实业总长，1912 年任北洋政府农商总长兼全国水利总长，1914 年兼任全国水利局总裁。因目睹列强入侵，国事日非，他毅然弃官，走上实业救国和教育救国之路。以创办大生纱厂为起点，逐步打造出当时中国最大的资本集团，并兴教育，办慈善，搞自治，把一个偏居一隅的贫弱小县，建设成全国“模范自治县”。不过到晚年，因时运不济，加上他开辟的事业太多，力不从心，事业受挫，最终带着许多未完的志愿于 1926 年 8 月 24 日病逝，享年 73 岁。①②③

二、张謇的社会历史贡献

张謇一生创办了 20 多家企业，370 多所学校，为中国近代民族工业的兴起、教育事业的发展作出了宝贵贡献。作为一个企业家，张謇一切行为处世均从爱国出发，他将浓烈的爱国情和炽热的爱国心化为对强国梦的不懈追求，最终铸就了他辉煌的人生和不朽的事业。

（一）办厂兴产

张謇树立了义利并举的创业目标，坚信勤勉节俭和吃劳耐苦等美德是成功的不二法门。他通过严谨缜密的创业筹划，遇到艰难困苦时坚忍勖励、期在必达，时刻注重诚信经营的原则，对一件事专精勤勉，最终在创业的道路上取得了巨大的成功。张謇先后创办了南京纺织局（后改名南京纱厂）、南京金汇煤矿、南京铁路公司等实业，这些实业的创办和经营，使他成为中国近代工业化和现代化的重要推动者之一，他的努力对中国经济的发展产生了深远的影响。同时，他的创业精神和实业家精神也为后人树立了榜样。④

（二）办学兴教

张謇率先创办了符合当时政府学制标准的中国第一所民办师范学校、中国第一所

---

① 百度百科. 张謇[EB/OL]. [2024 - 01 - 04]. https://baike.baidu.com/item/%E5%BC%A0%E8%AC%87/1129763? fr=ge_ala.

② 罗一民. 状元张謇的爱国心和强国梦[EB/OL]. (2021 - 07 - 07)[2024 - 01 - 21]. http://www.zjyjnt.com.cn/xwxt/show.aspx? wzid=400831974.

③ 王春福. 工具性和价值性：浙商政治行为与公共政策合理性[M]. 杭州：浙江工商大学出版社，2018.

④ 崔秀芹. 张謇的创业思想与精神探析[J]. 湖南工业职业技术学院学报. 2019，19(4)：48—52.

纺织高校、中国第一所戏剧学校，并以南通师范为核心，打造了包括幼稚园、小学、中学、职业教育、大学、专科学校、聋哑学校等在内的多层级、多元化的教育体系。①

（三）救灾行善

张謇在1899年至1900年任西北总督期间，陕北河南一带多次遭遇旱灾、洪灾以及冰雹等严重的自然灾害。张謇采取了粮食保障、募捐救济、灾后重建等一系列抗灾救灾措施。他提出，灾害事后，恢复生产尤为重要，特别重视抗灾救灾后的重建工作，并鼓励公民自救自助，发挥社会力量的作用。除此之外，张謇还对社会救济和救助方面进行了研究和实践，他提出了“自救的原则，互助的基础，救助的措施”三大原则，主张通过农村合作社等形式，提高灾后社会的自救能力。

此外，他还兴办了新育婴堂、贫民工场、栖流所、养老院等公益慈善机构。

（四）打造“第一城”

南通被誉为“中国近代第一城”，这主要得益于张謇非凡的见识和能力。通过充分运用地方自治政策、特殊的政治身份、省级官僚的授权和支持、当地老百姓的拥戴、自己的从政经验和聪明才智，张謇使南通从一个封建闭塞的小城一跃成为当时著名的“模范县”，被外国友人誉为“中国的乐土”“理想的文化城市”，创造了中国近代第一城的辉煌。②

三、张謇的创业之道

张謇作为对中国近代民族工业的发展产生重要且深远影响的企业家，其创业和营商之道给后世留下了宝贵的精神财富。以下列举其主要的创业和营商思想。

（一）“实业救国”思想

张謇认为经济才是根本。为了发展经济，他重视工业与商业的发展。在工业上，张謇是一位重工主义者，他提倡使用新技术、新工艺。同时，他没有照搬洋人的方法，而是采取“棉铁主义”，这是一条轻重工业并举的政策，是切合时宜的工业化路线。在

① 罗一民.状元张謇的爱国心和强国梦[EB/OL].（2021－07－07）[2024－01－21]. http://www.zjyjnt.com.cn/xwxt/show.aspx? wzid=400831974.

② 罗一民.张謇：与众不同的企业家[J].江苏省社会主义学院学报.2021,22(1):42—48.

商业方面，他强调政府应建立保护、奖励机制，更应当开办学堂、培养人才并引进西学。

（二）依法经商思想

经历了创办大生集团的艰辛，张謇深刻认识到中国传统政治法律制度对经济发展的制约。他主张改革陈腐的政治和法律制度，以便实现实业的真正发展以及实现“实业救国”的目标。他强调法律在经济活动中的重要作用，主张通过具体立法实施保护商人的政策。

当实业发展步入正轨后，他开始思考如何合法且合理地利用外资，提出了以“开放主义”为核心的外资引进立法思想。他主张依法管理外资引进，选择有资格的行业和公司。他强调合同必须保障国家主权和民族利益，同时要求外国在中国投资的企业必须遵守中国法律。张謇借职权颁布了二十多部经济法规法典，为中国资本主义经济的发展奠定了坚实的法律基础。他的经济法思想主要包括鼓励和引进先进管理模式发展工商，以及统一和规范市场。

张謇主张民营企业取代官营企业，鼓励政府出资补贴工商发展，并引进西方的公司制度。他还通过颁布《权度法》《权度营业特许法》《权度法实施细则》《国币条例》等法规，统一度量衡以规范市场。他认为外国资本主义企业的引入是为了发展民族经济和减少对外国经济的依赖。张謇的实业形成了一个完整的经济体系，具有强烈的民族特色。①

（三）以义取利思想

张謇给大生纱厂所提众多楹联中，有一款是“生财有道，大利不言”，还曾表明“言商仍向儒”。张謇的义利观首先表现为对传统儒家重义思想的传承。然而，张謇对传统儒家的义利观进行了超越，在重义的同时，又摈弃了传统儒家“耻于言利”的陋习，敢于言利、勤于创利。他认为应当义字为本，以义取利；义利兼顾，公私结合；义利统一，以利辅义。作为企业家，他认为大利（国家利益、人民利益）、小利（企业、个人利益）两方面都要讲，但最终还是要服从国家和人民利益，即大利。张謇正是凭借这样的义利观创造了当时最庞大的资本集团和一座现代“示范城”。

（四）质量立国思想

张謇提倡“忠实不欺，力求精进”“工坚料实，勤实不苟”的处事原则，一向将“加工

---

① 吴志勇. 张謇经济法思想的产生与发展[J]. 江苏工程职业技术学院学报. 2019，19(2)：23—28.

精造”“工作精巧”作为企业经营、经济发展、养民富国、为人处事及抵御外侮的宝贵良方和妙术，甚至提升至“质量立国”“质量立人”的高度。

其质量观具有鲜明的特点：讲究从严从细、讲究唯适是求（因地制宜、量体裁衣）、讲究过程管理（首尾兼顾、始终如一，反对虎头蛇尾、草草收场，而且特别重视计划方案的设计）、讲究奖罚分明、讲究德艺双馨（以为人处事的勤惰、优劣和绩效为标准来观察人的性情和秉性）。①

（五）将信为本思想

张謇认为想要让自己的企业立于不败之地，最重要的就是以诚信为根本。他指出：商业道德的核心是诚信，市场经济的真谛是公平。贸易经商就是恪守信用，公平合理地追求自身应该得到的经济利益，欺诈与强买强卖是市场和企业者应当摒弃的，商业道德人人需要遵守。

总的来说，“言商仍向儒”是张謇企业家精神的核心，他的终极目标是为了强国富民，造福民生，使中国早日踏上现代化发展道路。爱国是张謇企业家精神的主线，儒家伦理是其企业家精神的底色，开放意识是其企业家精神的亮点。他树立了义利并举的创业目标，坚信勤勉节俭和吃劳耐苦等美德是成功的不二法门。他通过严谨缜密的创业筹划，遇到艰难困苦时坚韧不拔、期在必达，时刻注重诚信经营的原则，对一件事专精勤勉，最终在创业的道路上取得了巨大的成功。②

四、张謇的事迹与思想具有的教育价值

习近平总书记在参观南通博物苑时指出，“张謇在兴办实业的同时，积极兴办教育和社会公益事业，造福乡梓，帮助群众，影响深远，是中国民营企业家的先贤和楷模”。③ 张謇的经世之道、经营之道、教育之道在今天仍然具有积极的借鉴意义，应该让更多人特别是广大青少年受到张謇事迹的教育。因此，作为德育主阵地的思政课有必要从张謇身上挖掘丰富的教学资源。

---

① 马斌．张謇的质量观及其践履[J]．南通职业大学学报．2019，33(2)：11—16.

② 崔秀芹．张謇的创业思想与精神探析[J]．湖南工业职业技术学院学报．2019，19(4)：48—52.

③ 新华社．习近平赞扬张謇：民营企业家的先贤和楷模[EB/OL]．(2020－11－13)[2024－02－06]．https://www.gov.cn/xinwen/2020－11/13/content_5561189.htm.

（一）张謇的人生经历展现了人生价值的实现之道

首先，张謇的个人经历跌宕起伏：他曾五次参加科举，阴差阳错才中了状元，并且为了科举家道中落；他在创办大生纱厂的过程中也经历了许多艰难困苦。但同时他又创造了许多奇迹，不仅创办了诸多实业，还兴办了许多学校，一手打造了“近代第一城”。

其次，他的个人身份多种多样，不仅是清朝状元，还是“江苏五才子”之一，是有名的书法家。他更是近代的实业家、教育家、慈善家、政治家和社会活动家，是伟大的爱国主义者。

最后，他所在的时代背景错综复杂：他历经清末到民初的大变革时代，历经帝制、君主立宪、民主共和三个时代；也历经了屈辱、变革和创新。在动荡的社会变化、民族危难中，张謇坚守自己的理想信念，不屈不挠地办实业、干实事，促进立法，推进现代城市建设，推动了中国近代经济的发展。

张謇的这些经历和事迹与必修四《哲学与文化》第四课中的“实现人生的价值”这一内容非常契合。例如，张謇无论是做官还是行商，根本目的都是为了救亡图存，并始终站在国家和人民的立场上，他曾说“做官为了做事，做大官是为了做大事”。为了做事的需要，他愿意做官甚至做大官，但如果做不了事，他就坚决不做官。

张謇富有传奇的一生足以吸引学生，让他们产生好奇和敬佩之心，从而愿意去学习和探究。

（二）张謇创业和营商之道对完善社会主义市场经济体制具有借鉴价值

张謇一方面坚守义字为本、义利统一的义利观，一方面推动立法，合法合理地利用外资，规范市场。其德法兼容的实业救国思想对于建设社会主义法治体系、完善社会主义市场经济体系，深化改革开放，实现高质量发展仍然具有重要的启示。

张謇为现代民营企业家树立了榜样，也给了每个希望成功的创业者以深刻的启示：一是要弘扬爱国主义传统。企业家要像张謇一样实业救国、兴国；要言商向政，关心政治建设，形成新型政商关系；要心系家乡，促进家乡发展。二是要自觉担负起社会责任，要关爱员工、扶贫帮困，主动积极投身到各种建设中去。三是要牢牢守住社会主义商业道德，遵纪守法，践行正确的价值观，做新时代的“儒商”。

（王慧玲）

第二节　教学设计

一、教学设计一：实现人生的价值

（一）教学设计依据

1. 课程标准

高中思政课程标准对于必修四《哲学与文化》第六课“实现人生价值”的相关要求是：理解价值观的形成与时代以及环境密切相关；解析价值观的差异与冲突产生的社会根源，能够进行合理的价值判断和行为选择。对于第六课的三框内容，课标推荐以“人们为什么有不同的价值观”“面对价值冲突如何选择”“劳动对实现人生价值有何意义”“怎样才能内化于心、外化于行”为议题。从中我们可以看出，新课标对于该课目标的实现要求营造价值冲突，培养正确的价值观，是由表及里、由外推己的。张謇的故事能够很好地体现价值冲突，且与社会时代环境紧密相关，具备典型性与代表性。

2. 教材

高中思政教材必修四《哲学与文化》第二单元第六课“实现人生价值”的第一框“价值和价值观”包含三目内容，要求理解价值与价值观的含义，认识价值观的驱动作用，认识价值观的阻碍作用。第二框“价值判断和价值选择”要理解价值判断与价值选择的含义和关系，掌握正确的价值判断和价值选择的标准以及特点。第三框“价值的创造和实现”包含三目内容，认识实现和创造人生价值的根本途径是劳动，客观条件是社会和个人的统一，主观要件是砥砺自我。

3. 学情

在知识经验上，学生在前几课的学习中，已经积累了有关历史唯物主义的观点，具备了一定的知识基础；在生活经验上，学生在现实生活中会遇到各种价值冲突的情况，学生对此有着比较直观的感受和体验；在认知能力上，虽然学生具备独立思考与合作探究的能力，但是对于价值冲突这类复杂情境，学生往往不能够辩证、全面、历史地看待问题。

(二) 教学目标

以张謇作为人物素材，融入《哲学与文化》第六课“实现人生价值”进行单元教学主要有两大目标。一是实现课程目标，学生通过三课时对张謇人物材料的挖掘，能够理解价值观的形成与时代和环境密切相关，明晰价值观差异与冲突产生的社会根源，并汲取人物力量，明确正确的价值判断和行为选择的标准，最后体悟人物思想风范，回归自身，积极探寻创造和实现人生价值的条件和途径，践行社会主义核心价值观；二是融入中华优秀传统文化教育，鉴往知来，从中华民族优秀人物身上汲取精神养分，感受中华优秀传统文化的魅力，坚定文化自信。

(三) 教学重难点

1. 重点：理解创造和实现人生价值的条件和途径、践行社会主义核心价值观。

2. 难点：明确正确的价值判断和行为选择的标准。

(四) 教学设计思路

习近平总书记评价张謇为“中国民营企业家的楷模与先贤”。在张謇的故事中，凝聚了他正确的价值判断与价值选择，体现了正确价值观的驱动作用。本课以张謇的故事作为教学材料，结合《哲学与文化》第六课“实现人生价值”的内容，设计“清末状元实业家张謇的案例为何仍具有当代价值”的总议题，以“初识张謇，知其在南通留下的财富”“走进张謇，品其人生的义利观”“学习张謇，探其创造和实现人生价值的密码”作为总议题下的三个探究活动，尝试在实现高中政治价值观单元教育目标的同时，融入中华优秀传统文化教育。

单元总议题	课时探究	教材内容	学习内容
清末状元实业家张謇的案例为何仍具有当代价值?	1. 初识张謇，知其在南通留下的财富	价值和价值观	概念理解
	2. 走进张謇，品其人生的义利观	价值判断和价值选择	标准理解
	3. 学习张謇，寻其创造和实现人生价值的密码	价值的创造和实现	做法理解、应用

（五）课时教学设计

第一课时　价值和价值观
——初识张謇，寻找他在南通留下的财富

1. 本课在单元中的位置

本节课为第一框“价值和价值观”。第六课“实现人生价值”主要解决的是价值、价值观的概念问题。而价值的概念是理解价值判断和价值选择含义的重要知识，同时也为学生理解“需要创造和实现的价值是什么”提供了理论基础。因此，本节课在整个单元中起到了理论先导的作用，统领整个单元。

2. 本课教学目标

通过了解张謇的故事，理解价值的含义，明确对人的价值评价在于其对社会的贡献，认识价值和价值观之间的联系，明确价值观的导向作用，树立科学精神。

3. 本课教学重难点

（1）重点：价值观的导向作用。

（2）难点：价值和价值观的含义。

4. 教学过程

环节	教学内容	学生活动	教学设计意图
一、从南通家纺认识物的价值	**【关联知识】价值的含义** ［**导入**］ 不知道同学们有没有注意到，平时我们在购物平台买床上四件套等纺织用品时，发货地大多是哪里？ ［**议学情境**］ 呈现材料一：江苏南通家纺产业数据。 图片展示：购物平台上发货地位于南通的床上四件套数量最多，超过36万件。第二位是杭州，为5万多件。 ［**议学问题 1**］ 为什么购买床上四件套等纺织用品	**【预设回答】** 浙江/江苏/杭州/南通 **【预设回答 1】** 因为这里的床上用品	上课伊始以当今江苏南通纺织业兴盛的现实导入，激发学生兴趣，引导学生明晰“价值的含义”，并引出总议题，引导学生带着问题有效进入课堂。

续　表

环节	教学内容	学生活动	教学设计意图
	时，很多人推荐江苏南通的店铺呢？甚至有人不远千里来到南通叠石桥购买此类产品。 [**播放视频**] 播放视频：跟随启江村党总支书记周冬梅体验中高端床品。 [**议学总结**] 正如周冬梅书记所言，这里的床上四件套面料高端、触感柔软舒适、透气吸湿，带来了绵如真丝的感觉。而且，江苏南通的床上四件套价格不高，满足了人们追求性价比的需求，这是它对于人们的积极功能和属性。也正是我们所要讲的“价值的含义”。 那为什么南通的家纺产业享有这样的口碑呢？这就要从素有“一人一座城”盛誉、近代南通的缔造者——张謇说起。	质量很好，而且价格便宜，深得大家的喜爱。	
二、从张謇奉献认识人的价值	**【关联知识】人的价值的含义** [**议学活动 2**] 同学们，提到张謇，你第一时间想到了什么？请用纸和笔写下来。 [**议学情境**] 呈现材料三①：习近平总书记去往南通博物苑考察调研。 **展示【总议题】清末状元实业家张謇的案例为何仍具有当代价值？** 张謇被习近平总书记称为“民营企业家的楷模和先贤”。在接下来的三节课里，我们将围绕这个总议题，来探寻张謇为何仍具有当代价值。 呈现材料三②：图片文字展示张謇的多个近代首创贡献。	**【预设回答 2】** 实业救国、江苏南通、晚清状元、大生纱厂等	通过张謇的简要材料介绍给学生以人物的初步印象，为后续单元教学作铺垫，同时使学生在时代楷模身上体悟“人的价值”的含义。

续 表

<table>
<tr><th>环节</th><th>教学内容</th><th>学生活动</th><th>教学设计意图</th></tr>
<tr><td></td><td>［议学问题 3］
同学们，现在你们可以用哪些词语来描绘张謇？
［议学总结］
对一个人价值的评价归根到底是看他对社会的贡献。南通的家纺产业之所以享有这样的口碑，正因为张謇在此打下了深厚的纺织实业的基础。张謇在“第三养老院开幕演说”中表示，“天之生人也，与草木无异。若遗留一二有用事业，与草木同生，即不与草木同腐”，这也是张謇对于“人的价值”的理解，至今仍有启迪意义。</td><td>【预设回答 3】
伟大、公益、慈善、无私奉献</td><td></td></tr>
<tr><td>三、从张謇转变，认识价值观</td><td>【关联知识】价值观及其导向作用
［议学情境］
呈现材料二：张謇人生两阶段对待科考和实业的两次不同选择。
［议学任务 4］
小组合作，仔细阅读材料，比较张謇在人生两个重要阶段对于科考和实业价值的看法，以及做出的不同选择，完成以下表格。
<table>
<tr><th></th><th>具体事物的价值</th><th>总的看法和根本观点</th><th>行为选择</th></tr>
<tr><td>材料一</td><td>“学而优则仕”，科考能够改变命运、提升社会地位</td><td>科考改变命运</td><td>一直参加科考，虽屡遭失败但仍不断坚持</td></tr>
<tr><td>材料二</td><td>① 科考作用不大，会让人思想腐朽
② 兴办实业能抵御西方列强的扩张，保护国家</td><td>实业救民救国</td><td>弃士从商，毅然走上开办工厂，实业救国的道路</td></tr>
</table></td><td>【学生活动 4】
阅读、提取材料有用的信息，完成表格。（表格参考答案如左侧表格所示）</td><td>通过小组合作探究完成表格，培养学生合作探究、归纳分析材料的能力，引导学生自己总结张謇人生两个重要阶段对科考和实业的认识以及凭此做出的不同选择，从而在探究思考中自主生成“价值观及其导向作用”的知识，培养其科学精神。</td></tr>
</table>

续 表

环节	教学内容	学生活动	教学设计意图
	[**议学总结**] 从价值出发，我们对事物价值总的看法和根本观点，往往是在我们对具体事物价值的认识基础上形成的。对事物总的看法和根本观点其实就是我们所谓的“价值观”。 [**议学任务 5**] 在完成表格后，请同学们思考两个问题： ① 为什么张謇科考多次失败却还坚持不懈地参加科考？ ② 为什么张謇的两个行为选择如此冲突？ [**议学总结**] 张謇毅然赴考与断然弃士从商都是他自身价值观和社会价值观共同作用的结果，他的行为选择体现了价值观对人们认识和改造世界的导向作用。 [**议学情境**] 呈现材料三③④⑤：展示人们对张謇的联想与评价：爱国实业家、民族精神、创新精神、敢为人先、民本意识、开放胸襟、诚信品格…… [**议学问题 6**] 虽然张謇对待科考的价值观发生了转变，我们能不能找到张謇在其中不变的价值观？（展示社会主义核心价值观的内容） [**议学总结**] 引出张謇坚守的价值观：爱国、文明、公正、敬业等。正是他坚守这样的价值观，才能作出如此巨大的	**【预设回答 5】** ① 因为张謇认为科考是有价值的，能够改变自身命运，因此张謇对于科考的正面看法、价值观影响了他。 或：因为当时社会学而优则仕，职业地位“士农工商”的价值观影响了他。 ② 因为对于科考、发展实业的看法改变了。 **【预设回答 6】** 我们要培育和践行社会主义核心价值观，向时代楷模学习。	

续　表

环节	教学内容	学生活动	教学设计意图
	贡献，成为一个有价值的人。身为新时代青年，正经历百年未有之大变局，要勇于担当，根植爱国情怀，将社会主义核心价值观内化为精神追求，并外化为自己的自觉行动。		
作业	下一节课我们将“走进张謇，品味其人生的义利观”。请你广泛阅读，并结合自身经历思考“什么是义”“什么是利”“在义和利面前，我们如何进行判断和选择”。		

第二课时　价值判断和价值选择

——走进张謇，品味其人生的义利观

1. 本课在单元中的位置

本节课为第二框“价值判断和价值选择”。第六课“实现人生价值”主要解决的是“什么样的价值判断和价值选择才是正确的”问题。价值判断和价值选择的含义和关系离不开前一课对于价值概念的探讨，同时也为学生在创造和实现价值需要做各种判断和选择时提供标准。因此，本节课在整个单元中处于承上启下的位置。

2. 本课教学目标

（1）通过了解张謇的义利观，理解价值判断和价值选择的含义、关系和特点。理解正确的价值判断和价值选择的标准，树立科学精神。

（2）在张謇的商业和实业义利观中，认同正确的价值判断和价值选择的标准，正确处理个人、集体和社会利益之间的关系。

3. 本课教学重难点

（1）重点：价值判断和价值选择的含义、关系和特点。

（2）难点：价值判断和价值选择的标准。

4. 教学过程

环节	教学内容	学生活动	教学设计意图
一、分析孟子与梁惠王的义利之辩	[**导入**] 大家在课后都阅读了很多书籍，查找了大量的资料，对于“义和利”都有着自己的理解，也看到了大家在义和利的选择上都有着浓厚的集体意识和国家情怀。关于义和利的讨论，我们可以从中华传统儒家思想来展开讨论。 [**议学情境**] 呈现材料四：《孟子·梁惠王上》孟梁关于义利的辩论说。 [**议学任务 1**] 小组讨论：对话中，孟子和梁惠王对义和利的理解是什么，你同意谁的观点。 [**议学总结**] 孟子与梁惠王是在“王道”层面对义和利展开争论。梁惠王的“利”为“利吾国”“利吾家”“利吾身”的狭隘“私利”。而传统的儒家思想是重义轻利的，认为：“义”与“利”是对立的，应把“义”作为行为的准则，但并非不言利，而是反对“放于利而行”和“后义而先利”。 作为从小就受儒家教育熏陶的张謇，也继承和发展了儒家的“义利观”，而被后人尊称为“儒商”。下面我们一起走近张謇，品味他人生中的义利观。	**【预设回答 1】** 我同意孟子的观点。孟子和梁惠王对于义的理解是“有仁有义”，即王对民实行仁政；对于利的理解是“利吾国”“利吾家””利吾身”，即对国家、家庭和自己有利。	通过讨论孟梁义利之辩论说，迸发思想火花，有利于引导学生多方面认识儒家对于义利的观点，引出张謇作为儒商的义利观。

续　表

<table>
<tr><th>环节</th><th>教学内容</th><th>学生活动</th><th>教学设计意图</th></tr>
<tr>
<td>二、张謇弃官从商的义和利</td>
<td>
【关联知识】①价值判断与价值选择的含义；②价值判断与价值选择的特征：社会历史性；③价值判断与价值选择的标准：遵循社会发展的客观规律
［议学情境］
呈现材料二：张謇考取状元得到朝廷重用后对为官和办实业的态度转变。
张謇在信中沉痛写道：“几罄中国之膏血，国体之得失无论矣！”在信中的结尾，他坦诚了想要弃士从商、开办实业的决心。但中国士大夫一向耻于经商，“状元办厂”在当时更是新鲜事……
［议学任务 2］
请完成以下表格，比较作为士大夫的张謇对义和利看法的转变，并写一封信向他提出自己的看法和建议，帮助他做出选择。（只需写出信件概述）
<table>
<tr><th>价值选择</th><th>继续从官</th><th>弃官从商</th></tr>
<tr><td>义</td><td>对朝廷的忠义</td><td>民族之大义</td></tr>
<tr><td>利</td><td>修身、齐家、治国、平天下</td><td>抑制帝国主义的侵略，保民族之大利</td></tr>
</table>
［议学总结］
从大家的分析比较中，我们能够看到同学们在面对义利问题，需要做出判断和选择时，总是遵循着“事实判断——价值判断——价值选择”
</td>
<td>【学生活动 2】
阅读、提取材料的有用信息，完成表格，并据此写一封信，简要概述。（表格参考答案如左侧表格所示）</td>
<td>通过角色扮演、给古人写信等方式，引导学生沉浸式地体悟从事实判断到价值判断，再到价值选择的生成过程，理解价值判断和价值选择的含义和关系。同时，通过层层设问，引导学生理解价值判断和价值选择与时代和环境密切相关，总结出价值判断和价值选择的第一个标准与特点。</td>
</tr>
</table>

续 表

环节	教学内容	学生活动	教学设计意图
	的程序。首先我们要在大脑里形成是否继续为官和弃官从商,再对二者能否满足自身需要及满足程度做出判断。当我们认为对朝廷的忠义和传统利益更有价值时,我们会建议张謇继续为官,当我们认为民族大义、救国富民的民族大利更有价值,兴办实业比科举从官更有价值时,我们会建议张謇弃官从商。		
	[**议学问题3**] 在完成表格后,请同学们思考: 为什么张謇的义利观会发生转变,致使他最终选择弃官从商?其中有什么社会性因素? [**议学总结**] 作为士大夫,张謇对于义和利的看法都遵循了当时社会发展的客观规律,都是社会存在的反映。当时的中国进入了半殖民地半封建社会,面对西方列强入侵,迂腐的封建思想已不能拯救中国,当时的社会呼唤实业发展,因此随着时间、条件等的改变,张謇对于义和利的价值观念也发生了变化,从中我们可以知道价值判断和价值选择是具有社会历史性的。而张謇弃官从商所体现的义利观符合当时社会发展的客观规律,这也是正确的价值判断与价值选择所需要遵循的标准之一。所以,站在当今视角,我们不会像当时的人一样责怪和嘲笑张謇的选择。	**【预设回答3】** 因为当时中国的社会性质发生变化,西方列强入侵,不断挤占中国市场,中国近代社会的实业亟待发展。	

续　表

<table>
<tr><th>环节</th><th>教学内容</th><th>学生活动</th><th>教学设计意图</th></tr>
<tr>
<td>三、张謇实业的义和利</td>
<td>
【关联知识】①价值判断与价值选择的特征：主体差异性；②价值判断与价值选择的标准：自觉站在最广大人民的立场上
［议学情境］
呈现材料八①：南通土布作坊主对大生纱厂的态度和行为。
呈现材料五：张謇的义利观。
［议学任务 4］
分小组扮演不同角色：A 土布作坊主、B 张謇、C 普通民众。请 A、B 角色站在自身立场阐述自己的立场或诉求，请 C 角色总结二者的义利观和行为选择，并完成以下表格，谈谈你赞成谁的观点和做法，为什么。
<table>
<tr><th></th><th>土布作坊主</th><th>张謇</th></tr>
<tr><td>义</td><td>见利忘义</td><td>民族之大义</td></tr>
<tr><td>利</td><td>个人经济方面的得失</td><td>国富民强</td></tr>
<tr><td>行为选择</td><td>纠集煽动，企图烧毁刚刚竣工的纱厂</td><td>实业兴国</td></tr>
</table>
［议学问题 5］
活动后，请同学们思考：
① 你认为土布作坊主们做得对吗？为什么？
② 政府的保护只是一时的，你觉得要如何妥善地解决这个矛盾？
［议学总结］
在角色扮演中，我们深刻体验到了不同的人物角色因其社会地位、需
</td>
<td>
【学生活动 4】
根据材料及自身理解进行角色扮演。阅读、提取材料中的有用信息，完成表格。
A：在当时动荡的年代，作为土布作坊主，我们需要养家糊口，纱厂建成后会挤占我们的市场，抢占我们的利润。
B：为了国富民强，需要秉承国家大义和国家大利。
C：表格参考答案如左侧表格所示。
支持坊主：个人利益、家族利益同样重要，如果没有坊主，经济同样无法进步、发展。
支持张謇：特殊的社会年代亟需有民族大义之人行富强民国之事，大利和大义可以兼得。而且土布作坊主们“打砸烧”的做法本身就是不正当的。
</td>
<td>通过角色扮演沉浸式体验当时不同人物的价值判断与价值选择，认识其具有的主体差异性，并通过张謇的选择体悟正确的价值判断和价值选择的标准之一是站在最广大人民的立场上。</td>
</tr>
</table>

续　表

环节	教学内容	学生活动	教学设计意图
	要不同,具有不同的立场、观点和看法,张謇作为民族资产阶级,所站的立场与土布作坊主们截然不同,其手工业和商业的义利观也有所不同,最终形成了不同的价值选择,这体现的正是价值判断和价值选择的主体差异性。 土布作坊主的身份、地位和认知决定了他们只考虑自己的私利,考虑不到国家、社会的大利。虽然他们维护利益的方式是错误的,但他们对于自身、家族正当利益的诉求同样值得我们理解和尊重。只有国家、人民大众的利和富国致强的义相统一,才能更好地解决这个矛盾。而同学们提出的做法都达到了“考虑集体和国家利益的同时,不忽视个人正当利益”的要求。因此当我们在进行价值判断和价值选择时,都要把“人民群众的根本利益”作为最高的价值标准,自觉站在最广大人民的立场上。	**【预设回答 5】** ② 我认为可以充分利用土布作坊主的技术,因为开办纱厂需要劳动力,可以将他们招进工厂,这样不仅能够解决工厂的技术和劳动力问题,更重要的是能够很好地保护这些土布作坊主的利益。	

第三课时　价值的创造和实现

——学习张謇,寻其创造和实现人生价值的密码

1. 本课在单元中的位置

本节课为第三框“价值的创造和实现”。第六课“实现人生价值”主要解决的是“创造和实现人生价值的条件和途径是什么”的问题。本节课是整个单元的落脚点,是充分认识人的价值的含义、价值判断和价值选择的标准后,从做法的角度来说明要如何创造和实现人生价值。

2. 本课教学目标

（1）通过了解张謇是如何创造和实现人生价值的，理解劳动在人生价值实现中的作用，增强劳动意识，理解实现人生价值对自身的要求。

（2）通过分析张謇商业和实业的各种条件，理解人生价值中个人与社会的关系，正确处理个人和社会之间的关系，培养政治认同和鼓励公共参与。

3. 本课教学重难点

（1）重点：在劳动中创造和实现价值；在砥砺自我中创造和实现价值。

（2）难点：在个人和社会的统一中创造和实现价值。

4. 教学过程

环节	教学内容	学生活动	教学设计意图
一、张謇创造和实现人生价值的总密码	**【关联知识】在劳动和奉献中创造人生价值——根本途径** **［播放视频］** 播放视频②：《探寻张謇精神的源头》 **［议学情境］** 呈现材料二：张謇坚苦自立，诚实不欺，答出理论与实践的人生答卷。 **［议学问题 1］** 探寻密码一：张謇在人生的学业和实业阶段均实现了人生价值，其过程是否是一蹴而就的？实现的根源是什么？ **［议学总结］** 张謇能实现自己的人生价值并非一蹴而就，不论是学业还是实业上他都勤奋刻苦，并致力于实业救国，为近代社会商业的发展作出了巨大贡献。他之所以能创造和实现人生价值就在于其通过劳动创造精神和物质财富，同时努力奉献社会，报效祖国。	**【预设回答 1】** 不是一蹴而就的，而是通过不懈的努力，在学业上勤奋刻苦，在实业上精学新兴西学，努力奋斗创办多家企业。	通过设问引导学生阅读、分析材料，明晰劳动和奉献是实现人生价值的必由之路和根本途径，并从中潜移默化地引导学生体悟任何人在任何阶段的成功均非一蹴而就的，从而联想自身也应努力劳动与奉献。

续　表

<table>
<tr><th>环节</th><th>教学内容</th><th>学生活动</th><th>教学设计意图</th></tr>
<tr>
<td>二、张謇创造和实现人生价值的主观密码</td>
<td>【过渡】
张謇在劳动和奉献中实现人生价值依靠了自身主观上的各种条件，让我们继续探寻张謇创造和实现人生价值的密码！
【关联知识】在砥砺自我中创造和实现价值——主观条件
［议学情境］
呈现材料八②：张謇创业的艰辛与奋斗。
材料九：张謇的勤学与才干。
材料三④：张謇的人生理想和人生情怀。
材料三⑤：张謇的优良品德。
［议学任务 2］
探寻密码三：请同学们阅读材料，小组讨论探析出张謇实现和创造自我价值的 4 个密码，将其放入自己的学习宝箱，并对应写出你未来实现和创造自我价值的具体计划。
<table>
<tr><th colspan="2">学习宝箱卡片</th></tr>
<tr><th>密码</th><th>计划</th></tr>
<tr><td>我学习到要在劳动和奉献中创造人生价值</td><td>我计划...来创造和实现自我价值</td></tr>
<tr><td>我学习到…</td><td>我计划…</td></tr>
<tr><td>我学习到…</td><td>我计划…</td></tr>
<tr><td>我学习到…</td><td>我计划…</td></tr>
</table>
［议学总结］
同学们都总结得很好，张謇幼时便勤学苦练，不断提高自身素质，而在民族危亡之际，他以坚定的信念、兴国的理想毅然弃仕从商。他经历了清末民初创业的艰辛，但未曾放弃，而是充分发挥了主观能动性，艰苦奋斗，并始终有着诚信、负责、友善等品德修养，依靠自我的主观条件创造和实现价值。</td>
<td>【预设回答 2】
张謇当初创业艰辛，然而他仍锐意进取，我学习到了要艰苦奋斗，顽强拼搏，并计划在今后，不论身处顺境还是逆境，都自强不息，继续前行。
或：张謇之所以能由士入商，兴办实业，在于他自幼勤奋好学，有出色的学习能力，我学习到了要不断提高自身才干，并计划今后通过努力学习成为全面发展的人。
或：张謇以实业救国为人生理想，为人诚信、有责任，我学习到了要树立远大理想信念，并计划今后要坚定理想。
或：张謇拥有诚信、忠诚、敬业等优良传统美德，我学会了要提升自身道德修养，并计划今后要践行社会主义核心价值观，修身立德。</td>
<td>通过小组讨论完成学习宝箱卡片的活动，引导学生通过合作探究，从张謇的经历及品质中分析得出个人的努力和品质对创造和实现人生价值的重要性，并引导学生回归自身，对未来创造和实现自我价值进行具体规划。</td>
</tr>
</table>

续　表

环节	教学内容	学生活动	教学设计意图
三、张謇创造和实现人生价值的客观密码	**【过渡】** 如果仅有主观条件能实现人生价值吗？ 让我们继续探寻张謇创造和实现自身价值的密码！ **【关联知识】在个人与社会的统一中创造和实现价值——客观条件** ［**议学情境**］ 呈现材料六：①张謇的社会资源；②南通的自然与人文资源。 ［**议学任务 3**］ 探寻密码二：为何张謇说，要想改变国家贫困落后的状态，仅仅靠个人的努力，终究只是螳臂当车。为何我们常常说，谈到中国的民族工业、轻工业，不能忘记张謇。 请阅读材料，以小组合作的方式完成任务卡第 1 项： 任务卡 社会对张謇的影响： 张謇对社会的影响： 张謇（个人）与社会的关系： 创造和实现价值的密码： ［**议学总结**］ 根据前面我们对张謇的认识，我们了解到当时社会动荡，清政府落败，社会迫切需要商业的力量与西方列强抗衡，这也为他带来了机遇，除此以外，当时的社会还给予了他发展实业的其他多样条件，如行政资源、人脉资源、市场条件等。因此个人创造与实现价值离不开社会。 ［**议学情境**］ 呈现材料三②③：张謇的物质与精神贡献。	**【预设回答 3】** 我们小组认为社会为张謇的发展提供了条件，如行政资源、社会关系、官方支持、学校人才以及南通本地的原料、市场、劳动力资源。	在技能方面，学生在小组合作完成任务卡的过程中积极参与、主动思考，与小组成员协作，共同解决问题，从而全面提升合作探究能力。在知识和态度方面，学生根据教师的引导，在探究过程中进一步探讨个人与社会的关系，明确要在个人和社会的统一中创造和实现人生价值。他们能够认识到，个人与社会是相互依存、相互影响的。

续　表

环节	教学内容	学生活动	教学设计意图
	材料六:张謇最终的失败。 [**议学任务 4**] 请同学们阅读材料七。我们发现其实张謇创办实业的结局是失败的,胡适曾言张謇是“近代中国史上一个很伟大的失败的英雄”。他创办实业之所以以失败告终源于当时社会动乱、政府腐败、西方国家欺压。 请阅读材料,小组讨论,完成任务卡第 2、3、4 项。并思考:张謇的失败是否意味着他所做所想是没有意义的?如果有意义,意义何在?如果我们身处逆境,应该怎么做? [**议学总结**] 我们发现客观条件对个人自我价值的实现具有影响,从张謇身上,我们同样学到,即使社会条件不好,也不应轻易放弃自己的志向和信仰,而应以自身努力一步步推进社会进步。虽然张謇的个人事业失败了,但他依然凭借着社会给予的部分条件和自身努力,以独特的实业兴国方式推动了我国民族工业的发展,救济了上千万民众,留下了许多物质上和精神上的财富,在当今仍然具有价值。社会的进步就是依靠许许多多张謇这样的人的奉献而实现的。因此,个人与社会是对立统一的关系,二者相互依存、相互制约。我们要向张謇学习,在个人与社会的统一中创造和实现自我价值。	**【预设回答 4】** 我们认为张謇的失败并非没有意义,他对社会的影响在于他在经济、政治、思想等方面的奉献,他打破西方列强经济围剿,使南通成为“中国近代第一城”,并留下了宝贵的精神财富,在当代,这对我们仍然有着很高的价值。因此,我们认为个人与社会相互影响,互相离不开。如果我们今后也身处不良环境中,不应该怨天尤人,而要砥砺自我,坚定信念,尽力推动社会进步。	学生能够通过这些任务卡,直观地从张謇的曲折历程中感受到社会对人影响的两面性。张謇的一生充满了挑战与机遇,他的成功与失败都与社会环境紧密相连。学生通过探究张謇的经历,能够深刻理解社会对个人成长的影响,以及个人如何在社会中寻求发展。个人的成长和发展需要社会的支持和帮助,而社会的进步和发展也需要个人的贡献和努力。

续　表

环节	教学内容	学生活动	教学设计意图
	[**拓展材料**] “社会是企业家施展才华的舞台。只有真诚回报社会、切实履行社会责任的企业家，才能真正得到社会认可，才是符合时代要求的企业家。”——2020 年 7 月习近平总书记于企业家座谈会 [**总结**] 而在当今，我们迎来了崭新的新时代，国家不断为我们青年及企业创造条件及发展机遇，我们更应充当时代的弄潮儿，自我努力，自我创造，为国奉献，实现个人与社会的统一。 [**总结升华**] 回顾我们的总议题，为何清末状元实业家张謇的案例历经百年仍具有当代价值？关键在于他遵循社会发展的客观规律，自觉站在最广大人民的立场，以正确的价值观做出正确的价值判断和价值选择，其坚定的信念、兴国的理想、坚毅的意志和优良的品德至今仍符合我们所弘扬的社会主义核心价值观，鼓舞一代又一代人在个人与社会的统一中砥砺前行；同时也在于他源于儒家思想而又超越时代的“在商向儒”的义利智慧，至今仍为当代企业家的精神楷模。 在我们的漫漫历史长河中，不乏像张謇这样砥砺自我、爱国爱民的榜样，他们平凡而又伟大，习近平总书记说，“当代中国青年是与新时代同向同行、共同前进的一代，生逢		在张謇故事的基础上，学生根据教师的引导自然地实现视野拓展，并能够立足当下，深刻感悟新时代下国家给予的良好发展条件，培育政治认同，抓住机遇，激发为国家奉献的热情，于时代浪潮中实现自身价值。

续 表

环节	教学内容	学生活动	教学设计意图
	盛世，肩负重任”，在人生的“拔节孕穗期”，我们应自觉树立和践行社会主义核心价值观，从榜样身上感受道德风范，做到“立大志、明大德、成大才、担大任”，创造和实现自我的人生价值。		
作业	请你畅所欲言，为张謇写一封跨时代的信，可以包括对他贡献的感谢，你从他身上学到的精神品质，以及你自己的人生规划等。		

附录：

材料一：江苏南通家纺产业数据

① “世界家纺看中国，中国家纺看南通。”统计显示，南通家纺床品年产量超 12 亿件。这相当于平均每分钟生产 1 350 件套件、670 条被子和 340 只枕头，占据全国家纺市场的半壁江山。外贸年出口额超 100 亿元，产品远销 150 多个国家和地区。①

② 目前，叠石桥家纺产业年生产能力超过 2 000 亿元，线上线下市场交易额达 1 350 亿元，在全国家纺市场占有率超 50%，并远销全球 130 多个国家和地区。

材料二：张謇的人生历程

从异乡再回故乡，从官场再战商场，张謇的人生可以粗略地分为前半生、后半生。

① 张謇的第一个人生阶段——以学业为主体：

私塾先生出上联“人骑白马门前去”，12 岁的张謇对以“我踏金鳌海上来”。唐代王建《宫词》之一：“蓬莱正殿压金鳌，红日初生碧海涛。”金鳌在此处被比喻为地位高贵者。可见，张謇从小就有远大的志向和抱负。② 我们可以从几个数字来概括张謇的科考之旅：张謇从 16 岁到 42 岁，前后历时 26 个春秋，共参加各种考试 26 次，在考场中

① 荔枝网. 南通两会进行时|钱锁梅代表：打造世界级家纺产业集群和产城融合示范新城[EB/OL]. (2023-01-08)[2023-08-01]. https://news.jstv.com/a/20230108/1673174924826.shtml.

② 徐俊杰. 张謇与对联[EB/OL]. (2022-03-13)[2023-08-01]. http://www.zgnt.net/ntrbszb/pc/c/202303/13/content_128033.html.

度过了160多天，仅中央礼部组织的会试就参加了5次之多。①

可以说1895年之前，张謇人生阶段的主体是学业：苦学传统国学，丰富人文精神，考学20多场次，答理论的卷子，为国家找道路。

张謇在考取状元前就得到了朝廷大臣的赏识。他曾与袁世凯同为清廷重臣吴长庆的幕僚，一文一武，赞襄政务。1882年，随吴长庆赴朝参战，平定战乱。1894年中进士后，为江苏咨议局议长，后又任两淮盐总理等职。无论是从军出征还是主持地方政务，都使他深入实务之中，为朝廷贡献他的治国智慧。②

② 张謇的第二个人生阶段——以实业为主体：

父亲逝世后，张謇认识到"科举制度所造成的结果，不是出循规蹈矩的臣子，就是出迂腐的书呆子""一第之名，何补百年之恨；慰亲之望，何如侍亲之终"。由是之故，张謇对做官看得愈益轻淡。与此同时，张謇的经世致用与爱国救亡思想日趋强烈。甲午一役中国惨败于岛国日本，1895年，清政府与日本签订了丧权辱国的《马关条约》，此举激起张謇极大的愤慨和忧虑，深深刺激了张謇的爱国之心。在落后挨打的现实面前，仁人志士呼吁"办厂自救"，发展中国民族资本主义，以抵御西方列强的扩张和渗透。张謇的"实业救国"思想就是在这个时候逐渐形成的，他认为只有发展民族工业才能抵制帝国主义的侵略，并且士大夫有不容推卸的责任，这也促使他毅然走上了实业立国的道路。③

可以说1895年前张謇人生阶段的主体是实业：精学新兴西学，履行科学精神，创办数十家企事业，答实践的卷子，为家乡辟新路，创造了南通近代辉煌。虽然没能实现读书、当官这一传统意义上的"双峰"，但创造了学业、实业从传统走向现代演进的"双峰"。④

---

① 荔枝网.[新时代　新作为　新篇章]一人一座城，近代南通的缔造者——张謇[EB/OL].(2019-05-18)[2023-08-01]. http://news. jstv. com/a/20190518/1558231076360. shtml.

② 赵润田. 清朝末代状元的实业救国路[EB/OL].(2020-05-07)[2023-08-01]. https://ie. bjd. com. cn/5b165687a010550e5ddc0e6a/contentApp/5b1a1310e4b03aa54d764016/AP5eb42099e4b077c45c62aab0. html? isshare=1&contentType=0&isBjh=0.

③ 张謇研究中心. 张謇简介[EB/OL].(2018-09-06)[2023-08-01]. https://www. ntszw. gov. cn/? c=index&a=show&id=809.

④ 黄正平，何建华. 张謇：从清末状元到"爱国企业家的典范"[EB/OL].(2020-11-26)[2023-08-01]. https://user. guancha. cn/main/content? id=418898.

材料三：张謇的物质与精神财富

① 习近平总书记来到南通博物苑考察调研，仔细察看博物苑历史建筑，并走进张謇故居陈列室。

初冬时节，濠水潺潺，南通博物苑静静地坐落在河畔。它由著名爱国实业家张謇于1905年创办，是中国人创办的第一所公共博物馆。①

② 张謇投资或参股设立了榨油厂、肥皂厂、冶铁厂、造纸厂、印刷厂等，构建了以棉纺织业为核心的产业链条，并进一步发展了运输、仓储、电力、通讯、食品、金融、地产等产业，不仅将南通建成"中国近代第一城"，也推动了中国民族工业的发展进程。

张謇还提出"父教育而母实业"的理念，认为"实业与教育迭相为用"，他倡导通过实业壮大国力，又通过教育来为国育才。在发展实业初见成效后，张謇运用积累的资金着手创办新式学校。1903年，中国第一所民办师范——通州师范学校开始招生。1905年，张謇还办起了中国第一所公共博物馆——南通博物苑，博物苑隶属通州师范学校。②

在南通当地也留下了"一山一水一人"的说法——山是狼山，水是濠河，人是张謇。作为南通事业的缔造者，张謇的印记与南通这座城市永远地烙在了一起。③

③ 百年前，张謇怀揣"实业救国"的想法，打破西方列强经济围剿，在南通创办了纺织、机械、农垦、物流、金融等一系列经济实体，兴办学校、医院、养老院等诸多社会事业，使南通成为"中国近代第一城"。除此之外他留给后人的更多的是在实业救国、造福桑梓的实践中展现出的爱国情怀、开放胸襟、创新精神、诚信品格、民本意识等极具时代价值的宝贵精神财富。④

---

① 新华报业网. 习近平总书记在南通考察高度评价张謇，干部群众和企业家表示见贤思齐：自觉增强家国情怀，勇于担当社会责任[EB/OL]. (2020-11-15)[2023-08-01]. http://www.xhby.net/js/sz/202011/t20201115_6874048.shtml.

② 央视网. 鉴往知来——跟着总书记学历史：张謇留给我们哪些启示？[EB/OL]. (2020-11-13)[2023-08-01]. https://news.cctv.com/2020/11/13/ARTIh0zBViPvjMfYFe44Km4h201113.shtml.

③ 江苏国际在线. 再访南通探寻"张謇精神"[EB/OL]. (2020-11-23)[2023-08-01]. http://gjzx.jschina.com.cn/20219/202011/t20201123_6883694.shtml.

④ 中国新闻网. "张謇精神的时代意义"2020年度论坛在京召开[EB/OL]. (2020-12-12)[2023-08-01]. https://baijiahao.baidu.com/s?id=1685867308878562412&wfr=spider&for=pc.

④ 张謇的人生轨迹始终贯彻着爱国主义情怀这条主线,奉行着“当为天下全大局,不为一己沽直名”的人生理想和“兼济天下”的人生情怀。其企业家精神既有企业家的一般特点,又有鲜明的张謇个人特色,涵盖爱国、创新、竞合、责任、诚信、人生情怀等多方面内容。①

⑤ 自幼浸润于儒家经典的张謇谆谆告诫其子张孝若与通海学子:“儿须自爱自重。自爱自重无他,在勤学立品。何以立品?不说谎,不骄,不惰,不自放纵任性而已。”张謇对诚信的提倡并未局限、停留于个人道德范畴,而是将之与现代企业的信用联系起来。他以“忠信笃敬”解释信用,并对此作了具体解读:“忠则不贰,信则不欺,笃则不妄,敬则不偷”,即:忠心无二,表里如一;说到做到,言行一致;专心致志,踏实进取;爱岗敬业,积极有为。②

材料四:《孟子·梁惠王上》义利之辩

孟子见梁惠王。王曰:“叟!不远千里而来,亦将有以利吾国乎?”

孟子对曰:“王何必曰利?亦有仁义而已矣。王曰,‘何以利吾国?’大夫曰,‘何以利吾家?’士庶人曰,‘何以利吾身?’上下交征利而国危矣。万乘之国,弑其君者,必千乘之家;千乘之国,弑其君者,必百乘之家。万取千焉,千取百焉,不为不多矣。苟为后义而先利,不夺不餍。未有仁而遗其亲者也,未有义而后其君者也。王亦曰仁义而已矣,何必曰利?”③

材料五:张謇的义利观

张謇谈及办企业的成功之道时,他不谈一般的经营管理,却大谈商业道德。他认为,即使经商,也要以儒家的道德伦理为准绳,心系天下苍生,负起道义担当,讲公德、重品行。因而,他已大大超出了一般经商者“在商言商”的思想境界,成为“言商仍向儒”的一代宗师,他更高于一般商人的价值追求在于,在守住一般的商业道德底线“义”的基础上,要行大德,求大义,即追求国家和民众的“大利”。他认为,“利”包括企业和个人的小利与国家和民众的大利,只有追求大利,才是尽在不言中的高尚追求。这就

① 团结网.张謇的成功之道及其启示[EB/OL].(2021-04-08)[2023-08-01]. https://www.tuanjiewang.cn/2021-04/08/content_8905407.htm.

② 如东日报.爱国:张謇企业家精神的核心(下)[EB/OL].(2021-01-22)[2023-08-01]. http://www.rdrb.net.cn/Article/index/aid/4312688.html.

③ 付海江主编,(战国)孟子著.孟子[M].西安:西安交通大学出版社,2014:1—2.

是所谓的“大利不言”。

在“义”和“利”的关系上，张謇主张义利兼顾，以义为先，以义为重。他对大生纱厂的题联写道：“生财有道，大利不言。”他一直以做一个明大义、求“大利”、明大德的“公仆”为目标。①

材料六：张謇的社会资源

① 张謇是从传统士大夫群体中走出来的企业家，有得天独厚的行政资源，与封建官场有千丝万缕的联系，他善于利用多年从政所形成的社会关系，力争官方支持，发展民间资本。例如，张謇同两江总督兼南洋大臣张之洞的特殊关系，对于他投身实业、创办大生纱厂起了重要的作用。

为了振兴民族工商业，他主张政府应建立保护、奖励机制。尤为值得注意的是，张謇将培养人才、开办学堂作为发展工商业的前提条件。

② 南通具有发展棉纺工业得天独厚的优势。就纺织原料而言，南通是我国重要的棉花产地，能为棉纺工业提供充足原料；就销售市场而言，南通具有悠久的手工纺织的传统，南通土布市场潜力巨大，对机纱的需求极其旺盛。就劳动力而言，南通人口密度大，农村又有纺纱织布的传统，廉价劳动力与熟练工源源不断，是创办纱厂的理想之地。②

材料七：张謇最终的失败

张謇生活的时代对商人来说是一个艰难时代。此时的商人作为一个社会阶层，没有得到足够的社会权利，也没有好的融资环境和渠道，国家的经济政策仍未走出小农时代的框架，商业活动处处受到牵制。其晚年的商业危机源于市场的突变，一战后，中国再成西方各国争夺的市场，再加上连年农产品歉收，各种原材料价格大涨，脆弱的民族产业受到严重冲击，其中景象最惨的即棉纺业，大生纱厂由盛转衰，一去不返，张謇的实业于晚年破产。③

---

① 罗一民. 张謇商业伦理观的五大内核[J]. 宏德学刊，2022(02)：293—298.

② 葛志华. 从平凡到非凡——张謇企业家精神的生动诠释[EB/OL]. (2022-11-05)[2023-08-01]. http://zjyjnt.com.cn/xwxt/show.aspx?wzid=654828079.

③ 刘春雨. 缅怀张謇：一个人的乌托邦[EB/OL]. (2018-06-13)[2023-08-01]. http://www.zhangjianchina.com/view.asp?keyno=3716.

材料八：张謇创业的艰辛与奋斗

① 南通一带，多年来一直有种棉花纺土布的传统。但在只有手工业的旧时代，创办一家现代工厂的难度难以想象。那时，当地的土布作坊主们担心张謇的大生纱厂建成后将损害其利益，于是纠集煽动，企图烧毁刚刚竣工的纱厂。幸而，两江总督刘坤一及时派兵保卫，大生纱厂才免于在生产之先化为瓦砾。①

② 清末民初，在三座大山的压迫下，想要发展民族资本极为艰辛，而蟾宫折桂的张謇已然跻身上层社会，但他为了民族复兴，放弃了眼前的名利，以外行人的身份重新出发，投身实业、兴办教育。在《承办通州纱厂节略》一文中，张謇描述了最初创业的艰辛，"含垢忍尤，遭闵受侮，千磨百折""其危苦独心喻之，固不能尽其百一也"。创业之路虽困难重重，但张謇丝毫未有气馁，更加锐意进取，率先垂范，成为近代中国轻工业创新发展的探索者、组织者、引领者。②

材料九：张謇的勤学与才干

张謇自幼勤奋好学，聪颖过人，在意识到传统思想无法再适应当下的社会形势后，张謇主张汲取先进文化。身为一名"一心只读圣贤书"的文人，要办实业、兴教育、做公益，没有出色的学习能力，是很难掌握这些门道和技巧的。③

（郭雄坤、陈慧婷）

二、教学设计二：自主创业与诚信经营

（一）教学设计依据

1. 课程标准

依据高中思政课程标准中有关选修一模块二的内容要求3.2，本课要求学生能够列举与创业有关的企业登记、企业信息公示、税收和知识产权保护等基本法律制度，能

① 聂作平. 化蛹成蝶：张謇和他的南通[EB/OL]. (2022-08-15)[2023-08-01]. http://www.infzm.com/contents/232745?source=131.

② 团结网. 张謇的成功之道及其启示[EB/OL]. (2021-04-08)[2024-04-07]. https://www.tuanjiewang.cn/2021-04/08/content_8905407.htm.

③ 团结网. 张謇的成功之道及其启示[EB/OL]. (2021-04-08)[2024-04-07]. https://www.tuanjiewang.cn/2021-04/08/content_8905407.htm.

够评述市场竞争的基本规则，说明依法经营的必要性。

2. 教材

高中思政教材选择性必修二聚焦公民依法维护合法权益的法律行为，介绍公民一般的民事权利和义务。第八课从经营者的角度关注劳动关系中的法律保障，为学生进一步发展学科核心素养、增强法治意识，提供日常生活中相关的法律常识。

3. 学情

本课是“就业与创业”单元的创业部分，学生已经学习了第七课“做个明白的劳动者”，对劳动关系中的劳动者部分已经有了一定程度的了解，由此进入企业和经营者部分将具备一定的学习起点和认知基础。

另外，本课的授课对象为高二学生，具备一定的学科知识和思维品质，对自身的权益较为关注，也开始思考自己的未来，对创业者所需的法律常识有兴趣但了解得不多。因此，本节课采用情景模拟的形式，结合优秀创业人物张謇的事迹，让学生能够了解企业的成立与运行机制，以及其中涉及的法律知识，以便为学生日后的发展提供知识基础。

（二）教学目标

通过情境对比模拟活动，了解企业的类型和形成条件等基本法律制度；在模拟市场竞争中理解市场竞争的基本原则，能够合理运用合法方式提高企业竞争力；了解经济活动中的法律制度，懂得依法经营。

通过学习张謇的事迹，结合已有的知识，能提出符合现实情况的建议；通过对比张謇创业与自己模拟创业，评述法律制度对经济活动的影响，认同我国的相关法律法规。

（三）教学重难点：

1. 重点：不同形态的经营主体；创办企业的相关法律规定。

2. 难点：依法经营、诚信经营的重要性。

（四）教学过程：

情景模拟活动：我要办企业

活动1：如何从无到有成立一家企业？

活动2：如何实现企业的发展？

环节	教学内容	学生活动	教学设计意图
导入	[反馈课前调查情况] 课前调查问题： 1. 你认为想要成立一家企业要经历哪些环节? 2. 你认为这些环节会涉及哪些主体? 3. 企业从诞生到发展的过程中，你想扮演什么主体角色?	在课前调查的基础上，自由选择要扮演的角色。同一类型角色为一小组，了解企业活动中自己所扮演的角色的作用和工作内容。 预设回答： 企业活动中涉及的主体一般有：创始人、投资人、员工、供应商、客户、政府和监管机构、社会公众。	让学生初步了解企业活动涉及的主体类型。
一、如何从无到有成立一家企业?	[呈现材料一]“张謇成立大生纱厂①”。 [提问] ① 大生纱厂是什么类型的企业? ② 你想成立哪种类型的企业?要准备哪些材料?有哪些法律法规可供使用? [点拨] 1. 大生纱厂是棉纺织企业，属于制造业，名为官商合办，实际性质为商办，官方并不派员参与厂务。1952 年为公私合营，1966 年为国营。 2. 现代企业根据产业、所有制形式、规模、经营范围、法律结构、经济性质、业务性质等分为不同类型。 3. 成立企业需要做的准备：市场调研、商业计划、法律事务、财务计划、人力资源规划、选址和设备、营销和品牌建设、技术和信息系统等。 4. 与企业成立相关的法规有：公司注册法规、商业许可和营业执	**思考一：我要成立什么类型的企业?** 1. 阅读材料一：张謇成立大生纱厂①，回答问题。 2. 角色扮演：根据自己的角色，与其他主体一起完成“企业成立初期”这一幕。 活动过程： 1. 根据自身角色寻找搭档。 2. 根据角色，准备相应材料(只需材料名称，具体内容可省略)。 3. 和搭档们一起演绎第一幕“企业成立初期”。 【剧情内容】 (1) 讨论想成立什么类型的企业? (2) 讨论为了成立企业，需要做哪些准备?(例如好的想法、场地、资金、文件材料、员工等等) (3) 讨论在成立企业时，我们能寻求到哪些帮助?	在活动中提供优秀人物的材料，通过对比分析近代和现代企业的类型、形成创办公司所需的材料；了解这一过程中涉及的各种主体和法律。

续 表

环节	教学内容	学生活动	教学设计意图
	照相关法规、税收法规、劳动法规、知识产权法规、环境法规、消费者权益法规、数据保护法规、反腐败法规、合同法规等。	（如法律顾问、政府部门） (4) 完成企业的创立。	
	小结：创办企业应符合法律法规等相关规定，并准备相应文件材料。 创业者应该具备相应的法律意识和风险意识。		
二、如何实现企业的发展？	[呈现材料二]“张謇成立大生纱厂②” [提问] ① 张謇在创业中经历过哪些困难？他是如何解决的？ ② 在当今有哪些因素会影响企业的发展？ [点拨] 1. 张謇创业中经历的困难：集股难、受帝国主义侵蚀市场。 2. 张謇的解决方式：改官商合办，减轻商股负担；在战争时期大力发展企业；资金困难时依靠友商维持基本经营等。 3. 企业发展影响因素： (1) 外部环境因素：市场经济因素、市场竞争环境、技术创新、法律和政治环境、社会文化因素、自然环境和可持续发展因素、全球化因素等。 (2) 企业内部因素：管理团队、组织文化、财务状况、市场和品牌定位、员工发展、运营效率和供应链管理、创新能力、客户关系管理、风险管理等。	**思考二：有哪些因素会影响企业发展？** 1. 阅读材料二：张謇成立大生纱厂②，回答问题①。 2. 观看视频《名侦探学院第三季》第五期节选“菠萝的交易”，思考问题②。 3. 小组讨论：影响企业发展的因素。 4. 合作撰写自己企业的风险预测书和解决方案。风险预测书撰写前需明确： (1) 我们是什么类型的公司？ (2) 风险可能来自哪些方面？ (3) 我们应当如何解决这些问题？	以问题为导向，通过情景模拟发挥学生的能动性，让学生借鉴张謇的经验，深入企业发展过程并对变化做出回应，提高学生的实践能力。
	小结：国家政策、市场竞争、供求关系、企业经营者、消费者、自然环境条件等都会对企业发展产生影响。		

续 表

<table>
<tr><th>环节</th><th>教学内容</th><th>学生活动</th><th>教学设计意图</th></tr>
<tr><td rowspan="2">三、如何提升企业的竞争力？</td><td>［提问］
① 张謇的哪些做法和精神对今天的企业经营仍然适用？
② 对这一系列事件有什么看法？
③ 我们能采取哪些方式提升自己企业的竞争力？
［点拨］
1. 至今仍能借鉴的做法和精神：依法经商、以义取利、诚信为本、质量立国等思想。
2. 看法：言之有理即可。
3. 提升企业竞争力的方法（列举）：
市场调研和客户需求洞察、技术创新和数字化转型、人才管理和培训、灵活的战略规划、品牌建设和市场营销、成本控制和效率提升、客户关系管理、国际化和全球合作、社会责任和可持续发展、创业文化和灵活性、危机管理和风险控制等。</td><td>1. 阅读材料三：张謇创办大生纱厂③和材料四："野性消费"系列事件，回答问题。
2. 现场活动：
小组围绕以下问题思考总结提升企业竞争力的做法，然后合作撰写企业发展建议书：
1. 我们是什么类型的企业？
2. 这一类型的企业未来发展趋势是什么？
3. 我们能从哪些方面不断更新、优化企业？</td><td>以问题为导向，结合优秀人物的案例以及现实生活的真实案例，通过对比分析，让学生感悟企业家精神，并将理论与实际结合起来，理解提升企业竞争力的方法。</td></tr>
<tr><td colspan="3">小结：企业经营要追求质量、诚信、依法、公平等。
企业经营者应当具有爱国等优秀品质，培养优秀企业家精神。</td></tr>
<tr><td>拓展</td><td>［布置课后作业］
以"我要招聘/应聘"为题，撰写招聘广告或应聘简历，小组合作开展模拟活动。</td><td>1. 自由选择经营者或劳动者身份，并依据身份完成招聘广告或应聘简历的撰写。
2. 小组合作完成模拟招聘的过程，并填写互评表。</td><td></td></tr>
</table>

附录

材料一：张謇成立大生纱厂①：大生纱厂是什么[①]

1895年，张謇以两江总督张之洞委派"总理通海一带商务"名义，开始筹划在南通创设纱厂，集股过程颇费周折。1897年，张謇承领江苏商务局搁置在上海的英国进口纺纱机20400锭，折价规银25万两；另集商股25万两，实收19.51万两。名为官商合办，但官方并不派员参与厂务。1898年，纱厂在南通唐家闸动工兴建，1899年建成投产。该厂后称大生一厂。1903年增纱锭4.08万枚，又以盈余添购2.6万纱锭开设大生二厂，1907年投产。1915年增设布厂，同时在海门筹设第三厂。1921年又设立大生副厂。不久改称大生第一、第二、第三纺织公司。此后由于天灾、军阀混战和经营规模过大，出现亏损，资金周转不灵。1922年以后开始被银团监管。1923年在南通城南建成大生副厂。四厂共有资本708.4万两，纺纱机160360锭，织布机1342台；产品以20支以下棉纱和白棉布为主。1925年江浙财团接办大生各厂。1935年第二纺织公司倒闭。1952年第一、第三纺织公司转为公私合营，1966年转为国营。

材料二：张謇成立大生纱厂②：办厂困难重重[②]

光绪二十一年(1895年)，潘华茂、郭勋、樊棻、刘桂馨、陈维镛、沈敬夫和张謇集议集股规银60万两，每股100两，共6000股，官利年息8厘，创办通州纱丝厂。是年十二月八日，由张謇咨呈两江总督转奏立案。性质是为商办，分通沪两地进行集股。

由于集股不顺利，1896年秋，樊棻、陈维镛撤退，另由高清、蒋锡坤参加。11月，通过刘坤一，将1893年张之洞搞"洋务"用官款向美国买来办湖北织布局搁置在上海的一批锈蚀官机40800锭，作价50万两入股，作为官股，另招商股50万两，合100万两，改为官商合办，以减轻商股负担。但以后因商股一直集不起来，而盛宣怀也正要买机器，便把这批机器与他对分，各得20400锭，作价25万两官股，另集25万两商股。官股不计盈亏，只按年取官利。因而变成"绅领商办"性质。

张謇经两年多的奔波，先将凑集到手的资金于1898年3月，在通州唐闸陶朱坝兴工建厂，根据《周易》"天地之大德曰生"，取名为"大生纱厂"。光绪二十五年(1899年)

---

① 百度百科. 大生纱厂[EB/OL]. [2024－03－01]. https://baike.baidu.com/item/%E5%A4%A7%E7%94%9F%E7%BA%B1%E5%8E%82/1240320?fr=ge_ala.

② 百度百科. 大生纱厂[EB/OL]. [2024－03－01]. https://baike.baidu.com/item/%E5%A4%A7%E7%94%9F%E7%BA%B1%E5%8E%82/1240320?fr=ge_ala.

3月11日试炉，3月25日试引擎，3月29日试车，到1899年5月23日正式开车纺纱，并制订“厂约”。是年九月，纱价跳高，纱厂赚了钱，生产得以维持下去。第二年，得纯利（除官利）5万两，第三年，得纯利10万两，到1908年共得纯利190余万两。利润较高。由于股东分到了优厚的余利，入股者渐多，1901年增加资本8万两。1903年，盛宣怀所领的那部分官机又转来大生纱厂，折价25万两，加上新增加的30万两商股，这年共增加股本55万两。全厂共有40 800锭，占了全国纱锭总数的11.9%。

1904年（光绪三十年），日俄战争爆发后，日本倾销东北的洋布锐减，南通关庄土布得以在东北畅销，一年总销数在15万件（每件40匹）以上，而当时大生纱厂的棉纱产量仅及关庄土布用纱量的一半，这就给大生纱厂的发展提供了有利的条件。1905年获利特厚，增加股本67万两。1907年，大生分厂在崇明建成，资本80多万两，纱锭26 000枚。是年7月23日，召开第一次股东会议，成立了统一正厂、分厂的“大生纺织股份有限公司”，呈准商部注册，并取得“百里之内二十年不准别家设立纺厂”的专利权，树立了大生地方经济垄断的体系。

1914年，第一次世界大战爆发后，帝国主义忙于战争，中国纺织工业有了发展的良好机会，大生纱厂迎来了“黄金时代”。从1917年开始，由于外货锐减，国产纱布畅销，特别是四川、江西两地需求量更大，纱价由每箱156元涨到230元，因此全年获利76万两。以后四年也连续盈利，1917—1921年五年共获利560多万两。

1922年以后，大生各纺织厂开始走下坡路。其外部原因是第一次世界大战结束后，帝国主义卷土重来，特别是日、美、英等国加紧向中国倾销商品和输入资本，利用我国丰富的资源和廉价劳动力开办工厂，占领市场，使刚刚建起的大生各纺织厂受到严重打击。

1923年秋，大生一厂因无款购花而停工，乃由刘子诚、丁子盈各出1万，并张謇存垦牧公司数万，合其他同人得10万元，另以各盐垦公司所产棉花为原料，组成“一厂维持会”，对一厂予以资金支持，维持开工生产，维持会推刘子诚、章静轩为正副主任，朱警辞为经理，为时一年，惟因适逢花贵纱贱之期，因而营运仍未能好转。1924年冬，一厂即为地方金融维持会接管。

1924年冬，大生一厂债权人南通张得记、东源、顺康、永昌林、振丰、源通、汇余、诚豫、同丰泰、正公记、鼎昌等钱莊催索债款，大生无法理楚，允许钱莊组织“地方金融维持会”监督经营，其目的完全在于收回贷款本息。

1925年，又由上海的金城、上海、中国、交通四家银行和永丰、永聚钱庄等债权人组成一个银行团维持会来清算、接办大生各厂，分别成立了联合接管机构。大生一厂欠永丰钱荘款项较多，自1925年至1938年，由永丰派来经理李升伯。经过李升伯的改革，一厂的局面总算稍微稳定下来。

材料三：张謇成立大生纱厂③：办厂中形成的企业家精神①

五个维度解读张謇精神

张謇的商业道德完整突出表现为：以儒家伦理为取向，以造福民生为“大德”，以强国富民为“大利”，以诚信为根本遵循，以勤俭为成功基石。就思想理念而言，其先进性、高尚性、系统性，已超越了时代和国界，在当今世界依旧熠熠生辉；就其行为实践而言，其示范性、表率性、可行性，已被企业家和全社会广泛认同，依然是我们今天的学习榜样。

立身之本：“言商仍向儒。”张謇认为，即使经商，也要保持儒家本色，心系天下苍生，负起道义担当；即使经商，也要以儒家的道德伦理为准绳，讲公德、重品行。他一方面怀揣炽热爱国心和执着强国梦献身实业报国，一方面在商海驰骋中处处以道德为先，把道德追求放在首位，成为“言商仍向儒”的一代宗师。他认为，“一国之立，必有其本。本何在？在道德”“无人伦道德之国，未有不覆者”。张謇对道德价值有如此高深的认识，无论是作为传统儒生，还是作为杰出的爱国主义者，都必然会以身作则，模范践行商业道德，会全力在商界、全社会倡导推行道德伦理。

济民之道：“大德曰生。”张謇在解释“大生”二字时曾说过一段广为流传的话：“我们儒家有一句扼要而不可动摇的名言：‘天地之大德曰生’。这句话的解释就是说一切政治和学问最低的期望，要使得大多数老百姓，都能得到最低水平线以上的生活。”孔子在《易经》里所说的“天地之大德曰生，生生之谓易”，是指天地之最大恩德，是为宇宙和人类提供了生生不息的环境，让各类生命各得其所，繁衍生长。张謇创办大生纱厂的初衷，即他所追求的“大德”，就是要让百姓能有基本的生存条件和生活保障，而不是自己赚钱发财。

经世之道：“大利不言。”张謇有一副对大生纱厂的题联：“生财有道，大利不言。”在

① 人民咨询. 五个维度解读张謇精神[EB/OL].(2021-12-22)[2024-03-01]. https://baijiahao.baidu.com/s?id=1719772366801924313&wfr=spider&for=pc.

他看来，企业家经商办厂，赚钱生财理所当然，但要遵循基本的道义准则，不能赚昧心钱，发不义财。张謇远远不满足为股东谋福利的“众仆”，而是要做一个明大义、求“大利”、明大德的“公仆”。张謇在大生纱厂渐有赢利后，便着眼于回报社会，一面大举扩张，创办了从工业到农业、再到服务业的一系列利国利民的现代企业，一面动用大量企业赢利资金兴办教育、文化、慈善、市政等各项民生公益事业，造福当地民众，引领全国现代化建设。

从商之道：“将信为本。”“将信为本”出自张謇为上海织布交易所的题词：“抱布贸丝，交易而退，各得其所；成贾征偿，将信为本，循之以行。”这里着重表明：就如棉布与丝绸的商品交换，商业贸易的本质是以物易物，互通有无，各得其所，因而要以诚信为本，共同遵循商德准则。这里既讲明了商业道德的核心——诚信，又道出了市场经济的真谛——公平。他倡导“将信为本”，既是为了兴业强企，也是为完善公平的市场经济。他的诚信已关联到企业对消费者、企业对企业和银行、企业对内部员工和股东、企业对政府和社会等各个方面。

修养之道：“勤俭为基。”张謇写信教诲爱子张孝若说，“天下之美德，以勤俭为基。凡致力学问，致力公益，致力品行，皆勤之事也；省钱去侈，慎事养誉，知足惜福，皆俭之事也”。在张謇看来，刻苦勤奋做事创业和在生活上节俭去侈，是“天下之美德”的基础，也是经商及各项事业获得成功的基本途径。正如他在告诫商校学生时所说，“勤勉节俭、任劳耐苦诸美德，为成功之不二法门”。张謇一生勤奋无比，“为世牛马，终岁无停趾”，举世罕见。更为难能可贵的是，他在事业成功、生活富足后，依然能保持勤俭耐劳、富而不奢的状态。

材料四：“野性消费”系列事件

① 2021 年河南遇洪水灾情，鸿星尔克默默驰援千万物资，被网友得知后，直播间涌入百万人在线观看并“野性消费”，线下门店被抢购一空。网友表示，“你都野性捐款了，还要管我们理性消费干什么，我偏要野性一把”。

② 2023 年涿州遇洪水灾情，涿州作为全国重要的图书仓储基地，多家出版社、图书公司受到巨大损失。淘宝联合中图网、未读等十几家受灾严重的出版方和图书公司，上线了“我为涿州买本书”专场，商品为受灾商家紧急盘点出可以正常销售的图书和周边。广大书友、网友纷纷出谋划策，专场上线后更是被疯狂抢购，网站一度拥挤无法进入。书友表示“读书的人，书在人就在”“有人读着，书就活着”。

③ 2023年9月，李佳琦带货怼网友事件发酵后，由蜂花带头开启的一场“朴实无华”的商战，让一批老国货重焕生机。鸿星尔克、白象、汇源果汁、莲花味精等老国货“在线耍宝”，活力28、郁美净等品牌更是在网友催促下“连夜通网”，再度引发野性消费潮。老国货物美价廉，“抱团取暖”，鸿星尔克直播间卖蜂花、卖白象就是不卖鞋，娃哈哈直播间摆满洗发水和泡面。

④ 媒体评国货品牌抱团营销①：“野性消费靠情怀，真正突围靠品质。”野性消费，始于情怀，终于理性。在这场求生存的转型中，如何提升品牌在包装设计、品控质量、产品创新、营销宣传等方面的硬实力，是品牌能否走长远的关键。虽说“酒香也怕巷子深”，但归根到底，产品始终是品牌的立足之本，国货品牌带着曾经的荣耀和信任，更要扎实做好产品和服务创新，靠过硬的品质和更好的消费体验，赢得消费者的理性选择，这才是该为之努力的方向，是未来。

（王慧玲）

① 现代快报. 国货品牌“抱团营销”：野性消费靠情怀，真正突围靠品质[EB/OL].（2023-09-15）[2024-03-01]. https://new.qq.com/rain/a/20230915A05TSF00.

第五章

法律题材的开发：以《唐律疏议》与“兄弟讼田案”为例

第一节　《唐律疏议》与“兄弟讼田案”的教育价值

党的二十大报告指出：“法治社会是构筑法治国家的基础。弘扬社会主义法治精神，传承中华优秀传统法律文化，引导全体人民做社会主义法治的忠实崇尚者、自觉遵守者、坚定捍卫者。”①可见，法律是一个国家文化的组成部分，能够反映一个时代人们的生活状态和价值观。研究古代法律文化并古为今用，对继承和发扬中华优秀传统文化具有重要意义。

一、《唐律疏议》的孝道法律化及其教育价值

（一）《唐律疏议》概述

《唐律疏议》诞生于唐朝，为了吸取隋炀帝滥用刑罚的教训，唐朝的统治者注重法律建设。唐高宗命长孙无忌在《贞观律》的基础之上制定了《永徽律》，并对该法的基本精神和内涵进行了详细的注解。《永徽律》及其注疏被后人称为《唐律疏议》，是东亚最早的成文法之一。唐律是我国现存最早最完整的法典之一，以“一准乎礼，而得古今之平”著称于世，是我国封建法典高度成熟的体现，在中国古代法律史中享有较高地位。唐律不仅对我国的治理发挥了重要作用，也对周边国家产生了深远影响。因此，《唐律疏议》与奴隶时期的罗马法、资本主义初期的《法国民法典》并列为世界法制史上三大著名法典。② 著名的日本法史学家仁井田陞在其撰写的《中国法制史》中评价这部法律：“《唐律疏议》是公元七世纪的作品，放到一千两百年以后的十九世纪的欧洲，和十九世纪重要欧洲国家的刑法典相比毫不逊色。”③历史学家对唐律的评价之高，足以见其重要的历

① 中华人民共和国司法部. 法治社会是构筑法治国家的基础[EB/OL]. (2022-11-23)[2023-05-20]. http://www.moj.gov.cn/pub/sfbgw/zwgkztzl/xxxcgcxjpfzsx/fzsxllqy/202211/t20221123_467925.html.

② 王筠毅.《唐律疏议》：中国古代律法典范[J]. 文史天地，2022(9)：62—65.

③ 石志刚.《唐律疏议》的内容及影响[J]. 书屋，2021(3)：93—95.

史地位。《唐律疏议·名例律》的开篇提到了"德礼为政教之本,刑罚为政教之用",这体现了唐律的典型特征之一"礼法合治"。即唐代统治者将儒家伦理思想融合到唐律中,形成了一部道德与法律相融合的律法,具有较高的文化价值。鉴于《唐律疏议》的历史地位和文化价值,《唐律疏议》蕴含了丰富的法治教育、道德教育和中华优秀传统文化教育的资源,值得我们去挖掘和运用,从中创设出生动的问题情境,来培养学生的法治意识和价值观。

(二)《唐律疏议》中的教学素材

作为中华优秀传统文化教育的教学材料,必须能体现出我国优秀传统文化内涵,同时对解决现代社会问题有启示作用。基于这一思考,聚焦"孝道法律化"这一主题,挖掘《唐律疏议》中的素材,重点对"不孝罪"法条和《白氏长庆集》中白居易的一段判词进行了分析和加工。

1.《唐律疏议·名例律》第六条

《唐律疏议·名例律》第六条为"不孝罪",该罪名是"十恶重罪"[①]之一,位列第七。唐朝统治者在中国历史上首次解释了"不孝"的具体内涵,并在《唐律疏议·名例律》第六条中解释了何为"不孝":谓告言、诅詈祖父母、父母;祖父母、父母在,别籍异财,供养有阙;居父母丧,身自嫁娶,若作乐,释服从吉;闻祖父母、父母丧,匿不举哀;诈称祖父母、父母死。(译:子女告发、诅咒和咒骂父母,分家,对父母供养不周到的;或父母去世时候嫁娶、寻欢作乐,隐瞒诈称长辈去世的情况视为不孝)。

为了方便学生阅读和理解,以表格的形式将法条进行了整理。按照"父母在"和"父母逝"的不同情形进行划分,然后对应列出子女"不孝"的具体行为,并用白话文进行解释,最后列出针对违法行为的刑罚措施。由于学生对古代的刑罚措施并不了解,在表后加注,简要地介绍了古代的刑罚措施。将此表格呈现给学生,可以避免学生因古文难理解而降低学习兴趣。

表 5-1 唐律疏议"不孝罪"法条

状态	行为	解释	处罚
父母在	告言、诅詈	告发、咒骂	绞刑
	别籍异财	分家、分家产	徒三年

① 十恶:谋反、谋大逆、谋叛、恶逆、不道、大不敬、不孝、不睦、不义、内乱。

续　表

状态	行为	解释	处罚
	供养有阙	衣食赡养不周、方法不适当	徒二年
	诈称死亡	谎称祖父母、父母去世	两千里的流刑
父母逝	嫁娶作乐 释服从吉	嫁娶 脱去丧服，欣赏音乐、乐器或玩乐	徒三年，妾减一等 徒三年
	匿不举哀	隐瞒起来不操办丧事	徒一年

——改编自《唐律疏议》卷一《名例律》第六条

注：古代封建五刑分别为笞、杖、徒、流、死五刑。从死刑种类的规定上来看，汉朝的法定死刑主要有“枭首、腰斩和弃市”三种，而唐代的法定死刑只有“绞刑、斩刑”两种。

从教学的角度来说，通过分析表格，教师可以带领学生辨识古代法律文化蕴含的精华和糟粕，解读并分析出唐律中“孝道法律化”的影响：一方面，从积极影响来看，第一，唐律针对不同的行为设置了相应的刑罚，有助于在社会层面形成重孝、尊敬长辈的风气，从而实现小家族的和谐稳定，进而稳定封建制度的统治。第二，唐律以礼入法，将儒家主张子女孝顺长辈的具体要求融入律法中，使得一种抽象的伦理道德变得具体，且可操作性较强，能从中理解到道德与法律融合的过程。另一方面，从消极影响来看，第一，“不孝罪”规定了从父母在世到父母去世的不同情况，详细地解释了何为不孝的行为，从中可见“不孝”行为的范围之大，这种规定方式明显不符合现代社会对道德和法律界限的认识。第二，唐朝的刑罚手段相比于前朝，已经变得更加柔和，但仍然存在封建法制的典型特征——刑罚残酷，比如有“绞刑”等酷刑。

2.《白氏长庆集》白居易判词

除了法条之外，判例也是研究法律文化的重要素材之一，因此还节选了依据唐律拟判的《甲乙判》作为素材。该判词出自《白氏长庆集》，白居易在《甲乙判》中记录了甲主动告发自己儿子盗窃事例的基本态度和观点，学生可以从具体的判词中去了解古代法律制度中的文化价值。

选择判词《甲乙判》的原因如下：当传统法制文化和现代法律文化相联系时，学生更能理解、体会其蕴含的价值和功能。于是，从唐律对现代社会的影响这个角度来切入，该案例涉及古今都会遇到的两难问题，即对于亲属犯罪，亲人是否有告发义务的问题。唐律中对该问题有明确的规定，被称为“亲亲相隐”制度，即亲属犯罪允许相互包庇，这对今天重新认识“包庇罪”和处理亲属犯罪相隐问题有重要的参考价值。因此，还继续挖掘了唐代“亲亲相隐”的判例来作为教学材料。

白居易《甲乙判》

法许原情，慈通隐恶。俾恩流于下，亦直在其中。甲忝齿人伦，忍伤天性。义方失教，曾莫愧于父顽；攘窃成奸，尚不为其子隐。

（大意翻译：法律允许原情定罪，根据礼，父子应该相互隐藏犯罪，道理就在其中。儿子犯错，甲作为父亲非但没有因为对子教导不当而感到愧疚，反而选择告发自己的儿子，这样的行为违背了伦理教义，有损人的天性。更何况其子的行为为一般的盗窃，不算特别严重的犯罪行为，如果大义灭亲，实属不近人情。）

——节选自《白氏长庆集》

要理解该判词，需要注意以下几点：第一，《白氏长庆集》中所记载的判词为拟判，是官员根据当前律法，对某一创设的案例写下模拟的判词。拟判虽然不是真实的司法判例，但是通过判官的判词，同样也可以理解唐代是如何处理现实生活中的纠纷和争议的。第二，从法律视角来看，案例中涉及的主要问题是“是否要处罚亲属相互隐藏犯罪的行为”。对此，唐律规定禁止卑幼告长辈，且允许居住在一起的亲属可以相互隐藏犯罪。具体的法条表述为“谓告言、诅詈祖父母、父母，绞”和“同居及大功以上亲有罪相为隐…若犯谋叛以上者，不用此律”。可见，白居易的这一段判词是符合唐代“同居有罪相为隐”制度规范的，意思为同住在一起的亲人有罪可以隐藏不告发。第三，正确理解唐律“亲亲相隐”中蕴含的现代价值。一方面，在立法理念上，唐律在处理道德和法律冲突的时候，珍视家庭成员之间的亲情和感情，这种立法理念是符合情理的，即使在现代也值得提倡。另一方面，在立法技术上，唐代的“亲亲相隐”制度中，对亲属相隐的范围是有规定的，明确了不可适用的特殊情况。这些立法的技术对现代法治建设也有可供借鉴之处，可以吸纳其合理性因素并进行改造。

二、“兄弟讼田案”中的古代调解智慧及其教育价值

不同的文化背景下，人们解决纠纷的方法和机制有所不同，西方社会，人们普遍倾向于通过诉讼来解决问题，而在“以和为贵”文化背景下的中国，从古到今形成了一套具有中国特色的纠纷调解机制。苏力在《法治及其本土资源》中指出了中国传统法律文化的重要意义，他认为，“中国的法治之路必须要注重利用中国的本土资源，注重中国法律文化的传统和实际”。[①] 在法治化程度不断提高的今天，我们仍要回过头来审视和思考我们的传统法律文化，因为历史犹如一面镜子，既能让我们回望过去，也能帮助我们反思今天。当我们翻阅古代法律文献的时候，会挖掘到很多充满智慧的经典判例。这些判例对我们理解古代调解文化与制度，解决当代问题有着重要的启示作用，是值得传承和发扬的。其中清代“兄弟讼田案”就是一个至今仍值得借鉴的体现中国古代调解智慧的经典判案。

（一）“兄弟讼田案”概述

清朝雍正年间，有一位远近闻名的官吏蓝鼎元，字玉霖，号鹿洲。蓝鼎元将自己在任判官期间的案例进行整理，写下了《鹿洲公案》一书。《鹿洲公案》主要叙述了作者处理政务、审判案件、破除迷信的经历，有较高的史学价值。[②] 其中第十一则关于调解的故事广为流传，也就是“兄弟讼田案”。案例讲述了一对兄弟因为继承遗产而产生纠纷的故事，为了便于理解，以下从开端、蓝鼎元调解过程及结局三个部分概述“兄弟讼田案”。

1. “兄弟讼田案”缘起

阿明、阿定两兄弟从小相亲相爱，却在父亲去世后因为七亩田的遗产而产生了纠纷，经亲族调解失败后选择诉讼至官府。

片段1：故民陈智有二子，长阿明，次阿定。少同学，长同耕，两人相友爱也。娶后分户异居。父没，剩有余田七亩。兄弟互争，亲族不能解，至相争讼。阿明曰：“父与我也。”呈阄书阅之，内有“老人百年后，此田付与长孙”之语。阿定亦曰：“父与我也，有临

① 苏力. 法治及其本土资源[M]. 北京：中国政法大学出版社，1996：13.

② 洪丕谟. 中国古代法律名著提要[M]. 杭州：浙江人民出版社，1999：227—229.

终批嘱为凭。”

2. “兄弟讼田案”调解过程

蓝鼎元历时三天调解了两兄弟的纠纷。第一天蓝鼎元在认定两兄弟呈递证据均为真后，转移了双方矛盾焦点。指出今日发生纠纷的原因在于兄弟两人的父亲，想让二人“开棺问罪”，致使两兄弟开始反思自己的行为。随后进一步将兄弟两人比作父亲的左右腿，说明父母对两兄弟的爱是难以分割的。第二天，蓝鼎元知道两人都有两个儿子，于是出了个“主意”，为了避免兄弟两人的儿子日后受到财产纠纷的苦恼，故意拘禁了二人的儿子，并要求他们各自弃养一个儿子，只留下一个。兄弟两人听后抱头痛哭，并决定不再争夺财产。第三天，蓝鼎元得知两人产生了悔意后，要求二人询问自己妻子的意见。两兄弟与家人商议后，表明愿意将田产捐献给佛庙寺院，再也不争夺这份田产。

片段2：第一天调解——余曰：“皆是也，曲在汝父，当取其棺斲之。阿明、阿定皆无言。余曰：“田土，细故也。弟兄争讼，大恶也。我不能断。汝两人各伸一足，合而夹之。能忍耐不言痛者，则田归之矣。但不知汝等左足痛乎？右足痛乎？左右惟汝自择，我不相强。汝两人各伸一不痛之足来！”阿明、阿定答曰：“皆痛也。”余曰：“噫！奇哉。汝两足无一不痛乎？汝之身，犹汝父也。汝身之视左足，犹汝父之视明也；汝身之视右足，犹汝父之视定也。汝两足尚不忍舍其一，汝父两子，肯舍其一乎？此事须他日再审。”

片段3：第二天调解——余知其有悔心也，问二人有子否，则阿明、阿定皆有二子。命拘其四子偕来，呼阿明、阿定谓之曰：“汝父不合生汝兄弟二人，是以今日至此……”阿明、阿定皆叩头号哭曰：“今不敢矣。”余曰：“不敢何也？”阿明曰：“我知罪矣。愿让田与弟，至死不复争。”阿定曰：“我不受也。愿让田与兄，终身无怨悔。”余曰：“汝二人皆非实心，我不敢信。”二人叩首曰：“实矣。如有悔心，神明殛之。”

片段4：第三天调解——余曰：“汝二人即有此心，二人之妻亦未必肯。且归与妇计之，三日来定议。”越翼日，阿明妻郭氏、阿定妻林氏，邀其族长陈德俊、陈朝义，当堂求息。娣姒相扶携，伏地涕泣，请自今以后，永相和好，皆不爱田。阿明、阿定皆泣曰：“我兄弟蠢愚，不知义理，致费仁心。今如梦初醒，惭愧欲绝，悔之晚矣。我兄弟皆不愿得此田，请舍入佛寺斋僧，可乎？”

3. “兄弟讼田案”调解结果

蓝鼎元先批评了兄弟两人想要捐献田产的想法，然后提出解决问题的措施，建议让两人轮流收租祭祀，这样可使子子孙孙不再发生争端。

片段5：余曰：“噫！此不孝之甚者也。言及舍寺斋僧，便当大板扑死矣。汝父汗血辛勤，创兹产业。汝弟兄鹬蚌相持，使秃子收渔人之利，汝父九泉之下能瞑目乎？为兄则让弟，为弟则让兄。交让不得，则还汝父。今以此田为汝父祭产，汝弟兄轮年收租备祭，子孙世世永无争端。此一举而数善备者也。”于是族长陈德俊、陈朝义皆叩首称善教，阿明、阿定、郭氏、林氏悉欢欣感激，当堂七八拜，致谢而去。兄弟、妯娌相亲相爱，百倍曩时。民间遂有言礼让者矣。

(二)“兄弟讼田案”中的古代调解智慧

1. 案例中调解的概念和类型

调解作为一种纠纷解决方式，其内涵从古到今一脉相承。片段1中的“兄弟互争，亲族不能解，至相争讼”一句，可以结合教科书来讲调解的概念和类型。

调解是指“通过第三方排解疏导、说服教育，促使纠纷当事人自愿达成协议从而解决纠纷的活动”。可见，相比于“和解”，即双方自行解决矛盾，调解有了一个重要的介入主体，即“第三方”。亲戚族人和官府判官都是独立于当事人的第三人，且试图通过“排解疏导、说服教育”的方式，促使当事人自愿达成合意并解决问题，可见符合调解的概念。

从调解的类型来看，片段1中出现了两个调解主体，一是“亲族”，属于民间调解，二是判官蓝鼎元，属于官府调解。古代的调解分为民间调解和官府调解。民间调解指发生普通的民事纠纷时，通常由亲戚朋友、邻居、乡保、族长等主体充当调解人，这也是古代解决纠纷的最主要方式。而官府调解是指司法机关的官吏在审理案件时，当堂对纠纷双方当事人进行调解以解决纷争。① 古代这两种调解类型与现代的划分方式十分相似，现代的调解分为诉讼外调解和诉讼调解两种。虽然相比于古代，其内涵更加丰富，但它的基本原则和社会效用却始终如一，在今天我们仍然能够感受到传统文化

① 胡旭晟，夏新华. 中国调解传统研究——一种文化的透视[J]. 河南省政法管理干部学院报，2000(4)：20—35.

对当代法律制度的影响。

2. 案例中的调解技巧

案例生动地展示出了古代判官的调解方法，对当今化解纠纷、促进社会和谐稳定具有重要作用，在调解技巧方面，可以借鉴的地方有以下几点：

第一，采用了转移矛盾焦点法，建立新桥梁。在当事人沟通不畅的时候，引入新元素，将原有的矛盾和新的元素相融合，从而推进调解的进程。比如片段 2 中，当矛盾双方争执不下的时候，蓝鼎元没有在原来的问题上继续讨论，而是将“房产纠纷”的分歧转移到了兄弟二人对父亲共同的亲情上，实现了矛盾焦点的转移，为调解铺设了通道。第二，立足于整体性。调解需要运用整体性思维，将当事人放在经济、法律、道德、习惯、心理和社会等多元视野中。片段 4 中，蓝鼎元在厘清纠纷的性质、发生的原因、矛盾的程度、所关涉的其他社会关系的基础之上，考虑到财产继承是一项关系到全家的事宜，因此让兄弟两人与自己的妻子进行沟通，再进行最后的商议和调解。第三，扩大双方利益，形成解决问题的方案。调解中出现僵持不下的局面，通常是因为双方不能就有限的资源，达成利益一致的问题解决方案。此时需要扩大原有资源，也就是“做大蛋糕”。事实上，类似“维护面子”“维持关系”等做法也可以视为一种扩大利益、做大蛋糕的方式。① 片段 5 中，蓝鼎元提出的解决方案并不是将田产各分一半，而是让双方轮流耕种，共同占有土地产生的收益。这样的方案一方面解决了两人的经济利益矛盾，另一方面维系了兄弟的感情，扩大了双方的利益。

3. 案例中的调解文化

调解制度建立在一定的理论体系和社会理念基础之上。就像苏力所言：“一种制度得以长期且普遍的坚持，必定有其存在的理由，即具有语境的合理性，并因此首先应当得到后来者或者外来者的尊重和理解”。② 因此，在分析古代调解案例的时候，也要分析案例背后的调解文化。

一方面，此案体现了“以和为贵”的调解理念。调解制度之所以能在古代中国发挥显著作用，与儒家主流的价值观有着密切的联系。儒家提出“礼之用，和为贵”思想，“礼”倡导等级和秩序，“和”强调人与人和谐相处，主张采用调和的方式去解决冲突，这

---

① 廖永安，覃斌武，段明. 调解经典案例评析[M]. 北京：中国人民大学出版社，2020.

② 苏力. 送法下乡：中国基层司法制度研究[M]. 北京：中国政法大学出版社，2000.

种思想文化反映在司法上为“无讼”。正如蓝鼎元事后评价此案的时候所言,这案子按照一般审判方法,应该各打三十大板,将田地分成两份,三两句话即可,现在虽费了周折,苦口婆心,但效果显著,只有这样才能使百姓守法,才能使为官者政绩显赫,亲属邻里也能遵循礼治、相亲相爱。说明相比于诉讼,判官更愿意采用调解的方式来解决纠纷。蓝鼎元通过讲理、施行教化手段来帮助两位当事人解开心结,体现了古代调解重视家庭情感、以和为贵的文化思想。

另一方面,古代诉讼调解忽视了对个人权利的保护。片段 2 调解启动前,蓝鼎元并没有询问当事人的意见——是否愿意进入调解,而是直接开始对两兄弟进行道德说服和教育。可见,古代的调解貌似是当事人自愿接受,但实际上是一种强制调解,不论当事人是否愿意都要接受司法官吏的调解。除此之外,调解还会采取一些强制性的措施,比如片段 2 中,试图采用肉刑“汝两人各伸一足,合而夹之,能忍耐不言痛者,则田归之矣”,还有片段 3 中拘禁与案件无关的人员“命拘其四子偕来”,这些是不符合现代社会调解程序的强制性措施,会扼杀人们的权利意识或观念,不利于维护当事人正当权利和利益,也不利于在社会上形成尊重法律、维护法律权威的观念。

总之,案例中蕴含着“以和为贵”和“德治”等优秀文化理念,以及古代判官的调解经验和智慧,这都是值得研究和分析的。但是,由于古代调解制度产生于封建社会,不可避免地存在一定的局限性,如采取强制性处罚措施、轻视个人权利,因此需要对其进行批判性的继承与创新转化。

(三)“兄弟讼田案”作为法治主题教学材料的理由

“兄弟讼田案”可以开发成高中思政课法治主题的教学材料,有三个依据:第一,法学研究者刘星在《中国法律思想:故事与观念·古代卷》一书中将该案例作为导论,并认为这是一篇蕴含着许多中国法律文化的典型案例。第二,“兄弟讼田案”是蓝鼎元运用调解的智慧来处理纠纷的案例,该案例完整地记录了蓝鼎元与当事人调解的过程和对话,具体而生动地体现了古代解决纠纷的基本方式和智慧。这与高中选择性必修二《法律与生活》第四单元“社会争议解决”第九课“纠纷的多元解决方式——以和为贵选调解”的教学内容和编写意图相符合。可以用来讲解调解的概念、类型以及“以和为贵”的调解思想。第三,调解蕴含着中华优秀传统文化的特色。调解是富有中国特色的一种解决纠纷的基本方式,其发展历史源远流长,其中还蕴含了“无讼”“德化育人”等值得今人借鉴、传承的文化理念。

第二节　教学设计

一、教学设计一：从《唐律疏议》探继承和发展中华优秀传统文化之路径

以《唐律疏议》为教学材料，结合高中思想政治必修四《哲学与文化》第七课“继承发展中华优秀传统文化”的内容，设计一节课时的教学活动，尝试将法治教育与传统文化进行充分的融合。

（一）教学设计依据

1. 课程标准

高中思政课程标准中与《哲学与文化》第七课相关的要求是：辩证看待传统文化，领会对中华优秀传统文化进行创造性转化、创造性发展的重要意义，弘扬民族精神。建议以“传统文化是包袱还是财富”为议题探究对待优秀传统文化的正确态度。

2. 教材

高中思政教材必修四《哲学与文化》第三单元第七课“继承发展中华优秀传统文化”的第一框“文化的内涵与功能”要求学生认识中华传统文化的内容，包括核心思想理念、传统美德和中华人文精神。第二框“正确认识中华传统文化”旨在让学生树立正确对待中华传统文化的价值观，包括取其精华、去其糟粕，推陈出新、革故鼎新，有批判的继承。第二框第三部分“中华优秀传统文化的当代价值”包括三点：其一是中华优秀传统文化对本民族的作用，即共同的精神标识；其二是实践作用，即能够为解决当代中国和世界发展中的很多问题提供有益借鉴；其三为国际作用，即构建国际关系，构建人类命运共同体。

3. 学情

本课中，学生可能产生的疑问是，“传统文化在当代还有什么价值，这种价值能够发挥什么作用?”同时，高二的学生具备对现象的总结概括、分析能力，能够根据法条和法律案例去提取关键信息并进行简要评价。教师可以通过呈现具体的材料、设置问题链，去帮助学生理解传统文化对当代生活和国家制度的影响，解决同学们心中的困惑，

有助于其树立对中华优秀传统文化的认同和自信。

（二）教学目标

1. 阅读唐律的具体法条及内容，阐释中华传统文化的内涵。

2. 分析《唐律疏议·名例律》第六条“不孝罪”及其疏文解释，能辨别传统文化中的精华和糟粕，学会理性地看待传统文化。

3. 通过对比古今两个关于孝道和法律冲突的案例，分别阐述古今法律案例背后蕴含的立法价值理念，体会古代法治文化的当代价值，并能够为解决今天的法律和现实问题提供对策和建议。

（三）教学重难点

1. 重点：形成正确对待传统文化的价值观——“取其精华、去其糟粕”。

2. 难点：阐述中华优秀传统文化的当代价值。

（四）教学设计思路

本节课以议题教学为主要方法，借助议题作为纽带，将法律条文、法律案例相结合，以提升学生的核心素养。一方面，本节课以《唐律疏议》作为贯穿整节课的教学材料，通过设计统领不同环节的分议题，带领学生挖掘《唐律疏议》背后蕴含的古代法制文化及其今日价值。另一方面，本节课采用案例式教学。通过一个古今案例对比，设计学生模拟判决的活动，来学习古代案例中蕴含的传统文化的当代价值，为解决当代问题提供一些思路。

本节课主要采用议题式教学，以《唐律疏议》作为贯穿整节课的教学材料，设置了三个探究问题。

问题一：《唐律疏议》体现了中华优秀传统文化怎样的特色？让学生从唐律的条文中解读中华优秀传统文化的内涵。

问题二：孝道法律化能不能成为文化财富？通过立法论证会的模拟活动，帮助学生树立对待传统文化的正确态度。

问题三：如何处理道德与法律冲突的难题？围绕该议题，从优秀传统文化中寻找解决现代问题的方法，加深对中华优秀传统文化当代价值的认识。此外，本课运用古今两个案例设计了一个学生模拟判决活动，使学生从古代案例对比中发现其蕴含的当代价值，从中寻找解决当代问题的思路。

（五）教学过程

环节	教学内容	学生活动	教学设计意图
导入	**1. PPT 展示** 习近平总书记指出："自古以来，我国形成了世界法制史上独树一帜的中华法系，积淀了深厚的法律文化。中华法系形成于秦朝，到隋唐时期逐步成熟，《唐律疏议》是代表性的法典。" **2. 提问并总结** 【提问 1】大家对《唐律疏议》有何印象？ 【总结】看来大家对唐律还是有一定了解的，但是对其具体内容了解不多，我们今天以《唐律疏议》为例，来探寻传统文化的魅力所在。	【预设回答】 唐律是我国封建社会的代表性法典之一，具有重要的历史意义。	了解学生对唐律的初印象。
一、《唐律疏议》体现怎样的中国文化特色？	**1. 区分文化和文化载体** 【提问 1】同学们想想《唐律疏议》是文化还是文化载体？文化和文化载体有什么区别？ 【总结】文化要通过一定的载体呈现出来。文化载体是用来记录、标识、传承和表现文化的，其类型包括器物、行为、制度等。下面我们一起从《唐律疏议》中挖掘其背后所蕴藏的传统文化内容。 **2. 传统文化的主要内容** 【提问 2】请大家阅读材料，说说唐律中分别体现了哪些传统文化内容？ 【呈现材料】材料一：唐律中关于不诚信、违反社会秩序和不孝的行为进行处罚的法条。 【总结】从材料一中，我们能够感受到唐律蕴含的文化内容十分丰富。有重民本、守诚信的核心思想理念；有孝老爱亲等传统美德；还有鼓励人们向善和促进社会和谐等中华人文精神。这些文化因子都是我国优秀的文化瑰宝，体现	【预设回答 1】 文化载体 【预设回答 2】 体现了传统文化的重诚信、重民本、孝老敬老、促进社会和谐的文化内容。	让学生学会区分文化和文化载体这两个概念。 从唐律法条中解读其所蕴含的文化内容。

续　表

环节	教学内容	学生活动	教学设计意图
	了我们传统文化的博大精深。接下来我们以唐律中的“孝道文化”为例，围绕议题二，来思考如何正确认识中华传统文化。		
二、《唐律疏议》“孝道法律化”能不能成为文化财富？	**1. 展示唐律法条** 【呈现材料】材料二：《唐律疏议·名例律》第六条 【阐释】这张表格（表5-1）是唐律“不孝罪”的具体释义和相应的刑罚措施，体现了唐代法律的一个典型的法律文化特征——“礼法合治”，这是儒家道德伦理的“孝道”融入唐朝律法的产物。 **2. 模拟立法论证会** 【提问1】对于唐代孝道入法的做法，我国的学者持有以下两种观点，假设你是立法者，你会支持哪一种观点？请结合法条的具体内容来说明你的理由。 ①回归论：支持者认为古代的礼法合治值得学习，其制度上的缺陷来源于封建专制制度，而非礼法文化，当下实行孝道入法也是顺应时代的需要。 ②否定论：礼法合治不符合现代法治理念。孝道作为一种私德，不应该凌驾于群体性的正当原则之上①，也就是法律和道德应该是有界限的。 **3. 总结** 【板书】教师将学生支持和不支持的理由简要概括并写在黑板上。 【总结】对于唐代孝道入法的文化现象，同学们已经通过分析其具体内容来诠释利弊，可见传统文化的内容十分丰富，	【预设回答1】 ·支持：①法条解释孝的内涵，将之变成具体的行为规范。②有助于社会形成重孝的风气。 ·否定：①孝的内涵不符合新时代的理念。②混淆了道德和法律的界限，唐代的不孝罪范围过于宽泛。③刑罚依旧严酷，仍然存在酷刑（斩刑和绞刑）。	通过讨论唐律孝道法律化的现象，来分析其立法的优势和不足，从而树立对传统文化的正确态度。

① 郑玉双. 孝道与法治的司法调和[J]. 清华法学，2019，13(4)：43—59.

续 表

环节	教学内容	学生活动	教学设计意图
	我们不能全然将其视为财富或者包袱，因为唐律中有合理的成分，也有不合理的成分。我们要辩证看待，取其精华，去其糟粕。		
三、《唐律疏议》对处理道德与法律的冲突有何启示？	**1. 提出两难问题** 【提问 1】如果你的亲人犯罪了，你会选择告发吗？对于如何处理这种道德和法律冲突的难题，我们一起来看材料三“古今法律案例”。 **2. 展示古今法律案例** 【呈现材料】材料三“古今法律案例”（注意，此时呈现的是案例 1《白氏长庆集》白居易判词中的片段 1，以及案例 2 河南省李丽父亲包庇案中的片段 1）。	【预设回答 1】 会：如果每个人都包庇，那么社会安全将无法得到保障。 不会：亲人之间是有情感的，不愿意主动告发。	创设现实两难问题，引起学生对道德和法律冲突的思考。
	3. 提出任务，指导小组模拟判决 【任务 1】阅读材料三“古今法律案例”中的两个片段 1，请你参考列出的法条，简要地写出自己的审判结果，并说明理由。 【总结】古今两个案例反映的都是一个问题，那就是法律如何处理亲属间隐藏犯罪的问题。但是，由于古今的法律制度不同，其判决也有所差异：在案例 1 中，唐代反对亲属告发，并且允许同居或者大功以上的亲属隐匿犯罪。在案例 2 中，也就是从现代立法来看，如果明知行为人犯罪，却为其隐藏处所、财物，帮助其逃匿或者作假证的，属于包庇罪，其中也包括亲属之间的隐匿犯罪。一种制度的背后，离不开其价值和立法理念的支撑，请继续完成任务 2。	【预设任务 1】 古代案例：不受理甲的案件，因为法律允许相互隐藏犯罪行为。 现代案例：李丽父亲犯包庇罪，明知女儿犯罪但仍然做假证。	通过两个对比案例，来学习传统文化的当代价值，即能为解决当代问题提供一些思路。
	【任务 2】阅读材料三中两个案例的片段 2，分析两段判词中分别蕴含了什么价值观？你赞同哪一种并说明你的理由。	【预设任务 2】 古代：禁止相互告发，体现重视亲情的理念。	从分析制度到理解制度背后的文化价值理念。

续　表

环节	教学内容	学生活动	教学设计意图
	【总结】从白居易的判词中，能够看出他对亲属相告是持反对意见的，这背后主要是基于伦理的考量。而现代社会主要是站在维护社会公共秩序的角度来设定的。除了维护公共秩序外，法律也希望父母不要用错误的方式来教育和保护孩子。 【任务 3】结合唐律亲亲相隐的立法规定以及案例，说说它们对我们今天处理类似问题有何启示？ 【阐述】第一，从立法理念上看，唐代禁止亲属之间相互告发在一定程度上符合情感和道德要求。在依法治国和以德治国的背景下，虽然在立法中规定了包庇罪，但是在实践中仍然会考虑亲属之间的关系和情感较为特殊，会在量刑方面给予从宽处罚。第二，从立法技术上来看。唐代的“亲亲相隐”制度规定了亲属相隐的范围和不能适用的特殊情景等，都是值得借鉴的。 【总结】从本节课的学习中，我们了解到唐律是封建时代的产物，虽然不可避免地有其时代局限性，但是其中一些核心思想和传递的美德是值得我们今天学习的。我们要学会取其精华、去其糟粕，批判继承、古为今用，才能更好地继承和弘扬传统文化。	现代：鼓励主动揭发犯罪行为，重在维护公共秩序。 【预设任务 3】 在理念上：唐律允许亲属相隐，是符合人情和道德的。	
作业	我国对于亲属包庇的行为并不是采取“一刀切”的态度，而是根据具体行为具体分析。请从以下角度查阅相关资料，并判断以下哪些情况不会受到处罚？哪些情况会受到处罚？ 第一，亲属在不知情的情况下。 第二，亲属不主动报案。 第三，亲属拒绝作证。 第四，亲属给犯罪嫌疑人提供金钱或者住所。 第五，亲属帮助罪犯逃跑。		

附录

材料一:唐律中蕴含的中华传统文化

《唐律疏议·杂律》中规定:“诸造器用之物及绢布之属,有行滥、短狭而卖者,各杖六十。”是指如果有人制造了伪劣商品,或缺斤少两的商品,将会受到六十杖的严厉惩罚。

《唐律疏议·断狱》中规定:“诸应议、请、减,若年七十以上,十五以下及废疾者,并不合拷讯,皆据众证定罪,违者以故失论。”规定了对70岁以上、15岁以下,废疾笃疾和孕妇等社会弱势群体不得刑讯,并可减免刑罚。

《唐律疏议·杂律》规定:“诸买卖不和,而较固取者;及更出开闭,共限一价;若参市,而规自入者,杖八十。”唐律对强买强卖、垄断价格等欺行霸市行为进行处罚。通过打击破坏市场秩序的行为来维护消费者的权益。

《唐律疏议·名例律》制定了“不孝罪”,这也是在中国历史上首次从法律上明确解释了“不孝罪”的具体内容,通过处罚不孝长辈的行为来维护孝道。

材料二:《唐律疏议》不孝罪

《唐律疏议》首篇写道“德礼为政教之本,刑罚为政教之用”。意思是德礼作为立法的最重要原则,而刑罚仅仅作为一种辅助的手段。孝道作为德礼的一种表现,也被列入唐律中加以规定。可见,孝道法律化是中华传统法律文化“礼法合治”具体的立法表现。以下是不孝罪的十种具体行为以及相应的处罚。

状态	行为	解释	处罚
父母在	告言、诅詈	告发、咒骂	绞刑
	别籍异财	分家、分家产	徒三年
	供养有阙	衣食赡养不周、方法不适当	徒二年
	诈称死亡	谎称祖父母、父母去世	两千里的流刑
父母逝	嫁娶作乐 释服从吉	嫁娶 脱去丧服,欣赏音乐、乐器或玩乐	徒三年,妾减一等 徒三年
	匿不举哀	隐瞒起来不操办丧事	徒一年

——改编自《唐律疏议·名例律》第六条

材料三:古今法律案例

一、唐代案例

(一) 案例一(片段1)

《白氏长庆集》记载了白居易的一段判词《甲乙判》,这是白居易在参加科举考试时所作,案例中描述了一男子行盗,其父亲想要大义灭亲选择主动揭发儿子犯罪事实的案件。

附:《唐律·名例律》第46条:“同居及大功以上亲有罪相为隐……若犯谋叛以上者,不用此律。”

问题:如果你是白居易,根据以上法条简要说明你的判案结论及其说理过程。

(二) 案例一(片段2)

白居易《甲乙判》判词:法许原情,慈通隐恶。俾恩流于下,亦直在其中。甲忝齿人伦,忍伤天性。义方失教,曾莫愧于父顽;攘窃成奸,尚不为其子隐。道既亏于庭训,礼遂阙于家肥。(翻译:法律允许原情定罪,根据礼,父子应该相互隐藏犯罪,道理就在其中。儿子犯错,甲作为父亲非但没有因为自己教导不力感到愧疚,反而选择告发自己的儿子,这样的行为违背了伦理教义,有损人的天性。更何况其子的行为为一般的盗窃,不算特别严重的犯罪行为,如果大义灭亲,实属不近人情。)①

——节选自《传世藏书·集库》

二、现代案例

(一) 案例二(片段1)

2011年11月29日晚上,李丽到同村村民张某家串门儿,发现屋里有一辆摩托车和一辆电动自行车,家中又没有人,于是李丽顿时产生了贪念,将电动车从张某家骑走了。随后李丽也不敢把偷来的电动车放到自己家,便将车子放在自己的娘家,并告诉父亲这是自己在路边捡到的一辆车,放在家里让家人使用。父亲虽怀疑女儿的说法,却也没有明确的质问,默许了李丽的行为。直到案发后,警察前来调查情况时,李丽的父亲才肯定了自己的怀疑,但是,出于父爱的本能,他没有把实情向警方如实讲明,而是选择替女儿承担这一罪责。

——法律资讯网

① 王水照.传世藏书.集库.总集7-12全唐文1-6[M].海口:海南国际新闻出版中心,1996.

附:《中华人民共和国刑法》第三百一十条,包庇罪是"明知是犯罪的人而为其提供隐藏处所、财物,帮助其逃匿或者作假证明包庇的,处三年以下有期徒刑、拘役或者管制;情节严重的,处三年以上十年以下有期徒刑。犯前款罪,事前通谋的,以共同犯罪论处"。

问题:你如何看待李丽父亲的行为?这样的行为是犯罪吗?

(二)案例二(片段2)

法院审理认为,被告人李丽以非法占有为目的,采取秘密手段非法窃取他人财物,数额较大,其行为已构成盗窃罪。被告人李丽之父李志强明知其女儿李丽的盗窃事实,而故意作假证明予以包庇,其行为已构成包庇罪。

鉴于案发后,被盗的电动自行车已追回,返还失主;二位被告人当庭自愿认罪,系初犯、偶犯,酌情从轻处罚。故判决如下:被告人李丽犯盗窃罪,判处有期徒刑六个月,缓刑一年,并处罚金2000元(罚金已缴纳);被告人李志强犯包庇罪,判处拘役四个月,缓刑一年。法官提醒:对于李志强,他的爱女之心、护女之心是可以理解的,但是,他的方式是错误的,不仅对于女儿的犯罪无济于事,而且也让自己身陷囹圄。建议广大父母,要选择正确的方式教育孩子,爱护孩子。爱没有错,错的是爱的方式。①

——法律资讯网

二、教学设计二:向"兄弟讼田案"学习以和为贵的调解方式

本课以"兄弟讼田案"为教学材料,根据高中思想政治选择性必修二《法律与生活》第九课"纠纷的多元解决方式"第一框第一目"以和为贵选调解"的内容设计一课时教学活动。

(一)教学设计依据

1. 课程标准

高中思政课程标准有关选择性必修二《法律与生活》模块,对学生的要求是"识别人民调解、行政调解等不同的调解方式,明确调解制度的特点和程序"。在教学提示中"模拟治安纠纷、医疗纠纷等争议解决活动,归纳不同调解方式的功能和作用"。

---

① 邵明月.路边"捡"到一辆车,父亲替女儿顶罪陷囹圄[EB/OL].(2012-07-26)[2022-03-07]. http://www.dyzxw.org/html/article/201207/26/95866.shtml.

2. 教材

高中思政教材选择性必修二《法律与生活》第九课“纠纷的多元解决方式”第一框“认识调解与仲裁”，主要讲解了关于调解和仲裁的法律知识点。由于本课只讲解调解，因此只介绍“以和为贵选调解”一目的知识。本目需要掌握的内容有：第一，掌握调解的概念和类型；第二，了解人民调解的含义、原则和性质。

3. 学情

学生在初中道德与法治的课程中已经学过解决纠纷的三种方式，包括“调解、仲裁和诉讼”，但是对调解的认识仍然是局限的，主要表现在：第一，虽然知道调解是解决纠纷、促进和谐的一种方式和手段，但是对调解的方法及效果缺乏体悟，并不清楚如何通过调解来解决生活中遇到的问题。第二，学生知道“以和为贵”是我国自古以来的优秀传统文化，但是没有意识到从古到今的“和文化”发生了哪些变化，也就是没有正确理解当代社会调解的文化思想。第三，对调解的理解仅仅停留在文字和书面层面，没有通过活动和实践来理解调解对促进和谐的重要意义和作用。

（二）教学目标

1. 通过“兄弟讼田案”掌握调解的含义和类型，区分不同的调解方式。

2. 在开展模拟调解的小组活动中，学习调解的程序和技巧，从而在运用的过程中理解调解对解决日常纠纷的作用和意义，更加理性地看待生活中的纠纷和矛盾。

3. 了解“以和为贵”是古今调解制度的共同价值追求，并且从古今调解案例的对比中，理解相比于古代追求“无讼”的调解，现代社会“以和为贵”的调解文化更加保护个人权益、尊重当事人意愿。

（三）教学重难点

1. 重点：第一，区别调解的不同类型。第二，掌握人民调解的特点。

2. 难点：第一，能够理解调解制度背后“以和为贵”的文化理念，清楚现代调解是建立和站在维护当事人权益、自愿公平的基础上的。第二，掌握一定的调解技巧并运用到日常生活中。

（四）教学设计思路

刘燕认为，在案例教学中，教师经常组织学生围绕一个法律案例展开小组讨论和辩论活动。此时，学生会从不同的角度（比如法官、律师、当事人等）思考和回答，并耐心地倾听对方的回答，找到对方逻辑中的漏洞进行反驳或者补充，在这个过程中，不仅能够澄清对一些概念、原理或问题的认识，还能养成质疑的思维习惯。① 本节课主要采用“案例＋活动”教学法，以蓝鼎元的“兄弟讼田案”为主要案例，根据原始案例创设情景，让学生围绕这则案例开展模拟调解活动，从而更加理性地看待和处理生活中的矛盾和纠纷，增强法治意识。

（五）教学过程

环节	教学内容	学生活动	教学设计意图
导入	**1. 我国“诉讼爆炸”现象** 【呈现材料一】我国 2005—2018 年各级法院办案数增长情况表。 【提问 1】从材料一中你能解读出什么信息？ 【总结】2015 年 5 月，各地开始实施《最高人民法院关于人民法院登记立案若干问题的规定》，法院对起诉要件的实质审查转化为形式审查，降低了立案的门槛，于是诉讼案件逐年增加，造成了“诉讼爆炸”现象。在这样的背景下，追求多元纠纷解决机制势在必行。当我们遇到纠纷时，可以选择哪些解决问题的途径和方式呢？下面一起来看一则故事情景。	【预设回答 1】 从 2005 年到 2018 年，诉讼案件逐年增加，且在 2015 年后增加较快。	通过分析我国“诉讼爆炸”的现象，了解调解存在的必要性。
一、走近调解，尝试模拟调解	**1. 创设情境，激发解决纠纷的兴趣** 【呈现案件】：有个农民叫陈智，他有两个儿子，大儿子叫阿明，小儿子叫阿定。陈智对两个儿子一视同仁，没有丝毫偏心。在他们年少时将他们一起送去读书识字。在分家产时，陈智按照旧俗将七亩地分给大儿子阿明，并写下阄书为证。17 年后，陈智考虑到次子生活困难，又留下遗嘱将七亩地留给次子阿定。待到父亲陈智去世后，两个儿子对父亲留下的七亩田的归属产生了争议，闹得不可开交。		

① 刘燕. 法学教学方法的问题与完善途径——以案例教学为例[J]. 中国大学教学，2013(7)：62—64.

续　表

环节	教学内容	学生活动	教学设计意图
	【提问 1】：你能帮阿明、阿定想出几种解决纠纷的方式？ 【总结】：同学们总结出适合本案的三种解决纠纷的方式，分别是和解、调解和诉讼，这些都是解决纠纷的重要途径。 **2. 总结调解的定义** 【总结】那么这三种方式到底有何不同呢？和解是当事人双方自行商议解决，调解有第三方的参与，而诉讼则是由人民法院依法解决纠纷。从三种解决纠纷途径的对比中，可以看出进行调解的主体是“第三方”，即通过第三方的排解疏导、说服教育促使当事人自愿达成协议，从而解决纠纷的活动就是调解。 **3. 组织小组模拟调解活动** 【活动要求】注意：第三方要想通过“排解疏导、说服教育”来使双方“自愿”达成协议，并不是一件容易的事情，下面大家四人为一组，开展模拟调解活动，尝试为兄弟二人解决矛盾。要求如下：(1)以组为单位自行分配角色（兄弟、判官），开展讨论；(2)各组拟定最终调解方案；(3)汇报小组成果。 【总结】每组都形成了独具特色的调解方案，希望大家在日后遇到冲突的时候，也能够采用类似的方法来解决矛盾。其实大家刚才分析的案例，来源于一个清代官员蓝鼎元笔下的判例。蓝鼎元是清代著名的官吏，被很多官员称为“治史良才”，凭借着卓越的才能，破解了一个个疑难案件，后世将其办的案件记录整理后，汇集成了《鹿洲公案》。接下来我们就来看看古代判官是如何来调解的。	【预设回答 1】 • 和解：我想和对方自行商量。 • 调解：可以请其他人来帮忙调解。 • 诉讼：找律师去法院申请判决。 【解决方案预设】 (1) 血浓于水，田地可以一人一半，不要因为此事发生纠纷。 (2) 遵循父亲立下的遗嘱，将田产分给二儿子。	第一，介绍“兄弟讼田案”的案件开端，引出调解的概念。 第二，归纳调解的概念，强调调解的介入主体是“第三方”，且最终的调解结果应该是“自愿”。 第三，通过组织学生开展“模拟调解员”的活动，激发学生兴趣。

续　表

环节	教学内容	学生活动	教学设计意图
二、追根溯源，探索古代调解智慧	**1. 调解的类型** 【提问 1】有哪些主体参与解决兄弟二人的纠纷？ 【总结】亲族和判官蓝鼎元作为调解主体参与了调解。其中涉及古代两种不同的调解方式，一种是以民间主体力量（比如亲族）为主的民间调解，还有一种是官方力量（判官蓝鼎元）主导的诉讼调解。这与我们现在的调解类型非常类似。我国的调解分为诉讼调解和诉讼外调解。诉讼调解是人民法院主持的调解。诉讼外调解包括人民调解、行政调解和仲裁调解。 **2. 解析古代调解的智慧** 【呈现材料】材料二：蓝鼎元“兄弟讼田案”调解过程 【提问 2】在蓝鼎元的调解下，兄弟两人的情感发生了什么样的变化？为什么蓝鼎元能够调解成功，他采取了什么方法？ 【总结】从案例中我们能够看出，蓝鼎元通过提出开棺问罪、威慑、动用私刑（拘禁）、要求两人与家人共同商量等手段，让兄弟两人的情感发生了质的改变。从开始的争执不下，到最后的真心知错、痛哭流涕。可见达到了本次调解的最终目的，不仅解决了财产纠纷，还缓和了双方矛盾。 【提问 3】从调解的过程和结局中，请你分析判官蓝鼎元哪些地方做得好，是值得借鉴的？哪些做得不好，是需要摒弃的？ (1) 做得好：第一，耐心调解，教化育人。为了能够缓解双方矛盾，蓝鼎元共计开	【预设回答 1】 亲族、官府 【预设回答 2】 • 情感变化：从争执不下，到真心知错、痛哭流涕。 • 调解方式：提出开棺问罪、威慑、拘禁他人、与家人商量。 【预设回答 3】 (1) 做得好： • 花时间精力去调解。 • 通过教育说服来感化双方。	1. 通过问题 1 让学生了解古代调解纠纷有“民间调解”和“诉讼调解”两种类型。 2. 通过提问 2、3 让学生分析古代案例的调解特点，并能够辩证看待古代调解制度。让学生认识到中国调解文化背后的价值观是“以和为贵”，并发现古今“以和为贵”的不同。

续　表

环节	教学内容	学生活动	教学设计意图
	展了前后三次调解活动。并且在调解中反复提醒兄弟俩亲情的重要性，试图通过说服、教育的方式解决矛盾。 第二，调解技巧值得借鉴。 ① 转移矛盾焦点。在第一次调解中，蓝鼎元将“田产纠纷”的矛盾点转移到了兄弟二人对父亲的亲情上。 ② 调解立足于整体性。第二次调解中，蓝鼎元考虑到财产继承是一项关系到全家的事宜，因此让兄弟与自己的妻子进行沟通。 ③ 扩大双方利益，形成解决问题的方案。蓝鼎元提出的解决方案是让双方轮流耕种田产，共同占有土地受益。这样既解决了两人的经济利益矛盾，又维系了兄弟感情，扩大了双方的利益。 (2) 做得不好：私自动用刑罚（拘禁）、威慑当事人等程序性不规范的行为。 【总结】从同学们的分析中可以看出古代调解蕴含着“以和为贵”和德化育人等中华优秀传统文化理念，以及古代判官的调解智慧，这都是值得研究和学习的。但是，由于古代调解制度产生于封建社会，不可避免地会存在如采取强制性处罚措施、轻视个人权利等局限性，需要进行批判性继承并创新性转化。	• 蕴含着调解技巧。 (2) 做得不好： • 动用刑罚。 • 威慑当事人。 • 超出调解范围。	
三、博古通今，走进现代人民调解	**1. 人民调解制度** 【呈现材料】材料三：“邻里纠纷调解” 现代社会中的调解是如何贯彻“以和为贵”的呢？我们一起来看材料三：“邻居纠纷调解”。		1. 通过现代“邻里纠纷调解”案例，来了解人民调解制度的特点。

续　表

环节	教学内容	学生活动	教学设计意图
	【任务1】参照教材第84页，归纳材料三中的“调解启动环节”，说说体现了哪些人民调解的特点？ 【总结】人民调解委员会是依法设立的调解民间纠纷的群众性组织。人民调解要尊重当事人的权利，不得违背法律法规，且不收取任何费用。在材料三的“调解启动环节”，调解员与两位当事人的对话很好地诠释了人民调解的一些特点。 【任务2】分小组讨论在“正式调解环节”，你能够从调解员的身上学到哪些有用的调解方式或技巧？ 【总结】本案的调解员“通过亲切的称呼拉近彼此关系，能够挖掘当事人立场背后的利益诉求，最终形成替代性解决方案”，非常有特色且具有借鉴意义，正是这样一件件成功的调解案例，形成了具有中国特色的“东方经验”。 **2. 现代调解制度的“以和为贵”** 【提问1】“以和为贵”思想是古今调解文化的思想基础，对比古今案例，请你谈谈对“以和为贵”思想的理解。 【总结】第一，“以和为贵”来源于儒家提出的“礼之用，和为贵”，是我们中华民族历代相传的优秀传统文化的精髓，值得继承和发扬。第二，古代“以和为贵”的文化理念存在滥用私刑，采用胁迫、威慑的方式推动双方和解的情况，看似是自愿的调解，却是以牺牲个人利益为代价的。第三，现代的“以和为贵”是建立在自愿、法治的基础之上的。调解不再以牺牲私权为代价，而是更好地维护彼此权益的一种解决纠纷的机制。	【预设任务1】 尊重当事人权利、不收取任何费用、调解民间纠纷的群众性自治组织。 【预设任务2】 • 提出替代性解决方法。 • 挖掘表面现象背后的原因。 • 尊重当地的习俗和习惯。 【预设回答1】 古代的“以和为贵”是带有强迫性质的，但是现代的调解是有程序来保证的，更加地公平民主。	2. 通过总结古今的调解技巧，了解“东方调解经验”的具体内容。 3. 对比古今调解案例，理解现代调解中的“以和为贵”是建立在自愿和法治基础之上的。

续　表

<table>
<tr><th>环节</th><th>教学内容</th><th>学生活动</th><th>教学设计意图</th></tr>
<tr><td>板书</td><td colspan="3">
“以和为贵”选调解
一、调解
1. 定义：第三方，排解、疏导、说服教育，自愿
2. 类型：民间调解　官府调解
民间调解 ↓ 诉讼外调解
官府调解 ↓ 诉讼调解
二、人民调解
要尊重当事人的权利、不收取任何费用、调解民间纠纷的群众性自治组织。
<table>
<tr><th colspan="2">调解技巧</th></tr>
<tr><td>古代案例</td><td>• 转移矛盾焦点；
• 调解立足于整体性；
• 扩大双方利益，形成解决问题的方案。</td></tr>
<tr><td>现代案例</td><td>• 从立场中找出利益；
• 尊重当地的习俗和习惯；
• 提出替代性解决方法。</td></tr>
</table>
</td></tr>
</table>

附录

材料一：我国 2005—2018 年各级法院办案数增长情况①

年份	各级法院办案数	上升幅度	备注
2005 年	7 940 549	0.85%	
2006 年	8 105 007	2.07%	
2003—2007 年	31 784 000	1.59%	五年增长率
2008 年	9 839 358	11.17%	诉讼费改革
2009 年	10 540 000	7.20%	
2010 年	10 999 420	11.01%	
2011 年	11 483 394	4.40%	
2008—2012 年	56 105 000	29.30%	五年增长率
2013 年	12 947 000	4.40%	
2014 年	13 797 000	6.60%	

① 高碧青. 基于重配治理责任思路的民事纠纷诉调困境出路探析——以“诉讼爆炸”的司法应对为视角[J]. 司法改革论评，2020(2)：206—216.

续 表

年份	各级法院办案数	上升幅度	备注
2015 年	16 714 000	21.10%	立案登记制
2016 年	19 772 000	18.30%	
2013—2017 年	85 984 000	55.60%	五年增长率
2018 年	25 168 000	10.60%	

材料二:蓝鼎元“兄弟讼田案”调解过程

第一次调解:蓝鼎元对争执不下的两人说,“你们都说得有理,这意味着责任在你们的父亲。谁叫他不做出一个清楚的决定?需要你们和我一起‘开棺问罪’,你们愿意吗?”两兄弟面面相觑,无地自容。蓝鼎元补充说道,“田产比起兄弟亲情,实在是区区小事,为这等小事打官司,值得吗?”随后补充道,“兄弟相争是不对的,我也不能轻易断案,你们一人伸出一只脚,我放在一起夹,能够忍耐不说痛的,田产归他。我不管你们伸出左脚还是右脚,伸出不痛的那只”。兄弟俩说,“都很痛”。蓝鼎元说,“那肯定都很痛,你们兄弟俩就像父亲的左右脚一样,怎么舍得作出取舍呢?这件事明天再审”。

第二次调解:蓝鼎元知道兄弟两人各有两个儿子,于是出了个“主意”。命人将他们的四个儿子全部拘禁,说:“你们父亲有两个儿子,才有了今日的纷争。阿明是长兄,留下长子,阿定是弟弟,留下次子。”阿明、阿定一听心中更加慌张,阿明说,“小民知罪了,愿将田产全部给弟弟,永不计较”。阿定也是如此,说自己不接受田产,愿意把田产留给哥哥。蓝鼎元说:“你们两人不是真心的,我不相信你们。”二人叩首表示,“我们都是真心实意悔改,上天可鉴”。蓝鼎元考虑了一会,说:“你们可能是真心的,但是你们的妻子未必这样想,你们回家和家人商量一下,三日后再来。”

第三次调解:过了三日,兄弟两人及其妻子、族人头领到官府,要求和解。阿明、阿定两个人痛哭流涕说:“我两个真是罪该万死,不知天理情义,叫蓝大人费了仁爱之心。今日的确如梦初醒,追悔莫及。我们发誓,永远不争这份田产了,请准许我们将这份田产捐献给佛庙寺院。”蓝鼎元很是吃惊:“真是一对不孝之子!父亲流血流汗,辛苦一辈子才留下了这份家当,你们兄弟二人鹬蚌相争,叫别人渔翁得利,死者九泉之下能瞑目吗?照理说,做兄长的应该让弟弟,做弟弟的应该敬兄长,互让不行就要还给父亲。现在这田产只能作为祭奠你们父亲的资产,兄弟二人轮流收租祭祀,子子孙孙不得再起争端。这叫什么？一举多得！”阿明、阿定以及亲族十分感激，拜叩之后离开。自此之后，亲族邻里更加和谐友好，民间依照礼教谦让有礼。

蓝鼎元事后评价该案子说，“按照一般审判方法，应该各打三十大板，将田地分成两份，三两句话即可，现在费了周折，苦口婆心，但这样毕竟效果显著，只有这样才能叫百姓守法，才能叫为官者政绩显赫，也能让亲属邻里遵循礼治、相亲相爱。”①

——中华法案大辞典

材料三：“邻里纠纷调解”②

一、案情简介

张建国(男，40岁)与李萍(女，50岁)互为邻居，两栋房子后院紧密相连，并且有一道共用的承重墙。后来某天，张家拆除原先的房子盖新房，张家新房的边界从承重墙处往里缩小了一尺。自从重新建房之后，张、李两邻居的联系就变少了。李萍说张家新房地基高，湿气容易流向自己家，且后院雨天容易积水，于是开始在两家墙中间挖水渠，张家试图劝说，声称不要将墙挖倒了。某天雨夜，李萍继续挖渠道，张家听到动静后前往查看。就在此时，张家的院墙突然坍塌，将李萍砸倒在地。张建国立马帮助李萍包扎伤口，并告知李萍的女儿。后来李萍女儿将老人送往医院，住院共花费3 500元。双方主张如下。

李萍主张：由于张家墙院建筑不牢固倒塌致其受伤，应该由张家来承担住院费3 500元。

张建国主张：李萍受伤完全是咎由自取，且挖倒自己的墙院，应该赔偿修补费1 000元。

二、调解过程

（一）调解启动程序

调解员（起身泡茶送到张、李二人面前）：两位好，天气渐冷，喝点暖茶。我是田泽乡人民调解委员会专职调解员，我们是帮助老百姓解决纠纷的组织，且不收取任何费用。现在由我来担任二位的调解员，两位都同意吗？你们放心，我不认识两位，不会偏袒任何一位的。

① 郭成伟，肖金泉．中华法案大辞典[M]．北京：中国国际广播出版社，1992.

② 廖永安，覃斌武，段明．调解经典案例评析[M]．北京：中国人民出版社，2020.

张、李：既然你都这样说了，我们同意。

调解员：下面我介绍今天的调解安排。其实就和平时的聊天差不多，不过多了几条规矩：第一是待会儿我们轮流说话，一个人说话的时候另外一个人不要插嘴。第二是要始终保持和气，不要吵架骂人。第三是调解过程中如果有话不好说，可以单独和我说。最后我们的调解是保密的，未经同意不会公开，两位同意吗？

张、李：我们没什么见不得人的，可以、没问题。

（二）第一次面对面调解

调解员：看了二位的调解申请表，还是有些地方不明白，大姐年纪大些，我们让大姐先说明一下情况，可以吧。

张建国：可以的。

李萍：我屋子地面潮湿，然后上个月我去挖一条沟，结果他们家墙砌得不紧，结果垮了，把我砸伤了。我住院花了3500元，我想要让他们家赔我。

调解员：既然如此，大姐这边的诉求就是赔偿3500元，来听听建国兄弟是怎么想的？

张建国：那天下雨，她在我们家院墙外头挖沟，那个地方本来就是我们家的，我让她不要挖了，结果她就是不听，都挖到墙根了，然后墙就垮了啊！她当时晕了过去，我还帮她包扎了，给她女儿打电话了呢！

调解员：你说大姐挖的地方是你们家的？

张建国：我新建房子，往原先的地方退了一尺，所以现在的房子和中间那个一尺宽的地方，是我们家的。她挖倒的地方我找人重建还花了1000元，她要赔偿我。

李萍（两人争吵）：那是你家地基高，湿气会流到我家……

张建国（两人争吵）：我家走的是另外一条管道……

调解员：两位，冷静一下。我明白了，我刚刚听完两位的意见，我想分别和你们谈谈，我先和建国兄弟谈谈，等会再和大姐谈，可以吗？

（三）背靠背调解

1. 第一次与张建国谈话

调解员：建国兄弟，我们的谈话是保密的，除非你同意，否则不公开的。你怎么看待大姐挖沟的事情呢？听说你之前想让这个事情就这样过去，为什么现在又想找她要1000元修补费。

张建国：是的，我说了，那个地方是我们家的。现在人善被人欺啊！我不找她要修补费，她来找我要医药费。如果我不赔偿她，她的儿子还扬言要打我。

调解员：那这样，要是等会我和大姐谈，她愿意让步的话，你这边呢？

张建国：到时候再说吧。

调解员：刚才你们吵起来的时候，你说你们家排水用的是另外一条水沟？

张建国：是这样的，原先是连在一起，现在我家自己挖了一条水沟从右边出去了，她家潮湿和我们家完全没有关系。

2. 第一次与李萍谈话

调解员：大姐久等了，您大老远跑来，辛苦了。我刚才和建国聊天，听说你们两家之间感情很好的。

李萍：说到这个我就来气，之前去他们家，又是端茶倒水，还给我吃水果蛋糕，自从他们家盖了房子，态度就变了。后来我去他们家，家里明明有人却不开门。还把门锁起来，不让外人进去。不就是嫌弃我们家穷吗？他们家盖了新房，多气派啊，我们家呢，还是土砖屋。

调解员：大姐我也听明白了，我觉得吧建国也不是坏人，你摔倒的时候，他还帮你包扎。

李萍：那他还找我要修墙费用呢！

调解员：大姐，这事我也问建国了，他原本没有想找你要钱。你看他都把墙重新修了，想找你要的话早就要了。主要是因为您的儿子私下找他，对他态度不好嘛。换谁都会生气。

李萍：我不知道这个事情，那他现在还找我要钱吗？

调解员：这个我就不知道了，等会我去问问他。您现在的立场就是找他要医药费是吧？

李萍：还有我要挖条沟，不然我家的湿气重，我腿受不了。

调解员：这个嘛，建国兄弟说你们家的湿气和他们没有关系。因为他们在新房子的右侧重新挖了一条排水沟，所以应该是不影响你们家的。

李萍：你没有住过我们农村，你不知道，他们地基高，湿气就是会过来。

调解员：您别急，我和建国商量一下，看他能不能同意在你们两家中间挖一条沟。

3. 第二次与张建国单独对话

调解员：我刚才和大姐谈过了，我干了这么久的调解员了，误会这个事情呢，很难说的。但其实都不是大不了的事情，一般两边都不是故意的。有时候可能说者无心，听者有意。建国啊，你们家旁边那条窄的地方，可不可以大方一点，让她挖一条沟？

张建国：那要看她，她还要我赔3500呢。如果她不要我赔钱，我可以让她挖一条沟。其实她家潮湿主要是因为土地，打上水泥就不会了。

调解员：好了，我知道了，我再和大姐谈谈。

4. 第二次与李萍单独对话

调解员：我和建国谈了谈，他说他年轻应该让着你，如果你不找他赔钱，你挖沟也可以，但是地方仍然是他家的地方。

李萍：可以啊，我也不是要他家的地方，但是钱他还是要赔偿的。

调解员：大姐，我觉得吧，你们都这么多年的邻居了，为了一点小事不开心，特别不值得。我觉得建国兄弟也表明了态度，咱们也让一步？

李萍：我和你讲，我一个老婆子，吃的是低保，让多了不行。

调解员：那让多少呢？

李萍：我自己出1500，建国出2000，可以吧。

5. 第三次与张建国单独对话

调解员：我刚刚问了大姐，她愿意做出让步。你看大姐一个人住，没有收入来源，子女不在身边，你就让着点？如果你愿意出2000医药费，我觉得我可以说服大姐。

张建国：不行。

调解员：那一半呢？

张建国：这不是钱多钱少的事情，要是我给她赔钱，那不就说明我承认她受伤我有责任了吗？

调解员：我们调解不是打官司，赔钱不代表什么。

张建国：那不行，这个钱我一分都不出。

调解员（停顿）：建国兄弟，你说的也有道理。你们邻居当初是公用一面墙是吧，你们家换了新房子之后，那面承重墙就还是破旧的，你是否可以搞点水泥帮大姐粉刷一下墙，再打个水泥地呢？

张建国：你的意思是我不给她医药费，而是帮她刷墙面。我算了一下，我可以出1600的材料和人工费，李姐还要出剩下的1000元。

调解员：好的。

6. 第三次与李萍单独对话

调解员：经过商量，你的医药费，建国不出了。但是他可以帮你出1600的材料和人工费帮助你维修墙面和修水泥地，你需要支付另外的1000元。这不仅是钱的问题，建国是搞这一行的老师傅了，修得肯定比别人好，你就放心。这样你的房子也可以搞好，邻里关系也处理好了，这才是关键。

李萍：这样啊，那就行吧。

最后，调解员把李萍和张建国请到调解室，再次重复和解的方案。按照双方的意见，在案卷中记载了和解的方案并请双方签字、按手印，至此案件顺利结案。

（吴梦恬）

第六章

社会保障题材的开发：以明代养老制度与潮汕善堂为例

第一节　明代养老制度与潮汕善堂的教育价值

社会保障是人类社会的永恒话题。尽管社会保障（social security）一词最早出自美国1935年颁布的《社会保障法》，但作为一种制度形态，其在我国西周时期就已经产生，在从西周到清前期的漫长历史进程中，形成了一套完整的社会保障体系。这个体系有着不同于西方的思想基础。政府、民间、宗教、宗族、基于业缘和地缘的自保互助组织等主体参与了保障事务，多元化的举办主体承担着全面的保障项目，并有一套严格而实用的管理监督制度，保证制度或诏令的实施效果。在我国传统的社会保障体系中，明朝的养老制度和潮汕善堂的社会互助体系尤为突出地体现了我国社会保障思想的精髓，值得今天的我们关注和借鉴。

一、古代养老制度中的典型案例

（一）明代养老制度

我国明代的社会保障政策在明太祖朱元璋的大力倡导下，形成荒政、养老、存恤孤贫以及优抚军人等措施，体系完备。其中，养老政策内涵丰富，包括制度设计（官员养老制度、平民养老制度、孤老养老制度、对老年人犯罪和老年人家属犯罪的法律优待）和养老待遇（政治荣誉、物质赏赐、多途径养老、倡导孝养、优待高年）。

明代养老制度具有以下特点：第一，立法完备，监督到位。《大明会典》等律法专门编纂养老篇，从法律层面出台详细、具体的养老规定。《大明律》中颁布惩治子女不孝的条款。其中规定，家有祖父母在八十岁以上生病者，且家里没有可照顾老人而自己将老人置之不理者，以及谎称老人生病需回家侍养者，均罚杖八十大板。其来由是“此见亲年八十以上及笃疾，皆侍人以为养，若子于父母，孙于祖父母年老及笃疾，其家别无以次人丁可以奉侍而辄忍违弃之者，是以亲为路人而有违亲之恶……故杖八十”。明代不仅设立完备的律法，还对律法的实施实行进行严格监督。例如，针对孤老群体的养老问题，明代政府严格要求州县政府务必将其收入养济院，如果未按规定执行，将对相关官员给予六十大板的刑法处置。第二，途径多样，分层次养老。明代养老可根据老人的身份划分成官员养老和平民养老。官民有别，官员养老待遇明显高于平民养老。明代针对官员养老问题出台细致的法律规定，探索出移亲就养、分俸侍养、辞官终养、致仕终养等养老方式。例如，《大明会典》规定，父母在七十岁以上的官员，准许其将父母接到做官当地俸养，此条律文意味着移亲就养制度走向成熟。就平民养老而言，明政府采取了针对不同人群的不同办法。例如，对于那些有田地和子孙后代的老人，责令其子孙后代抚养；对于家庭贫困但是有子孙后代的老人，由其子孙后代抚养老人并由政府给予补贴的方式予以帮助。第三，法律适用范围较小。上述所提到的明代养老政策仅适用于男性，将女性排除在外。这反映了封建等级制度在男女地位和社会福利待遇方面不平等的事实。

（二）潮汕善堂

善会，即由民间自由结社形成的慈善组织；善堂，即善会的办事机构以及行善场所。民间的慈善事业自古皆有，但以慈善为目的的民间结社，产生于明末，盛行于清代。

潮汕善堂是一种本土性的传统民间慈善组织。目前，潮汕地区的善堂数量仍达到300多个。在谈到潮汕善堂的由来时，就不得不谈到宋朝时期的一位高僧——释大峰和尚（1039—1127年）。后人被大峰和尚修桥铺路、收骨殓尸、扶危济困的善举所感化，建立了“报德堂”报答大峰和尚建桥功德。就这样，潮汕地区第一个善堂——报德堂就此诞生。随后，潮汕各地纷纷建立起了善堂善社，将大峰祖师奉为慈善事业的开山祖师予以崇祀，乡民纷纷向善堂捐献财物，于是，善堂开始大行修桥铺路、收骨殓尸、扶危济困的慈善事业，以弘扬释大峰祖师慈悲博爱的精神。

汕头存心善堂始建于清光绪二十五公元年（公元1899年），距今已有一百多年的历史。存心善堂作为汕头五大善堂之首，是潮汕地区规模最大、影响力最广的善堂。民国期间由于军阀混战，天灾人祸横行，瘟疫滋生，民众苦不堪言，特别是1939年汕头沦陷之后陷入无政府状态，适逢潮汕三年大饥荒，逃荒饥民无数，尸横遍野，惨不忍睹。汕头存心善堂在海内外各慈善团体和各爱国热心人士的鼎力支持下，先后成立了存心水龙局、存心医院、存心儿童教养院、存心学校、存心施粥局、存心掩埋队、存心救护队、存心义山等一系列救助机构，赈济饥民，救活救护难民无数，收埋无主难民尸骸，特别是存心学校和存心儿童教养院收养爱国抗日烈士遗孤和国难孤儿甚多，得到海内外各界高度赞扬和肯定。

二、古代养老制度的当代价值

老有所养、老有所依、老有所乐、老有所安，是社会进步的重要标志。当今社会，面临日益严峻的人口老龄化趋势，处理好养老问题迫在眉睫。按照世界卫生组织的标准，当一个国家或地区 60 岁以上的老人超过总人口数的 10%，或者 65 岁以上的老人超过总人口数的 7%时，称为“老龄化国家”，当 65 岁以上的老龄人口超过总人口数的 14%时，称为“老龄国家”。这个过程，法国用了 115 年，美国用了 72 年，英国用了 47 年，而中国只用了 18 年。国家统计局 2023 年 2 月 28 日发布的《中华人民共和国 2022 年国民经济和社会发展统计公报》显示，截至 2022 年底，60 岁及以上人口已达 28 004 万人，占总人口数的 19.8%。其中，65 岁及以上人口达 20 978 万人，占总人口数的 14.9%。据世界银行统计估测，预计到 2030 年，我国老年人口将增加到 32 845 万人，占世界老年人口总数的 26%。现在世界上每 5 个老年人中就有 1 个中国老年人；预计到 2030 年，世界上每 4 个老年人中就有 1 个中国老年人。2020—2050 年为我国人口老龄化最快的阶段，预计老年人口数的比重将从 17.17%上升到 30.95%。如此庞大的老年队伍，对于还没有进入经济强国的中国来说，属于“未富先老”。伴随深度老龄化而来的是令人担忧的老年健康状况。目前，我国失能、部分失能老年人口数约为 4 400 万，失智症患者人口数约为 1 000 万，另有超过 1.8 亿老年人患有慢性病，而慢性病老人发生失能的风险是未患病者的 2.49 倍，这部分老人不但需要生活照料，而且迫切需要医疗服务的介入。

要完善我国的社会保障制度，不仅需要研究当前的经济和社会发展状况，还有必要研究我国社会保障发展的历史，从古人的社会保障智慧中汲取精华。

明代养老制度已含有当代中国倡导的社会救助和社会福利思想。明代政府设立养济院属于社会救助，对达到年龄的老年人实行物质补助是社会福利的体现。明代政府多途径养老的方式，也蕴含了现代养老模式的萌芽。家庭养老是明代最主要的养老方式，养济院养老是现代社会中社会养老的雏形，而鼓励亲戚、邻里承担养老的责任，仍是适用于现代社会的养老方式。

潮汕善堂作为本土性的传统民间慈善组织，自宋代成立以来一直发挥着重要作用，是民间慈善事业的先锋，体现了社会互助精神。学生通过学习古今善堂的发展演变，可以理解第三次分配的重要性，并为慈善等社会公益事业的健康发展出谋划策。本文选取潮汕善堂的典型代表——汕头存心善堂作为主要案例，挖掘汕头存心善堂在发展过程中遇到的问题，借鉴明清善堂的有益经验，为民间慈善组织的现代转型提供意见、建议。此外，运用“存心善堂旧址事件”，还可以让学生探讨政府的经济职能和作用，认识到政府的经济职能之一是通过加强和优化公共服务，保障社会公平正义，促进共同富裕，更好地满足人民日益增长的美好生活需要；同时，通过分析政府和民间慈善组织之间的互动和博弈现象，探讨政府和社会之间的关系，深化有关“管制型政府”转向“服务型政府”的理解。

只有在历史长河中才能通过探究社会保障制度的继承和渐进变革的运行规律，探索该制度在国家政治经济体系中的地位和作用，研究其存在和发展的客观必要性和现实价值。新时代的青少年需要直面现实社会的真实、复杂情境，在思考养老、社会保障、政府与民间慈善组织的良性互动等问题时，可以吸收我国古代社会保障政策和明代养老政策的智慧，取其精华、弃其糟粕，树立文化自信，为其解决真实情境下的复杂问题提供思路和方法。

三、教材内容与古代养老制度的关联

教学资源的选取要考虑教材的知识逻辑，同时也要具有创新性、典型性、前瞻性、探究性。笔者根据高中思想政治必修二第二单元第四课第二框“我国的社会保障”的内容，重点结合这一框中第一个“相关链接”，从明代养老制度中挖掘有助于体现我国古代社会保障思想以及有助于学生理解社会保障的作用与完善社会保障体系重要性的素材，设计了一课时的教学活动。此外，结合“综合探究”的要求，从以潮汕善堂为代表的民间善会中挖掘了体现社会互助精神和智慧的素材，设计了两课时的探究活动，让学生围绕善会这样一种民间慈善组织的运营、管理、服务和政府对民间慈善组织的监管与合作，探究政府与善会良性互动的方式和意义，探讨社会互助高效运行所面临的困难以及可以采取的措施，并思考完善第三次分配的方式。通过对上述素材的加工，确定使用如下材料创设情境并展开教学：“我国古代社会保障制度的演变”“多元化的社会保障机构创办主体”“明代的养老政策”“明代的养老问题”“善会”“潮汕善堂”

"存心善堂旧址事件"。"我国古代社会保障制度的演变"讲述了自西周到清朝历代社会保障制度的特点；"多元化的社会保障机构创办主体"呈现了官办社会保障机构、民办社会保障机构、宗教组织举办的社会保障机构、宗族内创办的社会保障机构、商人以业缘和地缘观念创办的社会保障机构；"明代的养老政策"主要介绍了官员养老制度、平民养老制度及对"孤老"的四种保障措施；"明代的养老问题"简述了官民有别、官吏有别、官官有别、等级森严、男女不平等问题；"善会"介绍了明清时期的善会；"潮汕善堂"介绍了潮汕善堂的由来、特点和发展瓶颈；"存心善堂旧址事件"详细介绍了存心善堂与地方政府在多年的过程中围绕旧址的所有权和使用权问题所进行的博弈过程。

（纪玉杉）

第二节　教学设计

一、教学设计一：从明代养老制度看我国古代社会保障智慧

（一）教学设计依据

1. 课程标准

高中思政课程标准要求学生"了解我国个人收入的方式与合法途径，解释个人收入分配政策的完善；评析实现共同富裕、促进社会公平正义的收入分配与社会保障政策，列举完善社会保障体系的措施"。并在教学提示中，建议以"如何从收入分配中品味获得感"为议题，探究实现共同富裕、完善个人收入分配的意义和途径。可查阅统计部门的资料，或通过走访政府有关部门的工作人员，了解哪些收入形式属于初次分配，哪些属于再分配；或统计家庭收入中来自初次分配和再分配的情况。可走访当地财政部门、社会保障部门、居民等，评析政府运用再分配手段保障和改善民生的举措。尝试对促进社会公正、实现共同富裕、营造良好社会风尚、完善社会保障的政策提出建议。

2. 教材

本课时依据高中思政教材必修二《经济与社会》第四课"我国的个人收入分配和社会保障"的第二框"我国的社会保障"。本框内容分成两目："多种多样的社会保障""完

善社会保障体系”，阐述了社会保障的作用、社会保障的形式和完善社会保障体系的方式。

第一目下设一个“探究与分享”、五个“相关链接”。“探究与分享”通过四个不同年龄和职业的人之间的对话，引出社会保障的作用和社会保障的形式。第一个“相关链接”列举了我国古代三本典籍中的话语，表现出我国优秀传统文化中蕴含的社会保障思想；第二个“相关链接”介绍了经济保障和服务保障的形式；第三个“相关链接”简述了补充性的社会保障形式，包括企业年金和社区服务；第四个“相关链接”介绍了商业保险，并用表格的方式对比了商业保险和社会保险；第五个“相关链接”简述了灾害救助和最低生活保障的基本内容。

第二目下设三个“探究与分享”、两个相关链接。第一个“探究与分享”以图表的方式展现了我国城乡居民养老保险不断完善和进步的过程，引出完善社保体系的第一条措施，即“要公平对待每个公民并确保其享受相应的社会保障权益”。第二个“探究与分享”介绍了二战后欧洲国家的高福利政策给财政带来巨大压力的事实，引出完善社保体系的第二条措施——“既要尽力而为，又要量力而行，要坚持社会保障水平和经济社会发展相适应”。第三个“探究与分享”设计了小王想“退保”的情境，引出完善社保体系的第三条措施，即“权责清晰”。第一个“相关链接”展示了全国社会保障基金的构成。第二个“相关链接”展示了《中华人民共和国社会保险法》第二十三条和第二十五条的相关内容，彰显法律的作用。最后，以完善社会保障体系的总措施结束这一框的内容。

3. 学情分析

在学习第四课之前，学生已经掌握了基本经济制度、公有制经济与非公有制经济的地位与作用、社会主义市场经济体系、宏观调控、以人民为中心的发展思想、新发展理念、供给侧结构性改革和我国分配制度的相关内容。在学习第四课第一框的时候，学生已经清楚社会保障属于再分配的一种形式。经过之前的学习，学生对我国的经济社会发展情况已经有了较为系统的认识，具备一定的经济思维和科学精神，能够用理论对我国经济社会的现象作出一定分析。但是，学生虽已知道社会保障属于再分配的一种形式，但是对设立社会保障的原因和意义并不清楚。学生缺乏相应的知识基础以及对现实生活复杂性的认知，对社会保障体系的理解表现为深度和广度的不足。此外，由于教材仅简要地引用了三句古书上的话语，缺乏具体事例，所以学生较难感悟中国古代保障思想的精髓及在历史上的先进性。

(二) 教学目标

1. 能举例说明我国社会保障的形式、社会保障的作用、完善社会保障体系的措施,分析我国不断完善社会保障体系的原因,分析社会保障与经济发展的关系。

2. 能通过阅读古代社会保障相关资料,从我国古代社会保障政策的变迁中,感悟我国古代丰富的社会保障思想,尤其是社会互助的智慧,增强文化自信,厚植爱国主义情怀,并对我国现行经济发展状况下的社会保障制度产生认同。

3. 能够从多个角度辩证地分析明代养老政策的利与弊,了解古代将社会保障政策写入法律的事实,从而增强法治意识和科学精神;加强对养老等社会热点问题的关注,能够借鉴古代养老智慧,为完善我国养老保障制度提出对策与建议,以实际行动关注并参与到我国养老事业的发展之中。

(三) 教学重难点

1. 重点:通过古今社会保障政策对比,把握社会保障的形式和作用。

2. 难点:理解我国当前养老制度面临的问题,能够借鉴古代养老智慧,为完善我国养老保障制度提出对策与建议。

(四) 教学设计思路

议题:如何完善我国的养老制度?

问题一:古代中国的养老制度可否为今天借鉴?

问题二:我国的养老制度需要解决什么问题?

(五) 教学过程

环节	教师活动	学生活动	教学设计意图
导入	上节课我们学习了我国的社会保障制度,知道养老保险是社会保障的重要组成,这节课我们一起进一步探究我国的养老问题。 **板书:我国的养老制度** **【问题 1】** “老有所养”,是千百年来我们一直在追求的理想,《孟子·梁惠王上》有言:“老吾老以及人之老”。这句话的意思是在赡养孝敬自己的长辈时,不应忘记其他	**【预设回答 1】** 现在还没有实现,但是相信未来一定会有进步。	养老问题离高中生日常生活较远,所以课堂导入环节需要呈现冲击性较强的图片,来引发学生的思考和关注,从而引发学生的探究兴趣。

续 表

环节	教师活动	学生活动	教学设计意图
	与自己没有亲缘关系的老人。朱元璋在推行以孝治天下时曾经说:“人生在世最重要的感情就是亲情,所以一定要做出努力让每一个人都能为父母尽孝道。一个人的孝义会传递给身边的人,久而久之,社会中便会形成良好的风气。” 可见,我们古代就有这样的美好理想,到了今天,你们认为这个理想实现了吗? **【呈现】** 展现老年人不同生活情境的图片。 针对第一组图片问:所有的老人都是这样幸福快乐吗? 针对第二组图片问:图片中的老人面临什么问题?他们需要什么? **【讲解】** 除了这些还有自理能力的老人,我国目前还有5400多万的失能、失智老人,他们当中,有些人只能在病床上度过自己的后半生。这部分老人不但需要生活照料,而且迫切需要医疗服务的介入。 **【问题2】** 人老后,会面临各种难题,比如需要家人的陪伴、农村老人的养老金很低(列举数据)、失能失智老人还未得到很好的照料。针对这些问题,我国在2013年7月1日施行了《中华人民共和国老年人权益保障法》,但是依然有很多问题没有很好地解决。你们觉得这些问题该怎么解决呢? **【总结】** 其实中国古代就为养老问题做了很多探索,积累了很多经验。我们来看看古人是如何解决养老难题的,思考一下古人的经验能否为我们所借鉴。	**【预设回答2】** 需要儿女的陪伴;养老金少。 **【预设回答3】** 政府提高农村老人养老金额度;与其他单位合作,提供丰富多彩的文娱活动;健全制度和法律,规范养老机构的运行和管理。	教师通过呈现真实数据,让学生直面现实社会的养老困境,思考解决办法。

续 表

环节	教师活动	学生活动	教学设计意图
一、古代中国的养老制度可否为今天借鉴?	**【呈现材料】**材料一:我国古代社会保障制度的演变 **【问题 1】** 历朝历代社会保障政策都关注哪些方面?有哪些共同点?有哪些发展? **【问题 2】** 古代社会的经济不如今天发达,社会远没有达到今天的富裕程度,那么为什么各朝代都采取过社会保障相关的措施?社会保障能发挥什么作用? **【总结】** 各朝代采取社会保障措施的根本原因是维护封建专制统治,此外还有帮助灾民解决眼前的困难,维持基本生活,维护社会秩序稳定等作用。明代设立养济院、惠民药局等,调节不同社会群体的利益关系,以化解社会矛盾、冲突并促进公平;清朝注重家庭养老与政府、宗族等的支持相结合,通过社会成员的自助与他助,推动社会持续健康发展。	**阅读材料,小组讨论:** **【预设回答 1】** 历代的社会保障多关注老幼病残等人的生活,减少灾害对平民造成的影响;社会保障政策逐渐制度化、法律化,保障措施越来越细致,出现了多元主体以及专门的机构。 **【预设回答 2】** 维护封建王朝统治。社会保障能发挥维护社会稳定、化解社会冲突的作用。	通过探究历代社会保障政策的异同点,总结社会保障的作用。
	【问题 3】 养老问题可以说是世界各国政府都面临的难题。有人提出养老应该主要由家庭承担,有人则认为政府应承担主要职责。你们觉得呢? **【问题 4】** 如果我们只依靠家庭和政府,能够解决所有的养老问题吗?比如农村的年轻人在外地打工,无法回老家照顾年迈的老人;独生子女无力照顾瘫痪在床、无法自理的老人等。 **【讲解】** 官办社会保障机构的覆盖面毕竟有缺失,在保障地域上只能延及通都大邑,即	**【预设回答 3】** 大多数老人还是在家庭中养老的,所以家庭要承担主要责任,但是这个过程中需要政府给予协助,比如提供上门医疗服务,规范这方面的服务,提供上门巡诊、家庭病床、护理等老年人迫切需要的服务,特别是满足失能、重病、高龄老年人的刚性需求。	通过设问引发学生对养老方式和养老主体的思考,并通过呈现古代社会保障机构的措施,挖掘古代社会保障方面的智慧,引出社会保障的形式。

续 表

环节	教师活动	学生活动	教学设计意图
	设有正式行政建制的府、县级城市；在保障人数上也毕竟有限，难以惠及大众。而灾害影响最为严重的却是广大的乡村地区，官办社会保障机构却覆盖不到那些地方，其他主体创办的社会保障机构恰恰弥补了这一缺失。我们来看看古代的经验能带给我们什么启发。 **【呈现材料】**材料二：多元化社会保障机构的创办主体 **【问题5】** 不同社会保障机构所起的作用有什么不同？ **【讲解】** 社会互助思想源远流长，是我国古代社会保障体系的重要思想内核。因此，社会保障制度的完善在强调国家责任的同时，也要注重民间的自救与互助；在强调制度安排的同时，也要注重民间捐助、社区救助等非制度安排。 **【呈现材料】**材料三：明代的养老制度 **【问题6】** 子女都在外地工作，要很久才会回来看老人一次，老人很孤独、无助，该怎么办呢？是否可以借鉴明代官员养老和平民养老的经验呢？ **【总结】** 可以批判性地借鉴明代官员养老和平民养老的经验。明代官员养老中就有“移亲就养”，将老人接到孩子做官所在地养老；针对不便回家的官员，可以“分俸原籍”，将自己的一部分俸禄划到父母所在地。针对平民养老，可以采用物质补助、养济院收养等措施。这些措施	**【预设回答4】** 不能解决，因政府的财力和覆盖范围有限；政府也许不知道哪些人需要帮助；能解决，因为古代官方的措施已经很完善了。 **【预设回答5】** 官办的社会保障机构具有托底的作用，是最广泛、最普遍的方式；民办的社会保障机构大多是由富商出资设立的。 **【预设回答6】** 可以借鉴。明代养济院收养老人的形式与现代社会的养老院有相似之处。子女要尽孝道，给予物质支持。明代官府会给予物质帮助，现代社保制度也可以借鉴。 **子女：**常回家看看；有条件的子女可以把父母接到身边。	充分挖掘明代养老制度的有益做法，结合中国养老实践，补充、完善、开拓养老措施。

续　表

环节	教师活动	学生活动	教学设计意图
	给予我们启发。目前，我国通过《中华人民共和国民法典》《中华人民共和国老年人权益保障法》等对老年人的养老问题进行了较为细致的规定，“常回家看看”已经入法。 《中华人民共和国民法典》第一千零六十七条：“父母不履行抚养义务的，未成年子女或者不能独立生活的成年子女，有要求父母给付抚养费的权利。成年子女不履行赡养义务的，缺乏劳动能力或者生活困难的父母，有要求成年子女给付赡养费的权利。” 《中华人民共和国老年人权益保障法》第十四条：“赡养人应当履行对老年人经济上供养、生活上照料和精神上慰藉的义务，照顾老年人的特殊需要。赡养人是指老年人的子女以及其他依法负有赡养义务的人。赡养人的配偶应当协助赡养人履行赡养义务。” 《中华人民共和国老年人权益保障法》第十八条：“家庭成员应当关心老年人的精神需求，不得忽视、冷落老年人。与老年人分开居住的家庭成员，应当经常看望或者问候老年人。用人单位应当按照国家有关规定保障赡养人探亲休假的权利。”	**政府：**(1)完善立法和监督，优化公办养老院的管理和服务。(2)与企业合作，购买养老服务。(3)生活照料服务：成立农村日间照料中心，为老年人提供用餐等一般照料服务。(4)保健、康复服务：建立农村老年人健康档案信息，并提供健康教育、疾病防治、康复训练、心理卫生等服务。(5)文体娱乐服务：为老年人提供有益身心健康的文体娱乐活动、知识讲座、学习培训、歌舞、书画、图书和上网阅览等服务。(6)其他志愿服务：为老年人提供无偿、有组织的志愿者服务，义工服务和邻里、老年人互助服务。 **社会：**设立专门的养老机构，他们会提供送餐、生活缴费、陪医、日间照料等服务；慈善组织会经常组织敬老爱老活动，去看望孤寡老人。	

续　表

环节	教师活动	学生活动	教学设计意图
	【问题7】 养老保障制度是社会保障制度的重要组成部分。结合材料二和课本第51—53页，谈一谈明代的养老政策蕴含了哪些社会保障的思想？我国现在的社会保障体系比明代有哪些进步？	【预设回答7】 明代养老制度蕴含了我国现在社会保障制度的社会救助和社会福利思想。明代政府设立养济院属于社会救助，对达到年龄的老年人实行物质补助是社会福利的体现。目前我国社会保障的形式还包括社会保险和社会优抚。	补充社会保险和社会优抚的相关知识。
二、如何完善我国的养老制度？	【讲解】 前面学习了明代养老制度，好多同学都说没想到明代的养老已经有这么完备的措施了。但实际上，明代养老也有诸多局限性，阅读材料四，看一看明代的养老有什么问题？ 【呈现材料】材料四：明代养老存在的问题 【问题1】 明代的养老存在什么问题？我们可以吸取什么教训？ 【总结】 完善社会保障体系，要公平对待每个公民并确保其享受相应的社会保障权益。要建立起全民、城乡统筹的社会保障体系，维护好弱势群体的利益，缩小贫富差距，促进社会和谐发展。 【讲述】 建立社会保障体系，非常重要的一点就是要解决好资金的筹集问题，这是社会保障制度得以持续发展的前提。目前，	【预设回答1】 官民有别、官吏有别、官官有别、等级森严、男女不平等。	问题二通过三个问题，引出完善社会保障体系的三大措施。 通过介绍明代养老的局限性，引出课本知识点，即社会保障体系作为再分配的一种手段，要注重公平。

续　表

环节	教师活动	学生活动	教学设计意图
	我国养老保险主要是政府、企业、个人这三大主体按照一定比例缴纳,各方合理分担责任。但遗憾的是,社会统筹部分中还是有一些问题一直都没能得到很好的解决。 **【展示】** 根据《中国统计年鉴 2022》数据显示,2021 年,我国老年人口抚养比达到 20.82%,呈持续上升趋势。也就是说,在我国,每 5 个年轻人至少需要赡养 1 个老人。 分地区看,辽宁、重庆、四川老年人口抚养比排在前三位,均超过 26%,不到 4 个年轻人就需要负担 1 个老人。老年人口负担较轻的地区除西藏、新疆外,还包括广东,2021 年,广东老年人口抚养比为 12.64%,约 8 个年轻人负担 1 个老人。 面对各地差异悬殊的养老状况,我们应该怎么办呢? **【问题 2】** 观看下面的视频,思考:养老保险为什么要全国统筹? 视频简介:目前养老保险的社会统筹部分没能得到很好的解决,通过建立全国性的保险调剂金制度,实现全国养老保险一盘棋统筹。 **【总结】** 全国统筹制度已于 2022 年 1 月 1 日起实施,后续将建立中央和地方政府的支出责任分担机制,中央财政对养老保险的补助力度不会减小,地方政府的支出责任将更加明确,各级政府的责任都将进一步压实。通过加强对养老保险政	**【预设回答 2】** 国家加强调控;东部发达地区帮扶中西部地区…… 全国一盘棋,缩小地区差异,保障养老资金的使用……	通过思考“养老保险为什么要全国统筹”的问题,深化对社会保障体系的理解,要做到权责清晰、要健全多层次社会保障体系。

续 表

环节	教师活动	学生活动	教学设计意图
	策、基金管理、经办服务、信息系统等方面的统一管理,将有利于进一步提升保障能力,更好地确保养老金按时足额发放。 **【问题 3】** 养老金是不是越多越好? **【展示】** 伴随着老龄化程度的加深,欧洲多国老年人抚养比不断下降,社会养老负担不断加重。 法国政府预计,如果不进行必要的改革,到 2025 年,公共养老开支缺口将超过 170 亿欧元。意大利、希腊等国面临的形势更为严峻。这些国家养老金主要由财政资金提供,其中意大利公共财政约 30% 用于养老金开支。在公共债务不断上升的背景下,养老金开支压力进一步增大。 近年来,欧洲国家普遍采取延长退休年龄等措施,开源节流,探索社会化养老、提升医疗服务水平等多种养老方式,努力缓解养老压力。 **【问题 4】结合材料一** 为什么各朝代的社会保障有所不同?为什么有些朝代的保障措施更全面? **【总结】** 古代政府为百姓提供的社会保障待遇水平,一方面以当时经济发展水平和满足人的生理需要为基础;另一方面也受到国家财政状况的制约。在财政状况较好的情况下,提供的待遇水平高,覆盖范围广;反之,则降低待遇水平,缩小覆盖范围。 完善社会保障体系,既要尽力而为,也要量力而行,要坚持社会保障水平与经济社会发展水平相适应,保障适度。	**【预设回答 3】** 养老金越多越好,这样老年生活更有保障; 养老金不是越多越好,太多的话,国家财政负担重…… **【预设回答 4】** 社会保障的覆盖面和强度,同社会经济的发展和国家财政的充盈是紧密相关的。在阶级社会初期,由于生产力发展缓慢,社会经济的保障力有限,国家财政的承受能力也很弱,所以,该时期的社会保障力是很低的。但是到了封建社会的	视频内容和教师讲述部分,都是关于养老金好的一方面。但是,养老金是不是越多越好呢?通过这个问题,引导至欧洲各国养老金高昂,造成政府财政负担重的问题,让学生理解社会保障水平要与经济社会发展水平相适应。

续　表

环节	教师活动	学生活动	教学设计意图
		鼎盛时期,如唐朝、明朝等朝代,由于封建经济的高度发展,其社会救济、养老抚恤的能力明显高于其他朝代。	
作业与评价	【作业】 查阅我国关于养老的最新政策和法律法规,与明代养老制度进行比较,说说两者有哪些相同和不同,对当代养老制度的改进提出自己的建议。 【评价】 1. 能否利用已有的知识来解释该现象,并提出相应的对策建议。 2. 文字论证的逻辑性,引用资料的准确性和论点论据的说服力。		

附录:

材料一:我国古代社会保障制度的演变①

西周时期,周文公制定六项保安蓄息民众的社会救助政策,名为“保息六政”,可谓历史上最早的社会保障制度,其内容包括慈幼、养老、振穷、恤贫、宽疾、安富。

《管子》记载了春秋战国到秦汉的社会制度,其中就有“五行九惠之教”的记载,即老老、慈幼、恤孤、养疾、合独、问疾、通穷、振困和接绝,明确了国家应该承担的九个方面的社会保障责任,并在国、都设立相关的社会职业和管理机构,如掌老、掌幼、掌孤、掌养疾、掌媒、掌病等官职,通过不同的分工明确了具体的职责。

到了秦代,救助弱势群体更成为一种法律义务,由里典、伍老这样的基层官员具体负责,相当于如今的社区基层干部,他们要如实申报自己辖区内年迈、残疾、病弱等应当减免赋税和劳役的人口,并相应地为他们谋取一些社会福利。

魏晋南北朝时期战乱频繁,天灾不断,致使生灵涂炭,流民潮不断涌现,严重动摇

① 根据肖英.明代社会保障制度研究[D].长沙:湖南师范大学,2005.以及陈琛.清代社会养老制度研究[D].济南:山东大学,2017.改编。

了封建统治基础。魏晋统治者为了维护统治，出台政策解决流民问题。

隋唐时期，政府开始更多地关注贫病救济，制定了一系列制度和政策来完善国家的社会保障体系，建立起政府主导、私人参与的制度模式，以“悲田养病坊”最为典型。

宋代是一个自然灾害频发的历史时期，据不完全统计，北宋各类自然灾害发生1113次，南宋发生825次，合计1928次，由此产生的灾民成为了基数最大的社会保障对象。在宋朝时，出现了大量官府经营的仓储救助机构，为备荒、救荒提供保障。此外，又在全国各地广泛设立救济与疗养机构，宋仁宗批准在京师设置了东、西福田院，以二十四人为限收养老弱、贫疾和无家可归之人。宋英宗时期又增置南、北福田院，收养人数也增加到了三百人。宋徽宗时期，蔡京主政，救济机构得到了快速发展，他运用国家的行政力量，把此前设置于京师地区和部分地区的救济机构向全国推广。

元代的社会保障制度已经制度化，以法律的形式真正固定下来，并在全国范围内都实施了此制度。元代较重视养老制度，并做出了各种法律规定。元代施行“高龄赐帛”，为保障此制度的执行，刑法还规定，地方官府如果对符合赐帛条件的老人没有如实上报，将受到“正官笞四十七，解职别叙”的惩罚。

朱元璋作为明朝开国皇帝，在中国历代君王中，历史评价并不高，但明朝却因为各种社会福利，成为了一个具有繁荣经济和高度凝聚力的强大国家。朱元璋是农民出身，从小吃够了各种苦难，所以他格外体谅民间疾苦，制定了各种便民惠民的政策，他的三大福利政策分别是免费养老院“养济院”，免费医院“惠民药局”和免费公墓“漏泽园”。此外，朱元璋钦定《诏天下养老之政》，规定凡是80岁以上为人正派，乡里称善的贫苦无产业者，即月给米5斗、肉5斤；老年人见多识广，有的德高望重，各府州县衙，可选聘老者协助整顿吏治，凡见官有为民患者，可上公堂直谏，三谏不悛者，可至京都禀报朝廷；凡年老体弱者，年80以上，赐里士，年90以上，赐壮士，与县官平礼，免除他们的徭役等。还有优老之礼，即年满七十岁以上的老人，国家就要赐予爵位，每月给予生活补贴。甚至在当时，还出现了可谓世界最早的国家免费福利公房，朱元璋提出“保障房”政策，并在南京郊外修筑公房作为试点，安排无家可归者居住，但限于封建时代的经济条件，这项政策未能全国推广。

清朝的社会保障制度更加多元化，如在养老方面，清朝注重家庭养老和政府、宗族等帮助相结合。政府通过各种方式给老人提供物质待遇，对老人进行赏赐，如雍正曾经谕令：凡是满百岁的老人，由朝廷赐予白银三十两。而社会上的福利机构也会对社会上老弱病残、鳏寡孤独之人进行救助，如养济院、普济堂等。

而到了近现代，我国完整的社会保障制度在20世纪50年代初期建立，在20世纪80年代中期伴随经济体制改革进入全面而深刻的制度变革时期。

到如今，经过几次变革，我国已经形成了集社会保险、社会救助、社会福利、社会优抚四大系统及与之相关的商业保险、慈善事业等为一体的完整社会保障体系。

材料二：多元化的社会保障机构创办主体①

一、官方举办的社会保障机构

在西方，国家正式建立社会保障制度之前，只有当宗教慈善事业不能满足社会需求时，政府才会根据经济实力出面举办一些有限的救助活动。在其整个社会保障体系中，政府介入时间晚且是一个渐进的过程。而在中国，政府从一开始就成为社会保障活动的责任主体，并在整个体系中扮演了制度制定与推广、财政支付与兜底、检查与监督的重要角色。

宋代的官办社会保障机构主要有常平仓、惠民仓、福田院、居养院、慈幼局、惠民局、养济院、漏泽园等，其保障内容涉及灾害保障、弱势群体保障、医疗保障等方面，几乎涵盖了以救助为主要内容的社会保障的全部内容。

二、民间举办的社会保障机构

与官办社会保障机构不同的是，民办社会保障机构的钱粮等保障元素或房屋、土地等不动产主要来源于民间，或来源于国民的义务输纳，或来源于乡绅、商贾的捐助。与常平仓对应的民办机构是义仓，其储备粮就来源于民户的义务输纳，明清之际扬州的育婴社就是由商人蔡琏组织会员共同出资创办的。在中国古代，民办的社会保障机构往往表现为一种精英事业或富人事业，也就是说，在所有的民办机构中，大多数都是由富有的乡绅或商贾出资举办的。明清时期，在相对富庶的江南地区这一特点表现得最为明显。民间举办的社会保障机构在整个社会保障体系中起了相当重要的作用。可以这样说，它是官办社会保障机构在保障地域和人数上的有力补充。官办社会保障机构的覆盖面毕竟有缺失，在保障地域上只能延及通都大邑，即设有正式行政建制的

---

① 王君南. 基于救助的社会保障体系——中国古代社会保障体系研究论纲[J]. 山东大学学报(哲学社会科学版)，2003(5)：57—62.

府、县级城市;在保障人数上也有限,难以惠及大众。而灾害影响最为严重的却是在广大的乡村地区,这往往是官办社会保障机构覆盖缺失之处,而民办的社会保障正好弥补了这一缺失。

三、宗教组织举办的社会保障机构

佛教传入我国以后,佛教寺院也举办了许多社会保障机构。在唐代,许多寺院开办了悲田院,专门收养那些老而无依者。

四、宗族内创办的社会保障机构

明代无锡巨富安国及其子孙的“赡宗党”救助项目,就在族内承担了助学、养老、残疾救助、济贫、婚丧嫁娶补助和灾害救助等保障项目,而其用于救助的粮食、款项大部分来源于他的养廉田。其保障范围虽然比较小,仅仅局限于宗族之内,但其对稳定地方秩序所起的作用却是不容忽视的。

五、商人以业缘和地缘观念创办的社会保障机构

徽商是最讲究乡党精神的,各地徽商在寄居地建立了许多会馆,如苏州的安徽会馆,杭州的新安惟善堂等。这些机构既增加了徽商的群体优势,又完成了地缘内的各种保障,减轻了属地政府的负担。以业缘为纽带建立的各种行会,倾向于均摊费用交付,当同业者发生破产或疾病时,给予救助,具有明显的互助特征。这种机构既增加了行业竞争力和凝聚力,又完成了行业内的相互保障。

材料三:明代的养老政策①

一、官员养老制度:移亲就养、分俸侍养、辞官终养、致仕终养

明代继承自汉代起施行的官员地域回避制度,往往出现官员与父母异地而居、不能尽孝的情况,这与我国传统文化的孝亲文化相矛盾,导致官员面临两难选择。

为了解决子女和父母两地分居的困境,针对家中父母身体相对健全的官员,可移亲就养,即子女在外地任官,父母随之前往同住。洪武初,国家就颁布了前代创立的官吏“移亲就养”制度,洪武十七年,明太祖大力宣扬孝道思想,鼓励孝养行为,并下诏让凡是官员做官远离家乡一千五百里以上的,由国家赐予其车船,以鼓励和协助其将父母接到做官之地奉养。洪武二十六年,《诸司职掌・侍亲》中记载,所有官员的父母在七十岁以上的,准许其将父母接到做官当地奉养。在这之后,《大明会典》首次收录了

① 徐艳红. 明代养老研究[D]. 武汉:华中师范大学,2015.

这项规定,这就意味着移亲就养制度的定型和走向成熟。正德十二年春季,海盐人徐咸要去南京担任兵部的要职,所以他将自己的父母一起接到南京去侍养。和他一起去南京赴任的同事,有很多人都将他们的父母接到了南京,这样一来,老人们就建立了自己的熟人社会,他们一起外出游玩,并一起在报恩寺、天界寺等地举办宴席,凡是南京好玩的地方他们都去了,当时聚会堪称史无前例,南京人都将其看作是极为盛大的事情。

针对那些因为“亲老、道远”而不肯就养的老人,也采取了相应的办法,那就是改制移亲就养。将那些做官者的任职所在地,重新定在离其籍贯尽量靠近的地方,给他们孝敬父母和赡养父母提供条件。明代虽严格要求官员的当官之地须遵守地域回避原则,但是为了在全国推广孝道理念,明政府对其进行了一定的让步,特许那些需要养亲的官员们在邻省或者本省担任职务。

针对不便移亲就养的第二种做法是制定分俸原籍制度。明政府为使官吏能更好地照顾和赡养在家的父母或祖父母,便准许官员把他所得的粮食,划出一部分来给自己老家的父母。在宣德元年三月,王英担任右春坊大学士并兼任翰林院侍讲学士,他向朝廷请求说,母亲年事太高,并且两地相距甚远,条件十分不利于将母亲接过来,因而希望能将自己的俸禄分出一部分来给母亲,朝廷批准了他的请求。明代这一制度的颁布,第一次是出现在洪熙元年所颁布的《郊恩诏》中,它准许并支持那些不能够返回原籍的当官者,将自己的俸禄划一部分到父母所在地。正统十四年的《尊立后妃诏》也鼓励这一孝行的推广。如此一来,将自己的俸禄划到父母所在地的这一做法,本来是国家的一种恩惠的表现,后来逐步被设立为一项制度。这项制度在很大程度上体现了国家对臣子的关心和帮助,不仅为官吏解决赡养父母的问题提供了有利条件,也在很大程度上减少了因邮寄俸禄及俸米折色带来的经济损失。无论是移亲就养,还是分俸原籍侍养,都为官吏的养亲提供了支持,这也是明代政府培养官员“孝德”的一大措施。

准许官吏辞去官职归家赡养老人的诏令,在明朝的各个时期多次被重申,但有局部的调整。总结明代官吏终养方面的政策,可以从中发现以下特点:一是针对七十岁以上的老年人。二是家中再无其他男丁。三是需要接受吏部的审查,防止个别官吏以终养为借口逃避政事。明朝的辞官终养制度中,官吏待在家里的时间一般都比较长,一般是三到五年,而长的多达十年以上。成化年间,云南的按察司副使林某,在家奉养了父母十七年。

相对于辞官终养，明政府还制定了致仕侍养这一措施。对于家中有七十岁以上老人无人奉养的在任官员，国家支持其退休回家奉养老人。

二、平民养老制度

明代的平民养老制度主要采取物质补助与免除徭役相结合的办法来实行的。物质补助，即政府对达到规定年龄的老年人给予一定的物质补助，主要包括米、酒、肉、帛等生活必需品，如《明史》中就记载洪武十九年(1386)“六月甲辰，诏有司存问高年。贫民年八十以上，月给米五斗，酒三斤，肉五斤；九十以上，岁加帛一匹；有田者罢给米”。这种物质补助政策一直被明代后来的帝王所继承。免除徭役，即年满六十的老人，免除其徭役。另外，虽然物质补助解决了老年人的温饱问题，但是老年人往往行动不便，需要有专人照顾，为此，明代制订了相应的免除供养人家庭徭役的政策，具体规定为，老年人达到七十岁以上，可令老人的一个儿子侍养，并免除该儿子的徭役，以此减轻家庭侍养老人的负担。

在唐代以前，没有形成较好的救助机制，主要是以赐给衣食等实物为主，治标不治本。到了唐代以后，除了发放实物外，还探索设立了收容贫老、乞讨流浪人员的专门机构。

明代仍然以家庭养老为基础，但是有些老人是没有直系亲属的“孤老”，明代的养老保障制度中，对这部分老人也做了相应的规定。其做法主要有四种：一是建立养济院，由孤老所在州县的养济院收养孤老，政府负责筹集经费，保障孤老的衣食与死后的安葬，对于履行养济孤老不称职的州县官员，给予一定的惩罚；二是亲戚、邻里收养，即政府规定，有亲戚的孤老由亲戚收养，亲戚不肯收养者，追究其责任，亲戚已死者，邻里收养，政府给予一定的补助；三是对能自食其力的老人实行官府帮助、老人自养制度，即政府给老人提供一定的运营“工本”，待老人生产活动结束获得收入后，再还给政府；四是民间义士收养，政府对于收养孤老的义士、善人进行嘉奖，以鼓励其行为。

材料四：明代养老存在的问题①

对于同一个年龄段的老人，官民有别，官吏的待遇明显优厚于百姓；官吏有别，官员的待遇显著优厚于吏员；官官有别，官员被分为了九品十八个等级，不同等级的官员对应不同的待遇。依等级实施的优老政策还体现在优老政策惠及庶民中的孤老群体，

① 宋秋颖. 明代的养老政策[D]. 沈阳：吉林大学，2007.

但并不包括贱民中的老年人。

从性别方面来看，明代虽然制定了诸多养老政策和措施，但许多尊老、敬老的主要政策都只适用于男性。任用老人为官、赐予爵位、给予冠带、乡饮宾礼以及召见老人等政策和措施，这些惠老政策都毫不留情地将女性排斥在了政策以外，女性在当时的社会地位和待遇是十分低的。据嘉靖《尉氏县志》记载，“妇人寿满百岁，不预恩例”。

（纪玉杉）

二、教学设计二（综合探究）：如何以第三次分配助推共同富裕

（一）探究目标

1. 在理解我国古代社会互助思想的基础上，通过学习善会善堂的组织、管理、运营、与政府的互动，能够对潮汕善堂存在的问题提出对策与建议。

2. 以潮汕善堂为例，以小见大，分析民间慈善组织运营过程中存在的问题，并为我国慈善事业的发展及第三次分配的完善提出对策与建议。

（二）探究活动设计

1. 以“民间慈善组织如何实现可持续发展?”为议题，阅读材料，探究以下问题：

- 潮汕善堂保存的价值是什么?
- 能否用几个关键词来概括明清善堂和政府之间的关系和互动?
- 潮汕善堂与明清善堂最大的区别是什么?
- 潮汕善堂如何筹集资金保障慈善项目的进行?
- 如何提高潮汕善堂的公信力?
- 如何提高善款的利用效率，达到慈善最大化?
- 潮汕善堂作为一种带有民间信仰的慈善组织，在新的历史背景下如何实现现代转型?
- 存心善堂的慈善产业链发挥了哪些作用?

（1）设计意图

使学生了解以潮汕善堂为代表的民间慈善组织在发展过程中遇到的问题，借鉴明清善堂的有益经验，为民间慈善组织的现代转型提供意见、建议；通过学习古今善堂的发展演变，理解第三次分配的重要性，为慈善等社会公益事业的健康发展出谋划策。

（2）教师点拨

第三次分配是由社会主导进行的，分配的主体是民间社会力量，是人们自愿的行为。通过慈善等方式对社会进行回馈，是对再分配的补充。

通过阅读材料，学生可以从历史沿革的视角，从潮汕善堂的起源和发展的过程，结合我们当前第三次分配的现状，思考完善第三次分配的途径。例如：思考潮汕善堂的案例对目前突破第三次分配覆盖领域的局限性、健全第三次分配的法律体系、加大第三次分配的有关知识宣传、营造慈善文化氛围等方面有哪些启示。还可以从文化传承和发展的角度，思考潮汕善堂的案例体现了哪些中华优秀传统文化，这些优秀传统文化在完善我国第三次分配的过程中有哪些作用，

2. 以“潮汕善堂有何当代价值?”为议题，阅读材料，探究以下问题：

存心善堂福利会和地方政府在“存心善堂旧址事件”上都做出了一定妥协，二者分别基于哪些现实考量?

潮汕善堂的发展历程对我国完善第三次分配有哪些值得借鉴的经验?

结合本单元的学习内容，思考如何以第三次分配助推共同富裕?

（1）设计意图

伴随第一个百年奋斗目标的如期实现，在高质量发展中促进共同富裕已经成为新时代国家发展进程中的重要议题，而第三次分配也引起了社会各界的高度关注。通过探究“存心善堂”的案例，结合本单元的学习内容，联系当前的实际，思考我国完善个人收入分配的方式。

（2）教师点拨

共同富裕是社会主义的本质要求。第三次分配是促进共同富裕的途径之一，我们有必要重视发挥第三次分配在促进共同富裕中的作用，并寻求促进慈善事业健康持续发展的新思路。

通过探究，结合本单元学习的知识，建立起第三次分配与促进共同富裕之间的关联。例如：可以通过潮汕善堂的案例，思考三次分配之间的关系，其中第三次分配和初次分配、再分配的不同之处在哪里，它为什么能够促进共同富裕；从市场和政府的角度，分别思考在扩大第三次分配的覆盖领域方面可以做哪些努力，这些努力对促进共同富裕有哪些作用。

附录:

材料一:民间慈善组织—善会[①]

善会,即由民间自由结社形成的慈善组织;善堂,即善会的办事机构以及行善场所。民间的慈善事业自古皆有,但以慈善为目的的民间结社产生于明末,盛行于清代。明代万历十八年(1590 年),河南的杨东明在虞城县创办了中国第一个民间慈善组织——同善会。同善会成立之初,其目的主要是亲睦、劝善与行善。亲睦主要表现为成员定期举行例会,但随着同善会的发展,亲睦的作用逐渐弱化;劝善主要表现为通过公开演说教化民众;行善即体现在各式各样的善举中,一般包括救济贫病、养老送终、赈济灾民、表彰忠孝等。在善会成员的资助下,成立了不同种类的善堂,依其发挥作用的不同,分为育婴堂、清节堂、恤颐堂等,恤颐堂即为专门用来赡养孤老的善堂。东林党人钱一本在其家乡常州府武进县创办的同善会,每年聚会四次,筹集经费,实施救济,寒者给衣,饥者给食,病者施药,死者施棺。

善会由民间义士创办,出于自愿行善的目的,不受地方官领导,不需国家财政拨款,民众自愿组成并加入,有自己的组织章程,由成员自主经营管理。

一、养老对象

善会养老要求老人达到一定年龄,无依无靠或无劳动能力,且未被收入养济院,也不愿行乞;同时,善会将道德缺失、不求上进以及触犯法律的人排除在收容范围外;另外,对救济对象的地域要求一般限于善会、善堂设立之县内,难及于小村落。据史料记载,善会成员在救济对象的选择中严格遵照了这些标准,并未出现徇私滥收的现象。

二、收容程序

同善会普遍采取会员推荐的方式选择救济对象。救济对象在经会员调查推荐后,被登录在名簿之中,可定期领取救济金或直接被收养在善堂之中。恤颐堂采用了赴堂报名的方式:七十岁以上的老人可直接到恤颐堂报名,经董事调查后,符合条件者,“由邻甲投府县出结入堂”。可见,实质性的调查是收养老人的必经程序;为防止董事滥收,老人入堂还需经邻甲、府县的两层审核,以做到收养老人的公正与公开。

---

① 谢娟. 梁其姿著:《施善与教化:明清的慈善组织》[J]. 学海,2003(5):202—204.

三、救济内容

（一）生活救济

善会、善堂对老人的生活救济普遍包括提供住所、提供衣食、生活照料与医疗救助。《恤颐堂规条》中对老人的生活条件作出了非常细致的规定，首先，恤颐堂为堂内老人提供房间、衣被，并规定换新的频率；其次，在饮食上，要求董事、司事与老人共同用餐，并规定了饭食标准与用餐程序；再次，对染上疾病的老人提供医药与特殊照顾；最后，每逢年节向老人发放金钱或其他物质福利。另外，恤颐堂内还有严格的监督制度与制裁措施：对于擅自离堂、在外滋扰、转移堂内财产或其他违反堂规的情况，可将其逐出；司事负责巡查与监督，但司事若有隐瞒或徇私情况，仍可受逐出制裁；董事与司事互相监督，确保堂内正常运作。除老人直接在善堂生活的养老模式外，善会还有直接发放救济金的救济模式。在养老对象确认后，善会制作救济名单作为底册，并同时向其发放领取救济金的凭证，例如"照验单"。在会讲日或其他固定日期，善会会员会根据底册，与"照验单"对照，点名发放救济金。救济金有的按月发放，有的按季度发放，救助财产也多少不一。救济金发放后，会员需将各项收支逐条记录，并及时公布。

（二）丧葬救济

在善会的救济活动中，一般都有施棺下葬这项内容。较早的《高子忠宪公同善会规例》与《枫泾同善会规条》均有募集资金制造棺木的规定，并安排专门会员理施棺之事。恤颐堂对堂内成员的丧葬有更为细致的规定：对于无寿材的成员，对其施棺并给其丧葬费用；对于无坟地的成员，恤颐堂还设义冢，将其埋葬立碑，且每年祭祀。专门进行丧葬救济的善堂也大量存在，如施棺会、掩埋局。丧葬救济的形式一般包括捐设义冢、施棺掩埋、助葬代葬等。这些善堂也有明确的管理制度与行为规范。以同里镇的"代赊兼葬会"为例，施棺代葬需首先对救济对象进行调查，明确来历与死亡原因，而后进行取棺与安葬程序，其间费用由善会负责。这些善堂通常设有义冢，义冢由善堂置办或由地方官绅捐置、善堂独立管理经营，用来埋葬无地安葬或无人认领的本地人。

四、组织与管理

清代的善会、善堂建立了两种主要的管理制度：轮值制及董事制。轮值制是指每月或每年有不同的管理人，每届管理人任期结束时均有正式的账目交接程序。董事制是指一人或几人持续管理堂务，任期可达数年之久。随着政府对同善会加以鼓励与支持，有些善会赋予了知县一些形式上的权限，但善会的活动最终仍受会员的监督，其实际运作也由会员民主管理。

五、会费来源与管理

（一）会费来源

清代同善会将会员捐助作为重要的会费来源，同时鼓励会员积极募集资金或捐献土地。根据《枫泾同善会规条》的记载，当时的状元会在八年内募集了千两白银，置义田作为善会根基，且可获得利息及经营收入。同时，随着地方官员对善会的认可，官员也积极鼓励士绅、商人捐献财物，还往往把没官田地划归善堂。清代江南的善堂多拥有百亩以上的土地。

（二）会费管理——征信录

征信录作为善会的账簿，在善会成立之初就有相关记载，如高攀龙编纂的《同善会规例》中明确规定，主会应于收完会费之日，将资金捐助情况计入“会籍”中，并“传送会友”。根据《得一录》的记载，“征信录”这一名称首先在苏州育婴堂中使用，而后出现在收养遗孩规约、放生会规条、葬亲社约等规约中，于各种民间组织中得以普遍使用。征信录的公开范围最早只限于善会会员内部，供会员互相核查；有些善堂认为需取信于神明，通过在神前焚化征信录的方式向神明报告；随着行政力量的介入，部分善堂还规定了向官府报告决算情况的义务，以公开征信录的方式取信于官府。作为善会善堂财务公开的一项重要举措，征信录不仅对善会的资金运作有重要的监督作用，还对清代官府的财政政策产生了一定的影响。

六、政府监督措施

（一）登记备案

清政府虽明确鼓励善举，但由于历代政府对于民间结社常有限制，故民间善会、善堂的成立同样需官方认可。官府对善会的审查内容，不仅包括其设立目的、会员人数等，还涉及发起人的品行、经费的筹集等情况。官府批准后，善会的成立文件还需在官府备案。

（二）财务公开

如前文所述，征信录的公开是善会、善堂接受政府监督的重要途径。征信录向官府公开，接受官府核阅，一般都是根据善会规约中的要求，但有些地区官府对于善会的财务公开有直接规定。除直接公开征信录外，有些善会还规定，善会的负责人换届办理移交手续时，还应向知县提供“交代册”，以便知县监督。

材料二:潮汕善堂简介①

目前,潮汕地区的善堂数量达到300多个。在谈到潮汕善堂的由来时,就不得不谈到宋朝时期的一位高僧——释大峰和尚(1039—1127年)。后人被大峰和尚修桥铺路、收骨殓尸、扶危济困的善举所感化,建立了"报德堂"以报答大峰和尚的功德。就这样,潮汕地区第一个善堂——报德堂就此诞生。随后,潮汕各地纷纷建立起了善堂、善社,将大峰祖师奉为慈善事业的开山祖师予以崇祀,乡民纷纷向善堂捐献财物,于是,善堂开始大行修桥铺路、收骨殓尸、扶危济困的慈善事业,以弘扬释大峰祖师慈悲博爱的精神。

第一,潮汕善堂具有浓厚的民间信仰色彩。这也是潮汕善堂区别于明清时期的善会或善堂最主要的特征。明清的善会、善堂,多属于地方绅商、富户等集资合办和管理的慈善组织,一般不带有宗教信仰的色彩。而潮汕善堂则是慈善活动与民间信仰二者紧密结合的组织,充满着浓厚的民间宗教信仰色彩。

第二,潮汕善堂是一种本土性的传统民间慈善组织,潮汕善堂在近代潮汕地区的发展历程中,可以被认为是西方学者所说的"公共空间",也就是中国传统社会中存在的,不由政府控制,而是由民间力量来发挥作用的领域。

第三,潮汕善堂具有广泛的海外联系。在潮汕地区流传着这样一句话"有潮汕人的地方,就有潮汕善堂"。旧时,潮汕人为了谋生而漂洋过海,也把潮汕善堂这一独特的组织带到了异国他乡。比如美国、泰国、新加坡、马来西亚等国家,也有善堂百余座。至今,海内外善堂共有500多座,现已发展成为国际性民间慈善组织。海外的潮汕人以及潮汕善堂一直以来与潮汕地区的善堂保持密切的联系。当潮汕地区多灾多难之际,海外的潮汕人都会慷慨解囊,无私救济家乡的父老乡亲。大量的济贫善事,是以个人或者善堂名义,通过潮汕善堂这一民间慈善机构进行的。因此,潮汕善堂成为潮汕地区的父老乡亲与海外华侨、港澳台同胞的联系纽带。

汕头存心善堂始建于清光绪二十五公元年(公元1899年),距今已有一百多年的历史。存心善堂作为汕头五大善堂之首,是潮汕地区规模最大、影响力最广的善堂。民国期间由于军阀混战,天灾人祸横行,瘟疫滋生,民众苦不堪言,特别是1939年汕头沦陷之后陷入无政府状态,适逢潮汕三年困难时期,逃荒饥民无数,尸横遍野,惨不忍

① 杨正军.近30年来中国善会善堂组织研究述评[J].开放时代,2010(2):149—158.

睹。汕头存心善堂在海内外各慈善团体和各爱国热心人士的鼎力支持下，先后成立了存心水龙局、存心医院、存心儿童教养院、存心学校、存心施粥局、存心掩埋队、存心救护队、存心义山等一系列救助机构，赈济饥民，救活救护难民无数，收埋无主难民尸骸，特别是存心学校和存心孤儿教养院收养爱国抗日烈士遗孤和国难孤儿甚多，得到当时海内外各界的高度赞扬和肯定。

材料三：潮汕善堂面临的“发展瓶颈”①

瓶颈一：合法性不足

善堂自身天然带有的封建迷信色彩导致了善堂的合法性危机。这种合法性危机不仅来自于地方政府，也来自于普通民众，尤其是年轻的一代。迷信和信仰，往往只是一线之隔。在这一线之间，不同的主体在这条线的两边必然采取不同的态度。如果地方政府和普通民众将其视为一种封建迷信，那么善堂的发展必然会出现不可挽回的颓势。因此，在新的历史条件下，面对文化素质日益提高的民众，善堂应当如何展示其积极向上的慈善形象以赢取更多民众的支持和认可，则是善堂在新的时代背景下继续发展面临的首要难题。

瓶颈二：后备军不够

潮汕善堂面临的人才危机大体上可以概括为两个方面。一方面是善堂的成员老化，后备力量不足。如果向潮汕地区的青年一代说起“善堂”，他们可能联想到的就是一群迟暮的老人在做善事。这种传统的慈善组织，在过去的潮汕民众中有着很高的地位，善堂的成员覆盖了老中青各个年龄段。但是新中国成立后，善堂遭遇被取缔的不幸，沉寂了多年。长达多年的沉寂，导致改革开放后，善堂虽得到恢复，但其成员年龄结构上出现了断层现象。青年人对于善堂的了解不足，加入善堂的意愿相比父辈也淡薄很多。这就造成善堂目前的主要管理者是那些退休了的老年人。另一方面是管理队伍素质不高，仅凭热情工作。善堂的管理者一般是退休了或者是赋闲在家的老人，大多数没有相应的经营管理慈善组织的专业知识和技能，在实际的管理中仅凭个人的爱心和热情，靠的是对大峰祖师的崇拜，行善积德以求子孙后代万福。

① 杨正军．潮汕民间善堂组织的历史嬗变[J]．汕头大学学报（人文社会科学版），2015，31(3)：19—25＋100.

瓶颈三:公信力不高

针对普通民众的调研显示,目前有些善堂的公信力受到人们普遍的质疑。在一定程度上,慈善组织和政府一样管理着公共财产,并为社会提供公共产品和服务。但是,有些善堂财务透明度不高,被民众所诟病。大家将善款捐给善堂是希望善堂能将这些款项用于慈善事业。但是由于很多善堂目前经营管理层素质不高以及缺乏相关有效的监督约束机制,导致有些善堂出现了慈善腐败的现象。这也是一些地方善堂资金减少的主要原因。在访谈中,汕头市民政局前局长马希民表示:"现在潮汕地区的善堂倒是好的或者比较好的……剩下的那些善堂属于有活动但不会发展或者发展步伐比较慢,这部分善堂内部制度不完善,领导班子不团结,在一些欠发展乡村地区,还存在一些帮派、宗派、姓氏宗族在善堂内部争权,这种现象屡见不鲜。"

瓶颈四:运作力不强

如何有效地进行运营管理是所有慈善组织面临的重要问题。这个问题对于善堂而言更是事关存亡的大问题。如何进行日常运作,提供有效的正面服务;如何进行募集资金,保障慈善项目的进行;如何提高善款的利用效率,达到慈善效用最大化等问题,都直接考验着善堂的运作能力。访谈中,马希民指出:"……如果善堂只顾自己,把人家敬奉祖师的钱拿来拜神,不去救济穷人,那么也不行的。当下,善堂要传承祖师救济穷人的精神和美德,弘扬大峰精神的过程要有新的观念、新的发展,不能只是停留在每年七月施孤的时候才拿点米出来救济穷人,平时也要想到怎么多做善事。现在社会处于转轨变革时期,失业、大病医疗等情况政府有责任去救济,但是,善堂作为慈善机构也要尽自己的能力来辅助政府,和政府一起来做好社会救济工作,做到以人为本,促进社会和谐。那么政府是欢迎这样的善堂恢复发展的。"

然而,目前很多善堂由于自身能力不足,导致其运作能力不强,这是善堂面临的又一危机。

材料四:存心善堂现状①

"战争时期求温饱,现在则是追求幸福,善堂也需要集社会之所需,与时俱进。我们看社会的需要,服务最需要的人群。"存心善堂慈善会会长蔡木通告诉记者。

2008 年,经市政府和市文管新局的批准,汕头存心善堂募集民间的力量,发挥自

① 参考存心善堂官方微信公众号。

身慈善机构的优势和社会的影响力,积极筹集资金进行全面修缮,修缮后的存心善堂成为汕头历史开埠的见证之一,见证了汕头开埠的发展历程,给汕头人民留下一处集旅游观光、爱国教育、弘扬慈善为一体的历史文化遗产,造福一方。

存心善堂的主要服务宗旨是以救死扶伤、赈灾恤难、赠医赠药、布衣施食、敬老安老、兴学助学、办医院、造桥梁、修路等福利事业为己任,惠民宏愿、任务不分巨细艰易,皆尽心尽力、善始善终加以实现;存心善堂的慈善救济方式主要有每月固定特困户救济、临时性赈济、年终和普渡集中救济。在救济物资的分配工作上采取与社区合作的方式,贫困户根据由善堂发放的凭证本,每月15日到所属居委会领取救济物资,定时定点上门关心照顾特困、残疾、孤寡、单亲老人;下属机构有庇护安养院、儿童教养院、养老院、特教学校、文武学校、残疾人工疗站、物资救助站和文艺团等实体服务机构,还设有存心救援队和义工队伍,开设爱心超市、面包店等公益项目。如今,存心慈善会下属的分支机构,多采取官民合办的方式经营:存心养老院是与民政局合办的民办非企业机构,存心特教学校是与教育局合作的公办性质学校,残疾人工疗站则与残联合作。慈善会本身起到枢纽作用,其下设的理事会协调不同职能的工作。在这样的架构下,15名理事分管15个部门的运作,部门之间形成策略联盟。

随着百年善堂行善积德精神的深入人心,越来越多的人选择加入存心这个大家庭,成为慈善会的一员。据了解,目前存心慈善会已有会员超过6万人。针对大部分会员属于低收入人群这一实际情况,近年来存心慈善会致力于开拓“互惠型、保障型”慈善互助互利模式,在让会员享受到更多福利待遇的同时,全面提升保障体系,为会员积极投身慈善行业保驾护航。

汕头市存心慈善会自2009年成立以来,先后开办了多个慈善实体机构,从一个民营的社会“输血型”组织变成“造血型”机构,并以救助的灵活性、草根性和人性化为政府分忧,成为政府救助的有益补充。免费诊疗取药、免费常规体检、疾病住院护工津贴、女性会员或男性会员配偶生育分娩贺金、会员逝世慰问金……在存心慈善会目前开拓的多项会员福利中,保障度最高的莫过于开创性地为会员办理意外伤害保险、意外身故保险和疾病身故保险等。

据统计,从2012年到目前,享受到会员意外医疗保险理赔的人数为1554人,理赔总金额为5493261.12元。从2013年到目前,享受到会员身故慰问金的人数为3054人,慰问金额为4032820.00元。从2016年1月1日到目前,享受到疾病住院护理补贴的人数为738人，补贴金额为534050.00元。

存心慈善会在与太安医院开展会员医疗慈善项目的基础上，近日又再新增一家会员医疗慈善爱心单位——濠江新圣创伤骨科医院，进一步扩大会员医疗慈善辐射范围。据慈善会会长蔡木通介绍，针对目前单亲、失独、空巢家庭增多的社会现状，慈善会近期还拟联合保险公司，在明年的会员保险项目中新增"老年人身后事一站式服务保险"，解决部分孤寡老年会员的后顾之忧。

汕头市存心慈善会被评为全国"AAAAA"级社会组织，广东省民政工作改革创新观察点；2008年荣获由民政部颁发的"全国优秀慈善工作者""中华爱国先进模范"，2008年12月被中华爱国英才报效祖国活动组织委员会评为"中华爱国先进示范单位"；2009年荣获由中华慈善总会颁发的"全国中华慈善先进志愿者"，广东省人民政府颁发的"广东省扶残先进个人"等荣誉称号，广东省民政厅颁发的"广东十大慈善人物"，以及汕头市人民政府颁发的"汕头市慈善奖"；2010年荣获由金平区人民政府颁发的"金平好人"；2011年荣获汕头市"文明市民"等光荣称号；2014年被评为"全国助残先进集体"，获"第二届中华慈善突出贡献（组织）奖"；2016年获全国老龄工作委员会颁发的"全国敬老爱老助老模范人物"，2016年12月被评为"全国先进社会组织"。

20世纪90年代，日本学者夫马进教授对中国善会、善堂史进行深入研究后得出结论：中国社会始终未曾产生独立于官方或超脱于"国家"和"社会"的公共领域和公共组织。

从某种程度来说，建立在乡土社会基础之上的善堂也是民间探索公共事务治理和社区自治的尝试。在社会建设的新环境下，善堂对于自身组织形态的定位，以及服务领域的创新，并没有前车之鉴。如何在沿袭传统的同时探索出一套与政府互补的社会管理创新模式，其实刚刚破题。

材料五：存心善堂旧址事件（1990—2008）①

存心善堂旧址事件所体现的是存心善堂与地方政府长达多年的、围绕旧址的所有权和使用权问题所进行的博弈过程。

（谢晓东、纪玉杉）

---

① 周志荣. 潮汕善堂与地方政府关系研究[D]. 汕头：汕头大学，2009.

第七章

医药题材的开发：以中医药文化为例

第一节　中医药文化的教育价值

中华民族上下五千年绵延不断的历史积淀形成了独具特色的文化，孕育了指向人与自然、形体与精神和谐统一的知识体系。中医药学作为中华民族原创的学问，是这一知识体系的重要组成部分，其内含的“天人合一”“辨证论治”“大医精诚”等思想体现了医学与人文的结合。其实中医药文化的发展史就是中华文化发展史的缩影，隐藏着中华民族生生不息的精神密码。近代，西医渐渐融入中国人的生活，尽管中医如今仍然存在，也受到承认及重视，但中医药的继承和发展仍然面临不少挑战。

一、中医药文化的发展脉络

中华中医药学会中医药文化分会在2005年8月召开全国第八届中医药文化研讨会，首次明确了“中医药文化”的定义：中医药文化是中华民族优秀传统文化中体现中医药本质与特色的精神文明和物质文明的总和。习近平总书记指出，中医药学包含着中华民族几千年的健康养生理念及其实践经验，是中华文明的一个瑰宝，凝聚着中国人民和中华民族的博大智慧。中医药文化的精华概括地说，主要包括大医精诚和医者仁心的中医药文化价值观、天人合一和内因为本的中医药理论、辨证施治和未病先治的中医药学术、亲尝百草和舍己为人的中医药品德、博采众长和兼容并蓄的中医药风格等。发展中医药就要遵循中医药发展的规律，传承精华，守正创新。

中医药文化在其自身形成发展过程中，形成了一个比较完整的脉络体系。在对该传统文化资源进行开发时，首要的是能够清楚认知中医药文化本身的逻辑，才能对中医药文化资源进行恰当的整合。

（一）中医药文化的“前世”

中医药学是一个伟大的宝库，数千年来伴随着我们中华民族从远古走向现代，为各族人民的繁衍生息和生命健康保驾护航。早在蒙昧初开的原始时代，中华民族的祖先就在同自然灾害、疾病斗争的漫长过程中，逐步运用身边的一些动植物解除病痛。

秦汉时期的中医典籍《黄帝内经》，奠定了中医学的思维模式，表明中医学已经从纯粹的临床经验积累进入到比较系统的理论归纳阶段。《黄帝内经》全面总结了秦汉以前的医学成就，在整体观、矛盾观、经络学、脏象学、病因病机学、养生和预防医学以及诊断治疗原则等各方面总结了战国以前的医学成就，建立了脏腑、经络、病因、病机、诊法、辨证、治则、针灸、摄生等学说，使中医学形成了一整套具有古代朴素唯物主义辩证思想的理论体系。随着古人对中医药更深入的探索，《伤寒杂病论》《神农本草经》等阐述疾病治疗的著作相继问世。医者根据多年的行医经验，提出了“大医精诚”的理念，这一理念是中医药文化的核心价值理念，反映了中医对医道精微、心怀至诚、言行成谨的追求，是中华民族高尚的道德情操和卓越的文明智慧在中医药文化中的集中体现①。清代中期以后，特别是民国时期，随着西方医学的传入，一些学者开始探索中西医药学的会通与融合。

（二）中医药文化的“今世”

1. 近现代历史上的中医存废之争

鸦片战争之后，西方医学传入中国，中医药学在中国的地位受到挑战，医学界开始出现一种崇新排旧的倾向。虽然中医药仍在国家的卫生保健系统中占有主导地位，但逐渐失去了历史上的优越感。1929 年 2 月，余云岫等人在全国卫生会议上提出《废止旧医以扫除医事卫生之障碍案》等四项议案，直言废止中医。此举一出，立即遭到了中医界人士的一致抵制，也引发了社会各界的强烈反响。虽然由于舆论压力，“废止中医案”并未实行，但是引起的争论却从中医界延伸至社会各界，而且持续多年②。一些人认为，为了彻底地否定旧传统、旧文化，就应该否定、批判中医药学，并通过在学校体制、国家医疗体制等领域驱除中医药学的影响和作用来达到让中医药学逐渐消亡并为西医所取代的目的。但历史证明，这些做法脱离了国情，从而陷入了民族虚无主义和全盘西化的泥沼③。

2. 中医药文化的阶段性发展

20 世纪 60—70 年代，在极为艰苦的科研条件下，屠呦呦团队与国内其他机构合

① 参考 2016 年国务院新闻办公室发表的《中国的中医药》白皮书第一部分：中医药的历史发展。

② 陈逸明，姜连堃，程伟. 文化认同视野下的中医废存之争[J]. 医学与哲学（人文社会医学版），2011，32(7)：13—15.

③ 韩洪洪. 从存废之争到走向复兴[N]. 中国中医药报，2013-11-8(1).

作，从《肘后备急方》等中医药古典医籍中获取灵感，同时汲取民间青蒿治疟疾的经验，并积极利用现代科学技术方法，经过艰苦卓绝的努力和坚持不懈的探索，先驱性地发现了青蒿素，开创了疟疾治疗新方法，全球数亿人因此受益，树立了传统中医药与现代科技有机结合的光辉典范，并因此获得了诺贝尔生理学或医学奖，成为中国科学界因本土研究获得诺贝尔科学奖的第一人，为维护人类健康作出了重要贡献，为中医药和中华民族赢得了巨大荣誉。

（三）中医药文化的"未来"

虽然近年来，我们逐渐认识到了中医药在当代的价值，但是不可否认的是，中医药的发展仍然存在着许多问题或者说面临着许多困境，这让我们对于中医药未来的发展打上了一个深深的问号。新时代如何讲好中医药故事成为继承中华优秀传统文化的重要一环。首先，要想发展好中医药文化，就要从自身内部出发，通过创造性转化和创新性发展，充分发挥中医药文化的当代价值，以更好地服务人民。为此，有人提出，可以充分利用中医药大健康产品、中医药健康旅游、中医药文化活动、中医药影视作品等推动中医药融入生产生活，通过中医药研学、中医药文化进校园等推动中医药文化贯穿国民教育始终，充分弘扬中医药文化优势，推动中医药的传承、创新、发展。

其次，发展中医药文化还要考虑如何"走出去"，让中医药文化成为提升国家形象的标识。有相关人士提出了这样一些建议，如探索中西医文化的契合点；突破语言翻译障碍，搭建中医药国际化语言的桥梁；完善中医药文化影响渠道，打造中医药产品品牌；创新中医药产品技术标准管理；建立符合中医药特征的知识产权保障制度；推动"互联网＋"中医药文化国际传播；建设标准化的中医药国际教育；发展中医药旅游品牌服务，向世界传播中医药文化等①。同时借鉴西医在我国本土化的有益经验，实现中医西渐的传播路径。

最后，最重要的方面是提高国民对中医药文化的认同度。自从西医进入中国以来，人们对于疗效快的西医产生了依赖，再加上中医药文化内涵的晦涩性，让人们逐渐失去对中医药的信赖。如何建立起国民对于中医药文化的信心和认同，不仅是决策者、教育者，也是普通国民关心的问题。因此，我国政府大力推动中医药文化进教材，

① 肖玉婷. 中医药文化国际传播现实困境及其传播路径的研究[D]. 哈尔滨：黑龙江中医药大学，2016.

目的是让人们对中医药有一个基础的了解，增强对中医药文化的认同。而我们教育者也有必要认识到这一点，若是教育者本身就不认可中医药文化，何以能更好地将中医药知识背后的价值理念传授给下一代呢？

二、中医药文化的核心理念

中医药文化是中国文化宝库中的瑰宝，其教育价值主要体现在其核心理念上，其核心理念体现在中医药的宇宙观、认识论、方法论上，我们可以用仁、和、精、诚四个字来概括。

“仁”，体现了中医仁者爱人、生命至上的伦理思想，以救死扶伤、济世活人为宗旨，表现为尊重生命、敬畏生命、爱护生命。“医乃仁术”是医学伦理道德的总原则，历代医家皆以“医乃仁术”作为行医宗旨和医德的基本原则。中医药文化的“仁”可以从两方面来理解：一是医术之仁，二是医心之仁。

“和”，涵盖了核心价值的各个方面，是中医药文化的核心和灵魂，体现了中医崇尚和谐的价值取向，表现在人与自然方面是天人合一的整体观，在人体自身方面是阴阳平和的健康观，在操作方法上是调和致中的治疗观，在人与人的关系方面是医患信和、同道谦和的伦理观。

“精”，体现了中医的医道精髓，不仅要求精勤治学、精研医道、追求精湛的医术，还要求高超的直觉心悟的能力和取象类比的能力。由于中医学有着独特的思维方法，最有代表性的是取象运数和直觉体悟的思维方式，这就对行医者提出了“精”的更高要求。如中医当中的辨证论治很好地体现了这一点。

“诚”，体现了中医人格修养的最高境界，也是一种重要的伦理学概念和规范。“诚”要求医者在诊疗时做到求真务实、实事求是，具体表现在为人处世、治学诊疗、著述科研等方面要诚笃端方，力戒诳语妄言、弄虚作假①。

以上四点综合概述了中医药文化的核心价值，由此可知，中医药文化不管是思想、美德还是人文精神都是与思想政治课的目标和内容要求相呼应的。

---

① 张其成.中医药文化核心价值“仁和精诚”内涵[EB/OL].(2019-01-21)[2024-02-15]. http://www.cntcm.com.cn/2019-01/21/content_55748.htm.

三、思政课与中医药文化的关系

(一) 思政课传播中医药文化的意义

文化自信强调我们对于自己文化的坚定信仰,中华文化是最适合我们国情、民情的文化,而由本土创造的中医药文化更是符合国情和民情的文化,在中华优秀传统文化中占据着不可替代的重要地位。我们本应大力发展中医药文化,而现实情况却是西医在中国医疗事业中占据着举足轻重的地位,人们对于中医药文化的认同度并不高。当然,随着我们对中华优秀传统文化的日渐重视,中医药文化迎来了发展的好时机。作为一个教育工作者,有责任将中医药这一祖先留给我们的宝贵财富继承好、发展好、利用好。

引导高中生学习中医药文化,有利于丰富我国的优秀传统文化内涵,帮助更多的人认识到中医药文化。如北京、河北等地一些中小学校已经使用了《中医药文化中小学读本》,帮助中小学生通过学习了解中医药知识,习得中医药的思维,因为这些思维集中体现了中华文明的优秀智慧。据编写主要负责人介绍,《中医药文化中小学生读本》全套共16册(1—8年级),与教材知识相连接、呼应,遵循中小学生身心发展规律,以引导学生产生兴趣为切入点,在注重中医药文化知识普及的同时,强调中医思维体系的建立,充分展现中医药文化与生活息息相关,拉近学生与中医药文化之间的距离。2021年11月29日,上海市正式发布《上海市中医药发展"十四五"规划》,创建国家中医药综合改革示范区,推进中医药作为教学资源融入中小学。

党的二十大报告提出:"用社会主义核心价值观铸魂育人,完善思想政治工作体系,推进大中小学思想政治教育一体化建设。"中医药学作为中华优秀传统文化的重要载体,蕴含着极其丰富的思想政治教育资源。结合高中思政教学,探索如何循序渐进、螺旋上升地推进中医药文化融入高中思政的教育教学,是推进思政课培养文化认同的有益之举。

思政教学中融入中医药文化,可以增强青少年学生对中医药文化的认知与认同,激发其对中华优秀传统文化的自豪感与自信心,坚定文化自信和民族自信;通过挖掘和弘扬中医医者的科学精神,将其作为涵养科学精神的重要资源;中医药文化内涵丰富,其中的健康养生文化与健康中国战略强调的"坚持预防为主、倡导健康文明的生活方式”具有相通之处，因此在课程中普及中医药知识，有利于引导青少年养成健康文明的生活方式，以便落实思想政治教育的核心素养。

（二）中医药文化与思想政治教材融合的路径

通过前面的阐述可以发现，中医药文化有着自身的逻辑体系，而高中思想政治教材的编写本身也具有一定的逻辑脉络，两者的融合必然要兼顾两者的逻辑。中医药文化作为典型的中华优秀传统文化载体，其内涵多与文化板块相关，如果要对中医药文化资源进行挖掘，首先需要对必修四第三单元中可以利用的中医药文化资源的内容进行梳理。

<table>
<tr><td>高中思想政治
课程标准
（2020 年修订）</td><td colspan="2">要求“辩证地看待传统文化，领会中华优秀传统文化进行创造性转化、创新性发展的重要意义，弘扬民族精神。并且理解文化之间的交流互鉴、推陈出新、革故鼎新是文化创新的重要途径”。并提示：“通过议题教学，探究对待传统文化的正确态度。可结合对非物质文化遗产的保护，讨论如何传承和弘扬中华优秀传统文化。”</td></tr>
<tr><td rowspan="3">高中思政教材
必修四
《哲学与文化》
第三单元</td><td colspan="2">该单元标题是“文化传承与文化创新”，所以文化创新贯穿整个单元，每一课或多或少都涉及文化创新。</td></tr>
<tr><td>第七课</td><td>第一、二框“正确认识中华传统文化”：以“中医药文化是包袱还是财富”为议题让学生理解正确认识传统文化的态度；
第三框“弘扬中华优秀传统与民族精神”：以“文化创新靠什么”为议题来了解如何实现中医药文化的创造性转化与创造性发展。</td></tr>
<tr><td>第八课</td><td>第三框“正确对待外来文化”，以“中西医如何实现共赢”为议题来了解如何通过中西医结合推动我国医疗事业的发展，认识到正确对待外来文化要面向世界、博采众长，并且要立足于我们国家的国情进行交流互鉴。</td></tr>
</table>

根据以上对教学内容的梳理，我们可以发现中医药文化的发展脉络其实与教材文化板块的体系有重合，虽说中医药文化不能涵盖文化这一单元所有的内容，但在每一课中总会有一两框的内容与中医药文化相关联，因此中医药文化可以作为贯彻整个单元的主题。从教材内容的逻辑来看，本单元围绕着“文化该如何传承和创新”，将学科知识与现实世界建立联系，通过知识的迁移帮助学生深度认同中华优秀传统文化。学

生唯有了解中医药文化，学会用联系、发展、对立统一的观点去认识优秀传统文化，才能真正认同优秀传统文化和中国智慧，这是本单元的落脚点。

第二节　教学设计

一、教学设计一：文化传承与文化创新

（一）教学设计依据

根据高中思想政治必修四第三单元“文化传承与文化创新”的逻辑和中医药文化的内容，确立以“中医药文化”为单元主题，以“大变局下，如何发展和创新中医药文化”为单元总议题，并据此设计每个课时的子议题，形成如下逻辑线：为什么要发展中医药文化——怎么发展和创新中医药文化——如何对待外来文化？由此可以帮助学生清晰地了解中医药文化的特点和发展问题，同时与教材逻辑相联系，增强学生对教材知识的理解，进而加深对中医药文化的认同感。

单元总议题	课时探究	教材内容	学习内容
大变局下，如何发展和创新中医药文化？	1. 中医药文化是包袱还是财富？	正确认识中华传统文化	为什么
	2. 中医药文化创新靠什么？	弘扬优秀传统文化	怎么发展和创新
	3. 中西医如何实现共赢？	正确对待外来文化	怎么发展和创新

（二）教学目标

通过对中医药文化如何发展这一问题的探究，树立正确对待传统文化的态度，提高批判性思维的能力；明确继承与创新的关系，理解创造性转化与创新性发展的涵义；辩证认识外来文化，正确对待外来文化，理解文化交流互鉴的途径和意义。

（三）教学重难点

1. 重点：对中医药文化进行创造性转化、创新性发展；文化交流互鉴的途径和

意义。

2. 难点：中医药文化的创造性转化和创新性发展。

(四) 教学设计思路

第一课时　探究对待传统文化的正确态度

1. 教学设计依据

(1) 课程标准

高中思政课程标准要求“以传统文化是包袱还是财富”为议题，探究对待传统文化的正确态度。可搜集有关资料，寻找并讨论能够体现中华优秀传统文化精髓的内容。中医药文化作为现实案例恰恰能够体现出课程标准的要求。

本节课是本单元设计的一个“引子”，主要引出传统文化的内涵、作用以及我们应该抱着一种什么样的态度对待传统文化。从课时内容上来讲，本节课讲述了文化的内涵与功能，从中医药文化的视角讲述中华优秀传统文化的内容。

(2) 教材

高中思政教材必修四《哲学与文化》第七课“继承发展中华优秀传统文化”包括三框内容：文化的内涵与功能；正确认识中华传统文化；弘扬中华优秀传统文化与民族精神。本节课按照教材逻辑和课程标准要求将第一框和第二框的内容合并从而保证思维的连续性，探讨的逻辑顺序为：文化的内涵——文化的功能——如何正确认识中华传统文化。

(3) 学情

学生通过学习已经了解到哲学是文化的灵魂，学习完辩证的思维方式之后回到大概念“文化”的学习有助于帮助学生以一种科学的眼光看待文化，尤其是我们国家的传统文化。日常生活当中学生已经接触过许多文化，却未曾真正考虑过文化的内涵和作用，让学生探究常见的现实案例有利于重塑文化自信，真正让学生感受到中华优秀传统文化的力量。

2. 教学目标

通过中医药文化相关材料，理解文化的内涵和功能，将知识与身边的中医药文化建立联系，增加对中医药文化的兴趣。通过对“中医药文化是包袱还是财富”这一议题的探讨，认识中医药文化的作用，并认同中医药文化，正确对待中医药文化。

3. 教学重难点

(1) 重点：认识到对待中医药文化的正确态度是取其精华、去其糟粕；推陈出新、革故鼎新。

(2) 难点：认同中医药文化的当代价值。

4. 议题与问题

课时议题：中医药文化是包袱还是财富？

问题一：如何理解文化内涵？

问题二：我们身边有哪些中医药文化？发挥了什么样的作用？

问题三：有人认为中医不"科学"，你如何评价？

5. 教学过程

环节	教学内容	学生活动
导入	**展示：**全球文化软实力研究报告 **讲解：**说到传统文化，就能联想到关于我们国家的一个称号——"文明古国"。但是，在英国国际咨询公司公布的2019年全球文化软实力研究报告中，中国被列为第27位，排在前三位的是英国、德国、美国等西方国家。这警示我们要树立起文化自信，增强中国的文化软实力。而挖掘中华优秀传统文化是增强我们国家文化软实力必不可少的一环。今天就走进第三单元，一起讨论文化的传承与创新问题。	对比各国软实力，理解学习中华优秀传统文化的必要性，并强调文化自信。
	设计意图：通过软实力对比，引起学生对文化的功能以及文化发展问题的关注，并初步感受弘扬中华优秀传统文化以提高文化软实力的迫切性。	
一、如何理解文化内涵？	**教材关联知识一：文化的内涵和载体** 【提问1】列举自然事物以及典型的中医药文化标识，适时提问：是否这些事物都可以被称为文化？谈谈你对文化内涵的理解。 **点拨：**自然的事物不能被称为文化，阅读教材对文化内涵的解释。 **追问：**那么中医药文化是以什么样的形式呈现出来的呢？ **点拨：**中医药文化通过医学理论、药品、医者等表现出来，说明文化主要是通过载体来呈现的。	1. 学生辨别文化与其他事物，理解文化的内涵及其载体。

续　表

<table>
<tr><th>环节</th><th>教学内容</th><th>学生活动</th></tr>
<tr><td rowspan="2"></td><td>教材关联知识二:文化与经济、政治的关系
【提问 1】古代,人们治病主要依靠药物,现在人们治病除了使用药物以外,还可以进行手术,这背后的根本原因是什么?
点拨:以前生产力水平比较低,传统医学主要依靠药物治疗,工业革命之后,实验技术的发展促进了实验医学的进步。说明经济和政治决定文化,文化是经济和政治的反映。
呈现材料:现存的一些不科学的土方药及封建迷信。
【提问 2】只要经济发展,文化就会进步吗?
总结:经济和政治决定文化发展,文化也反作用于经济和政治,但是文化发展与经济和政治的发展并不是亦步亦趋的,而是具有不完全同步性。</td><td>2. 探究不同时代的治病方式,学习文化与经济、政治的关系,辨析文化的不完全同步性。</td></tr>
<tr><td colspan="2">设计意图:学生在学习传统文化之前,首先要对文化的概念有明确的认识,并且认识到不同时代的经济和政治决定了不同时代的文化,才能以一种正确的眼光对待传统文化。</td></tr>
<tr><td rowspan="2">二、中医药文化有哪些,文化有什么作用?</td><td>教材关联知识三:文化的功能
【提问 1】在你的日常生活中,你有享受过哪些体现中医药文化的服务?
点拨:比如说拔罐、艾灸、喝枸杞、做养生操,等等。
展示材料:中医馆酸梅汤爆火
追问:当前的 00 后成为养生的主力,传统中医文化也被挖掘得愈来愈丰富,其实中医养生保健自古以来就是中国人民的一种生活方式,甚至还引领潮流。请你回顾一下现代人的衣食住行,思考中医药文化在我们生活中发挥着怎样的作用?
点拨:中医药文化对个人:预防生病、强身健体。
中医药文化与社会:引领风尚、服务社会、推动发展。
中医药文化与民族:推动文化自信、实现中华民族伟大复兴。</td><td>1. 回顾自己身边的中医药文化。
2. 分析材料,探究文化的作用。</td></tr>
<tr><td colspan="2">设计意图:学生们对中医药文化这个概念可能有些许陌生,通过提问,学生们会惊讶地发现日常生活中有许多方面都体现着中医药文化,从而方便学生们理解文化在我们生活中产生的作用。</td></tr>
</table>

续　表

环节	教学内容	学生活动
三、有人认为中医不“科学”，你如何评价？	**教材关联知识四：中华优秀传统文化的内容及特点** **呈现材料一：**中医药文化的核心价值 **【提问1】：**阅读课本第92页，思考中医药文化的核心价值体现在哪些方面？请同学们进行小组讨论并归类。 **点拨：**中医药文化的核心价值从不同的角度体现了中华优秀传统文化内容，如中医药文化的核心价值里仁爱、敬畏生命、天人合一等体现了中华优秀传统文化的核心思想理念；救死扶伤、精勤治学体现了中华传统美德；和谐向善体现了中华人文精神。 **呈现材料：**中医药文化发展脉络 **【提问2】：**中医药文化的核心价值如何得来？ **点拨：**中医药文化从历史长河中发展而来，既是不同时期的文化成就，也是中华各民族的精神依托。 **总结追问：**如上所述，中医药文化体现了中华优秀传统文化的内容，但大家不知道的是它还是中华民族的一种文化符号和形象标识。据中国外文局发布的《中国国家形象全球调查报告2020》显示，中餐（50%）、中医药（45%）、武术（42%）仍是海外受访者心中集中代表中国文化的三大元素。为什么海外人士会认为中医药是中国的代表性标识？中医药学能够延续数千年，为中华民族的繁衍昌盛保驾护航，说明了什么？ **点拨：**因为中医药文化内容丰富，是中国人民用勤劳智慧创造的独具特色的文化。中华民族传统文化作为唯一没有中断而延续至今的文化，也有中医药文化的一份力。 **教材关联知识五：中华优秀传统文化的当代价值** **呈现材料二** 为大力支持中医药的发展，中国中医药出版社出版、发行了《全国中小学中医药文化知识读本》，人大代表也提议将中医药文化写进教材，建议一出，引起了很多网友的热议。 **【提问3】：**有部分网友不支持中医药文化进入教材，为什么？ **点拨：**中医药文化确有糟粕的地方，但是也有精华的部分。因此需要我们去其糟粕，对于精华的部分进行传承。而且该读本重点传承的是中医药文化理念，讲述的是当代生活中我们应该如何更好地利用中医药，并不是需要学生学习技术层面的东西。	1. 以小组为单位展开讨论： 预设回答：核心思想“仁爱”体现了核心思想理念；医者行为体现了中华传统美德；和谐中庸体现了中华人文精神。 2. 阅读材料，了解中医药文化的“前世今生”。 3. 阅读国家形象调查报告，分析中医药文化延续至今的原因。

续　表

<table>
<tr><th>环节</th><th>教学内容</th><th>学生活动</th></tr>
<tr><td></td><td>提出辩论题：同学们，看过网友的评价。你们觉得中医药文化是包袱还是财富呢？为什么？
点拨：包袱：没有西医好，发展停滞不前，没有具体的标准。财富：引出书上的知识点——四点当代价值。
追问：经过辩论之后，同学们觉得应该如何对待中医药文化呢？
总结：哲学家黑格尔曾说过：现实性不是任何一个事物所永远具有的属性，在其发展过程中，现存的东西的现实性、合理性，随着发展的推移，会丧失其必然性，变成不合理的、不现实的，会面临灭亡。作为传承千年的中医药文化，它的发展亦是如此，仍存在不合理的、不符合现实的因素，就像刚刚同学们说的那样，我们这一代人需要让中医药文化的发展具备现实性和合理性，才能使中医药文化长远发展。</td><td>4. 以小组为单位展开辩论，提炼正反论点的关键词，小组间可流动观察，将相同意见合并，正反方分别选出两个辩手陈述观点。其他选手做补充说明。辩论结束后，归纳中华优秀传统文化的当代价值。</td></tr>
<tr><td></td><td colspan="2">设计意图：很多学生对于为什么要继承优秀传统文化存有疑惑，我们要让他们明白的是，优秀传统文化中精华的部分仍然具有当代价值，仍然能够造福我们人类。</td></tr>
<tr><td>板书设计</td><td colspan="2">对待传统文化的正确态度
　走进中医药文化
　　文化的内涵和载体
　　文化与经济政治的关系
　身边的中医药文化（文化的作用）
　中医药文化去向何处
　　优秀传统文化的内容及特点
　　优秀传统文化的当代价值</td></tr>
</table>

附录：

材料一：[①]

中医药文化植根于传统文化，其教育价值主要体现在其核心理念上，而其核心理念主要体现在中医药的宇宙观、认识论、方法论上，我们可以用仁、和、精、诚四个字来概括。

---

① 姚晓丹. 中医药文化进课堂 带着老祖宗的智慧长大[EB/OL]. (2020-09-12) [2024-02-12]. http://www.xinhuanet.com/politics/2020-09/12/c_1126484466.htm.

“仁”，体现了中医仁者爱人、生命至上的伦理思想，即以救死扶伤、济世活人为宗旨，表现为尊重生命、敬畏生命、爱护生命。“医乃仁术”是医学伦理道德的总原则，历代医者皆以“医乃仁术”作为行医宗旨和医德的基本原则。中医药文化的“仁”可以从两方面来理解：一是医术之仁，二是医心之仁。

“和”，涵盖了核心价值的各个方面，是中医药文化的核心和灵魂，体现了中医崇尚和谐的价值取向，表现在人与自然方面是天人合一的整体观，在人体自身方面是阴阳平和的健康观，在操作方法上是调和致中的治疗观，在人与人的关系方面是医患信和、同道谦和的伦理观。

“精”，体现了中医的医道精髓，不仅要求精勤治学、精研医道、追求精湛的医术，还要求高超的直觉心悟的能力和取象类比的能力。由于中医学有着独特的思维方法，最有代表性的是取象运数和直觉体悟思维方式，这就对行医者提出了“精”的更高要求。如中医当中的辨证论治很好地体现了这一点。

“诚”，体现了中医人格修养的最高境界，也是一种重要的伦理学概念和规范。它要求医者在诊疗时做到求真务实、做事时做到实事求是，在为人处事、治学诊疗、著述科研等方面则要求诚笃端方，力戒诳语妄言、弄虚作假。

材料二：①

有这样一套教材，在新学期开始的时候，悄然走进北京、河北等地的一些中小学校，成为中小学生生活中的“小帮手”。这套书就是人民教育出版社出版的《中医药文化中小学生读本》。中小学生学中医知识，不是摇头晃脑地背诵“十八反”“十九畏”“汤头歌”，不是学习“把脉”“气口”等专业知识，而是从图画开始，从故事开始，开启一段具有“东方的思维方式”的药香旅程。上海也推出了《小学生中医药传统文化教育系列读本》，分别是《护眼秘笈》《强身有术》《居家拾贝》，这系列读本图文有趣生动，以小学生能理解、能接受的方式提高小学生学习中华传统中医文化的兴趣。

材料三：找中医配酸梅汤　近两千万网友围观②

乌梅 30 g、陈皮 8 g、薄荷 8 g、桑葚 8 g、山楂 20 g、甘草 5 g……年轻人有自己的“中

---

① 姚晓丹. 中医药文化进课堂 带着老祖宗的智慧长大[EB/OL].（2020 - 09 - 12）[2024 - 02 - 12]. http://www.xinhuanet.com/politics/2020 - 09/12/c_1126484466.htm.

② 张子怡. 价格便宜量又足！中药茶饮成“新宠”[EB/OL].（2023 - 09 - 07）[2024 - 02 - 14]. https://www.chinanews.com.cn/sh/2023/09 - 07/10073497.shtml.

式奶茶”。9月5日,在成都市金牛区交大路174号的一家中药店里,中药师在柜台显眼的位置摆上了一张酸梅汤的方子。中药师告诉记者,这个方子是近期最畅销的,“常常有人来问能不能抓酸梅汤,一般客人都没有自带方子,我们就做了这样的推荐”。即将入秋,很多城市还是暑热未尽,全国各地前往中药店体验酸梅汤的网友络绎不绝。据了解,全国部分省市中医医院已经出现酸梅汤供不应求的情况。在成都,情况也是如此,不少中医馆不仅可以配到酸梅汤,还可以买到现熬现喝的酸梅汤。有的药房没有酸梅汤的现成配方,需要自己提供正规处方,有的则有中药师提供推荐的方子,省去了不少麻烦。

在网上,中药版酸梅汤的视频爆火,“流行花十元找中医配酸梅汤”的话题一度登上短视频平台热搜,近2000万网友围观。酸梅汤在网上火了,很多视频博主纷纷晒出拿着配方走进药房抓药的经历,仅花费低廉的价格,就能收获一份酸梅汤原材料,网友调侃:“打败奶茶店的竟然是中药房”“一个月后,中药房:您的茉莉奶绿好了”……

花9.32元开一副,可制作5杯美味酸梅汤。中医馆买酸梅汤的价格是否真的如此便宜?口感好吗?9月5日,成都商报红星新闻记者走进市内多家中药房进行了探访。

记者注意到,在金牛区同仁堂金沙药店,一副酸梅汤的方子有3种价位,其中选择普通陈皮的方子一副9.32元,选择三年新会陈皮的方子一副20.84元,七年新会陈皮(特级)的方子最贵,一副34.44元。中药师告诉记者,好的陈皮不仅口感更好,药用价值也更高。此外,一些中医馆的酸梅汤还可“私人定制”,药店可根据个人体质调方、减方。作为一道大众饮品,酸梅汤为越来越多的年轻人所青睐,很多人会选择囤购。

第二课时　对待外来文化的正确态度

教材课题:第三单元第八课第三框“正确对待外来文化”

1. 教学设计依据

(1) 课程标准

高中思政课程标准要求感悟世界文化的多样性,理解文化多样性的价值,明确文化交流互鉴的途径和意义。本节课一定意义上阐明了我们国家对其他国家文化的态度,这对于中医药文化的发展是必要的,因为在我们国家,不仅有中医还有西医,如何处理好两者的关系,促进其共同为我国的医疗事业作贡献,是我们本节课所要学习的。

(2) 教材

高中思政教材必修四《哲学与文化》第八课中“正确对待外来文化”包括两框内容：第一目“面向世界　博采众长”，从批判文化复古主义和全盘西化论引入，阐述了对待外来文化的第一种态度，文化发展必须保持开放心态；第二目“立足国情　交流互鉴”，阐述了对待外来文化的第二种态度。从课时内容上来讲，本节课讲述了对待外来文化的正确态度，在增强本民族文化自信的基础之上学会欣赏和尊重其他民族文化，包容其他民族文化的多样性。

(3) 学情

学生通过第七课、第八课的学习，已经对一般的文化和部分中华优秀传统文化较为熟悉。但是对部分外国文化的认识还比较零散，也不够深入。中学生对外来文化的接触比较多，这为理论联系实际情境，激发学生的学习积极性创造了条件，但是有些学生容易迷失在外来文化中，对本民族文化不了解或者说不感兴趣，有些学生又对外来文化持有偏见，采取防卫的心态，这些行为都是片面的。通过本节课的学习，明确如何正确对待外来文化，引导学生做文化传播交流的使者。

2. 教学目标

(1) 通过了解中医药文化发展历史上曾有过的两种激进观点，否定文化复古主义和全盘西化论两种错误观点。

(2) 通过探讨“中西医如何实现共赢局面?”这一议题，了解在抗击疫情期间中西医药交流协作推动了抗疫的阶段性胜利，认识到中西医结合能够推动我国医疗事业的进步，并且通过西医东渐可学习到优秀经验，推动中医西渐。

3. 教学重难点

(1) 重点：对待西方文化应采取的两种正确态度。

(2) 难点：立足我国国情与其他国家文化交流互鉴，坚守中华文化立场，吸收外来有益文化。

4. 议题与问题

课时议题：中西医如何实现共赢局面?

问题一：“中西医势不两立”的观点说明了什么?

问题二：“中医和西医”到底谁更靠谱?

问题三：如何正确交流互鉴?

5. 教学过程

环节	教学内容	学生活动
导入	讲授：观看“人民英雄”张伯礼的视频，通过这个视频了解张伯礼院士为我们的疫情防控作出了突出贡献，视频中有提到张伯礼等中医在疫情中提出了中国方案——中医为主，西医为辅的中国方案，这个中西医结合的方案推动了当时抗疫的阶段性胜利，今天就通过学习了解如何正确对待外来文化。	观看视频，感悟思考。
	设计意图：通过张伯礼引出他提出的中西医结合的抗疫方案，走进今天的课时内容。	
一、“中西医势不两立”的观点说明了什么？	**关联知识一：对待外来文化的错误观点：文化复古主义、全盘西化论** **呈现材料一：**中医存废之争 **提问：**回顾论争的历史，不难发现，废医派人士的思想尽管在某些方面有所差别，但却无疑都有着比较一致的心理根源，那便是“中西医势不两立”。你们是否赞同这个观点？为什么？ **点拨：**“中西医势不两立”的观点说明两派都很绝对，一派是反对外来文化的文化复古主义，一派是盲目照搬西方文化的全盘西化论。这两种观点都是错误的。至于为什么会有这两种观点，那是因为西方侵略中国后，知识分子们对本国的传统文化失望，提倡学习西方的“民主、科学”，可以看到这是与我们当时的历史背景息息相关的。 **总结：**其实中国医学事业发展的道路上一直都有三种说法，除了前面我们所反对的两种观点，最后一种就是“中西医结合”的观点。中西医结合是目前我们国家所选择的，能够发挥两者为人民服务的最大效用。	探究材料，分享观点。 赞同有中医无西医的同学：中医最适合本国国情，必须在当代全面继承。 赞同有西医无中医的同学：中医根本不科学，应该直接向西方学习西医。
	设计意图：从鸦片战争开始，西医传入中国以后，关于“废除中医”的言论就从未停止过，要让学生明白关于废除中医言论的背后更多的是政治、文化等深层次原因，它是有一定历史背景的，并不能简单地从利益的角度衡量。	
二、“中医和西医”谁更靠谱	**教材关联知识点二：面向世界　博采众长** **过渡提问：**2020年疫情的治疗方案是“中医为主，西医为辅”，让我们看看中西医结合的典型案例吧。抗击疫情的过程中是如何体现中西结合的？	1. 探究不同材料，预设回答：中医主要治未病，西医治疗重症患者。

续　表

环节	教学内容	学生活动
	呈现材料二：中西医结合抗疫 **点拨：**轻症、重症的治疗方式不同，中西医结合是从不同方面有效治疗患者。 **追问：**中医学与西医学具有相同的研究对象，即人体，其目的都是为了预防和治疗疾病，但是两者在人体认识上形成了完全不同的景象，就好比面对同一片草原，偏好整体加工的中医看到的是“蓝天白云下的牛羊在吃青草”的景象，而偏好分析加工的西医关注的却是“草原上牛与羊的特征差异”。你认为中西医谁更靠谱，需要拉踩中西医某一方吗？ **点拨：**从我们之前学过的价值角度来看，中西医都有价值，都可以满足人们的需要，只是治疗方式不同而已，中医注重整体的调养，西医重视局部针对的治疗，不同的方式有不同的好处，不能随意拉踩一方。 **总结：**文化发展必须保持开放的心态，中西医都能够为我们的国家发展建设出力，任何事物都没有绝对的好与坏，哲学告诉我们要用辩证发展的眼光去看待事物，发扬积极的一面，规避消极的一面。	2. 辩论“中西医谁更靠谱”，教师流动观察，将相似观点整合到一起。请两名不同观点的学生总结发言。
	设计意图：要让学生认识到不管是外来文化还是本国文化，只要是有利于本国发展的文化，我们都要保持一种开放的心态去接受。	
三、如何正确交流互鉴？	**教材关联知识点三：立足国情　交流互鉴** **提问：**西医最开始传入中国的时候，还不被广大人民群众所接受，那么西医是如何本土化，被中国老百姓接受的？ **呈现材料三：**中医的当代价值 **点拨：**外来文化的有益成果只有与中国具体国情相结合，才能发挥积极作用。 **提问：**我们经常说要推动中医药的国际传播，“西医东渐”对中医药“走出去”有什么启示？ **点拨：**中医药自身实力发展要过硬，培养一些优秀的中医人才，将中国古医书翻译至全世界。同时应该建立一套标准的规范体系，等等。 **总结：**文化具有多样性，民族文化又具有民族性，借鉴其他民族文化的有益成果能够为本民族文化发展助力，本民族文化发展好了，世界文化的多样性才能更好地存在。	阅读材料，分析中医药文化发展的潜在机会，为中医药发展提出建议。如多研发产品，向人民群众喜闻乐见的文化靠拢。

续　表

环节	教学内容	学生活动
	设计意图：西医东渐的过程学生可能不了解，通过探究可以让学生认识到西医本土化的过程，同时也能够为中医药“走出去”提出建议。	
板书设计	对待外来文化的正确态度{两种错误观点(中西医势不两立?)；面向世界　博采众长(疫情当中的“中西医结合”)；立足国情　交流互鉴(西医东渐)}	

附录：

材料一：①

鸦片战争之后，西方医学传入中国，中医药学在中国的地位受到挑战，虽然仍在国家的卫生保健系统中占有主导地位，但是却失去了历史上的优越感，在医学界开始出现一种崇新排旧的倾向。1929年2月，余云岫等人在全国卫生会议上提出《废止旧医以扫除医事卫生之障碍案》等四项议案，直言废止中医。此举一出，立即遭到了中医界人士的一致抵制，也引发了社会各界的强烈反响。虽然由于舆论压力，“废止中医案”并未实行，但是引起的争论却从中医界延伸至社会各界，而且持续多年。

材料二：②

对普通患者的救治，中西医结合治疗可重点关注改善症状、缩短疗程、促进痊愈。普通患者常以发热、干咳、乏力症状为主，部分患者有憋喘、肺部散在渗出等症状，中医药可采取宣肺透邪、芳香化浊、清热解毒、平喘化痰、通腑泄热等治法。对于重症和危重症患者来说，中医药在减少肺的渗出、抑制炎性因子释放、稳定血氧饱和度、减少抗生素使用等方面都具有作用。但是，当重症和危重症患者出现呼吸困难以及血氧饱和度明显下降时，就需要借助呼吸支持甚至是有创机械通气。此时，在西医治疗的基础上，配

---

① 上海通网站. 总述[EB/OL]. (2008-07-01)[2024-02-15]. https://www.shtong.gov.cn/difangzhi-front/book/detailNew? oneId=1&bookId=2247&parentNodeId=2247&nodeId=4560&type=147.

② 黄蓓. 张伯礼解读中西医治疗新冠肺炎不同阶段的作用：中医药改善主要症状有确切疗效[EB/OL]. (2020-02-12)[2024-02-15]. https://zhongyi.gmw.cn/2020-02/12/content_33547801.htm.

合中药干预，可以在稳定血氧饱和度、改善患者呼吸、抑制炎性因子释放等方面起到一定作用。

材料三：①

20世纪以前，西医东渐的步伐总体上来说举步维艰，这多是由文化差异造成的。中西医诊疗的不同主要体现在以下几个方面：第一是由于传统文化强调“身体发肤受之于父母，不敢毁伤”，而西医又以外科手术见长，在中国人眼里，手术好像“采生折割”的罪行一样，仿佛西医大夫们要直接采集活人的器官做药，令人唯恐避之而不及。第二是治疗的场所，中医治疗的场所通常是公开的，而西医的治疗场所则是相对与外界隔离的医院，这种神秘不免给百姓带来不安的想象，他们不知道医疗为什么要隔离，因此对西医十分恐惧。第三，传统医疗和护理的进行都以家庭为单位，家属在治疗的过程中占有一定的主导地位，西医院的“托管”制度让家属难以接受。对此，西医分别采取了公开手术、开放病房、让家人有条件地对住院患者进行陪护等措施，使人们对医院、手术和住院的恐惧感逐渐转变为对其疗效的惊叹，因此西医院的患者也越来越多。以上举例显示，西医在进入中国的过程中充分地考虑了当地的文化，并采取相应的措施进行自我调适，在东西文化的鸿沟之间搭建了桥梁，为西医知识的普及和医院的发展奠定了基础。

材料四：②

当代生命科学的探索和发展在很多方面与中医药学有密切关系，人们可以从中医药中得到非常深刻的启示。例如，以中药黄连活性成分——小檗碱为探针，揭示了人体内一条新的血脂调控通路；温肾阳中药显示出促进干细胞增殖的作用，这些例子表明中医药可以在化学生物学、干细胞研究等生命科学前沿研究领域作出重要贡献。中医学的很多思想、理论和实践，实际上走在了当代科学的前面，历久而弥新。

为了应对疾病谱转变带来的健康挑战，现代医学的思路必须调整，必须有系统性的思考。因此，中医整体的、多靶点的、多层次的作用和调节，就显示出重要的价值和意义。近年来，中医药在治疗白血病和实体肿瘤、慢性肝肾疾病等重大、复杂疾病方面

---

① 梁秋语，张宗明，张其成．西医东渐的历史经验及其对中医药“走出去”的启示[J]．中华中医药杂志，2019，34(5)：2226—2229．

② 陈凯先．中医药在当代的地位和作用[EB/OL]．(2017-12-22)[2024-02-16]．https://www.shutcm.edu.cn/2017/1222/c751a10185/page.htm．

取得了具有重要意义的成就和进展，引起国内外的高度关注。不仅如此，传统中医药学对于医学的目的和模式也有着非常深刻的思考和先进的思想。中国传统医学的核心理念——“上工治未病”和21世纪医学目的调整的方向完全一致，集中体现了医学目的调整和医学模式转变的核心价值。中国传统医学的基础是身心统一的生命整体观，人与社会、人与自然统一的天人合一论，体现了“生理—心理—社会—环境”相结合的新医学模式。这种模式已历经数千年亿万人实践的检验。显而易见，“治未病”的医学正是“关于健康的科学”。

（张苗苗）

第八章

世界遗产题材的开发：以莫高窟为例

党的二十大报告提出，“加大文物和文化遗产保护力度”“坚守中华文化立场，提炼展示中华文明的精神标识和文化精髓，加快构建中国话语和中国叙事体系，讲好中国故事、传播好中国声音，展现可信、可爱、可敬的中国形象”。这为新时代文化遗产保护事业发展擘画了蓝图、指明了方向。

自我国1985年12月12日加入《保护世界文化和自然遗产公约》的缔约国行列以来，截至2021年7月25日，中国已有56项世界文化和自然遗产列入《世界遗产名录》，其中世界文化遗产38项、世界文化与自然双重遗产4项、世界自然遗产14项。莫高窟，中国首批世界文化遗产，丝路明珠，有着1600多年的历史，是建筑、彩塑、壁画组成的综合艺术体，位于甘肃敦煌鸣沙山东麓崖壁上。它的开凿从十六国时期至元代，前后延续约1000年，这在中国石窟中绝无仅有，是中国石窟艺术发展演变的一个缩影，作为我国现存规模最大、内容最丰富的古典文化艺术宝库，莫高窟堪称人类文化史上的一大奇迹，吸引着全世界的目光。

2019年8月19日，习近平总书记视察莫高窟时强调，要十分珍惜祖先留给我们的这份珍贵文化遗产，坚持保护优先的理念，加强对石窟建筑、彩绘、壁画的保护，运用先进科学技术提高保护水平，将这一世界文化遗产代代相传。教育是传承人类文化记忆的重要方式，文化遗产是全人类的文化宝库，代表着一个民族的基因和精神，通过世界遗产教育可以使得民族文化有效传承，也能增进文明的交流互鉴，增强学生的全球意识、人类命运共同体意识。①

第一节　莫高窟的教育价值

习近平总书记指出，中华文明具有突出的连续性、突出的创新性、突出的统一性、突出的包容性、突出的和平性。莫高窟是古丝绸之路多元文化交融和文明互鉴的结晶，生动体现了中华文明的特征。

---

① 马育倩，邸丛枝. 我国世界遗产教育发展研究[J]. 石家庄学院学报，2006(6)：82—85.

一、莫高窟概况

敦煌莫高窟南北长1 600余米，现有洞窟735个，保存壁画4.5万多平方米，彩塑2 400余尊。莫高窟记录了历史的变迁、艺术的演进，流传下包罗万象的史料。

19世纪下半叶，随着我国逐渐沦为半殖民地半封建社会，西方列强不断对我们的政治、经济、文化进行渗透，也对我国文化遗存进行大肆掠夺。1900年藏经洞的发现，引起了西方探险家对敦煌石窟的注意。20世纪10—20年代，英国的斯坦因、法国的伯希和、俄国的鄂登堡等一些西方学者和探险家，以现代考古学的方法调查、记录、公布了敦煌石窟的部分照片和资料。

1900—1916年，斯坦因先后三次到新疆等地考察。1907年，他到敦煌莫高窟考察时，除了从王道士手中骗购了藏经洞发现的写卷和绢画外，还对莫高窟的建筑、雕塑、壁画进行了考察和记录，这也是第一次对莫高窟艺术进行的记录，1921年，斯坦因出版了《西域考古图记》《千佛洞》，刊布了莫高窟壁画、绢画等照片、资料以及部分榆林窟壁画照片。

1908年，伯希和到莫高窟进行调查时，又骗购了藏经洞的精华，同时对大部分石窟作了描述、记录，拍摄了照片，还第一次给莫高窟有壁画洞窟编了号，对石窟的年代和壁画内容作了一些考订，对残存题识进行了记录，这是最早以近代科学的方法对敦煌石窟进行的编号和内容登录，伯氏于1920—1924年间，编著出版了《敦煌石窟图录》(1—6册)。

1914—1915年，鄂登堡带领俄国考察队到敦煌，在伯希和考察的基础上，对莫高窟作了比较全面、系统、详尽的综合性考察。除了对伯希和的测绘作了补充修改，新编、增编了一些洞窟编号外，还逐窟进行了拍摄、测绘和记录，对重点洞窟作了临摹。在测绘出南区洞窟单个洞窟平、立面图的基础上，最后拼合出了总平面图和总立面图，形象地记录了莫高窟当年的真实情况。遗憾的是，他的这些成果直到近年才被逐渐整理发表。①

① 樊锦诗.敦煌石窟研究百年回顾与瞻望[J].敦煌研究，2000(2)：40—51+186—187.

二、莫高窟的文化艺术价值

敦煌石窟艺术是敦煌学研究的三大对象之一，它是一种由建筑、雕塑、壁画三者紧密结合而成的综合体艺术。敦煌艺术虽然主要指敦煌石窟艺术、但它还包括藏经洞出土的绢画、麻布画、纸画、写本（从书法角度）以及敦煌地区的其他文物艺术品，如古墓壁画、画像砖、汉简书法等①。佛教文化传入中国后，由于佛教哲学与传统中国哲学有重视精神体悟的特质，并与道家的心灵哲学相一致，又与儒家“独善其身”“乐天知命”等观念一致，所以很快被中国人纳入传统文化的轨道，敦煌石窟艺术正是佛教文化在中国发展艺术的结晶。

（一）彩塑

从美学角度而言，敦煌彩塑具有形式美和意境美，具有极高的审美价值，凸显了中华传统文化的内涵。② 从形式美上看：敦煌彩塑将绘画中线的艺术手法用到雕塑上，体现了我国雕塑线艺术的特点，线条的刻画传达了敦煌彩塑的动态之美；敦煌彩塑的色彩繁多，北魏朴实、唐代明艳，各个朝代用色各具特色，是当时经济发展水平的生动反映。从意境美上看：经过不同时期能工巧匠的塑造，敦煌彩塑超越原始的印度佛像，从最早期的原生态形象逐渐演变为具有东方形态特征的艺术形象。

不仅如此，作为非物质文化遗产的敦煌彩塑制作技艺是一门历史悠久的传统泥塑敷彩技艺，产生于敦煌当地，敦煌彩塑艺术能历经千年依然保存完好且神采依旧，很大程度上得益于这门古老、精湛且独特的制作技艺。

（二）壁画

飞天是佛教艺术中的独特形象，一般指佛教诸天。世界各文明古国都有自己的飞神形象，希腊有安琪儿——臂长翅膀的儿童或少女；中国有羽人，臂长羽毛，奔腾于空，世称飞仙；印度有头顶圆光、身托云彩的飞天，也有双翼天使。敦煌飞天来自印度，进入敦煌后，逐渐与羽人相结合，五世纪末转化为飞仙，条丰脸型、长眉细眼、头顶圆髻、

---

① 胡同庆. 敦煌石窟艺术概述[J]. 敦煌研究，1993(3)：16—34＋114.

② 胡召，黄春华. 敦煌彩塑美学研究[J]. 大众文艺，2010(21)：93—94.

上身半裸、肩披大巾、头无圆光、风姿潇洒、云气流动，成为敦煌式中国飞天的经典形象。

三、莫高窟的思想文化意蕴

中华文化是在与域外文化多次互动及本民族多元文化积极交融的过程中发展起来的，而莫高窟是体现这一发展特点的优秀代表。它集宗教、哲学、政治、音乐、舞蹈、雕塑等为一体，在吸收和同化其他民族文化艺术的同时，又努力追求创新，形成了自己的独特风格。莫高窟站在中华文化的基点上，吸收融合多种外来文化，其独立性、融合性和创新性，展示了特定的时代特色和民族风格，是中华文化强大生命力的见证，更是今天在全球化面前保持民族精神而不被同化的历史例证和精神源泉。①

敦煌艺术在初期主要表现为佛陀说法、释迦生平事迹——佛传故事，佛陀前生舍己救众生的善行——本生故事，佛陀度化众生的事迹——因缘故事，还有静坐参禅的千佛。主要表现修持六度以成佛道的悲剧性静穆境界。

北魏晚期，壁画中出现了东王公、西王母、伏羲、女娲、方士、朱雀、玄武、青龙、白虎、羽人、乌获等道家神仙的形象，出现了天花旋转、云气漂流，出现了动的境界，还出现了传自南朝的"秀骨清像"的菩萨以及身着大袍、脚登高头履的士大夫形象，这正是佛教传入中国后与道家神仙思想相结合的反映。

隋唐以后，出现了许多伪经，实际上是中国人自撰的佛经，《报父母恩重经》是根据《孝经》杜撰的。唐代洞窟里有此经变，中部为佛陀与圣众，四周描写十月怀胎、分娩成长、长大成人、忤逆、不孝等情节。这不是宣传佛教，而是宣扬儒家孝道思想。在许多净土变的深层境界中，蕴含着儒家的伦理道德思想和政治境界。

南北朝时一位学者说得好："释迦生中国，设教如周孔；周孔生西方，设教如释迦。"一语揭示了文化交流中的规律。②

---

① 凌建英，李太荣. 多元文化融合中的石窟文化研究——以云冈石窟为例[J]. 江西社会科学，2011，31(11)：237—239.

② 段文杰. 敦煌石窟艺术的特点[J]. 敦煌研究，1995(2)：3—7.

四、莫高窟的教育价值

2021 年夏，第 44 届世界遗产大会期间，教育部与联合国教科文组织合作举办了“面向未来的世界遗产教育”主题边会。教育部部长陈宝生在边会主旨演讲中指出，“遗产保护事业需要教育，教育工作者也特别关注遗产保护”。“世界遗产教育计划”（World heritage education program）针对年轻人、教育者和管理者分别制定目标，希望让年轻人了解遗产的意义和价值，发出自己的声音，就遗产保护提出意见。[①] 开展世界遗产教育，一方面可以依托现有语文、历史、政治和地理课程，结合具体章节内容，有机渗透世界遗产学习；另一方面可以开展专题式世界遗产教育，依托综合实践活动等活动课程，开展专题研究。[②]

高中思政课是落实立德树人任务的关键课程，从核心价值看，它是一门进行马克思主义基本观点教育的课程，从基本功能看，它是一门提高社会认知、社会参与能力的课程，高中思政课涵盖政治、经济、哲学、法律、文化等社会科学领域的诸多方面。世界文化与自然遗产涉及多个学科，就思政课教学而言，针对文化、哲学模块的教学，教师可以着重挖掘世界遗产与民族精神的衔接点，突出我国世界遗产的文化艺术价值；针对政治、经济模块的教学，教师可以通过世界遗产的开发与保护、申报世界遗产的艰辛，让学生理解经济发展和文化遗产保护的关系，认识到拥有国际话语权的重要性。[③]

（一）中西文化交流的典范

有着 1 600 多年历史的敦煌莫高窟被誉为丝路明珠，是建筑、彩塑、壁画组成的综合艺术体。著名的敦煌研究者季羡林先生在《敦煌学、吐鲁番学在中国文化史上的地位和作用》一文中曾经说过：“世界上历史悠久、地域广阔、自成体系、影响深远的文化体系只有四个：中国、印度、希腊、伊斯兰，再没有第五个；而这四个文化体系汇流的地方只有一个，就是中国的敦煌和新疆地区，再没有第二个。”在敦煌，汉唐文化、印度文化、阿拉伯文化、罗马文化、波斯文化交相辉映、汇聚融合。

---

① 李瑞，别治明. 全球世界遗产教育理念与实践述论[J]. 遗产与保护研究，2018，3(7)：24—29.

② 郑宏尖. 中小学世界遗产教育：意义、内容和途径[J]. 教育研究，2009，30(6)：106—110.

③ 苏小燕. 以世界遗产教育培育学生文化自信[J]. 中国高等教育，2021(12)：53—55.

莫高窟作为著名的世界文化遗产，生动地展现了中原文化与西北地区民族文化、中华传统文化与西方文化的交流与融合，因此是中西方文化激烈碰撞、融会贯通的产物。莫高窟的壁画既能突出西域文化的野性之美，也能描绘东方文化的清秀之风；它既有接近现实的写实主义作品，也有优美高雅的浪漫主义作品。它们反映了说法、传教、修行等宗教生活的内容，涵盖了舞蹈、建筑、战争、狩猎、耕织、婚丧嫁娶等社会生活的方方面面，记录了佛教东传的历史变化，保存了中西交流的文化史实。

(二) 中华文化传承的线索

敦煌石窟营建的一千多年历程，时值中国历史上两汉以后长期分裂割据，走向民族融合、南北统一，臻于大唐之鼎盛，又由巅峰而式微的重要发展时期。但是莫高窟的营造及其历史过程中，关于当地有影响的世族与大姓，以及敦煌同周围民族与西域的关系，在历史中则没有或很少有记载。但是，莫高窟的壁画、塑像和文书能够为我们提供许多历史状况和历史线索。

两千多年前，丝绸之路将中国和遥远的欧洲连接起来。在两千多年后，我国倡议并建设“一带一路”，为共建国家带来巨大的发展机遇。2013年，习近平主席在访问哈萨克斯坦和印度尼西亚时，分别提出建设“丝绸之路经济带”和“21世纪海上丝绸之路”的合作倡议。几年来，“一带一路”倡议下的“政策沟通、设施联通、贸易畅通、资金融通、民心相通”五通建设成果丰硕，正在朝着和平、繁荣、开放、绿色、创新、文明的目标不断迈出坚实步伐。从“五通”到“六路”，从“大写意”到“工笔画”，“一带一路”倡议逐步走深走实。

总之，敦煌莫高窟对于了解我国古代的政治、思想、经济、文化，探讨古代艺术发展的规律，研究我国古代的艺术，具有重要的历史价值，对于发展民族形式的社会主义新文艺，有着积极的启示意义。

五、思政课运用莫高窟资源的方式

(一) 中小学教科书中的莫高窟

在我国现行中小学课本中，出现过多次有关世界文化遗产莫高窟的内容(见表8-1)，莫高窟作为传统文化的精华，有些学生也有实地游览经历，对莫高窟有大致的认知，并对其神秘而璀璨的艺术抱有好奇之心和钦佩之情。中学生应该还能将莫高窟与丝绸之路、中外文化交流联系起来，知道莫高窟是中西文化交流与融合的产物，等等。

表8-1　现行中小学各学科教材中有关莫高窟的内容(部分)

【语文】
部编版(2019年12月第1版)五年级下册语文——中国的世界文化遗产(104页)
部编版(2017年7月第1版)八年级上册语文——身边的文化遗产(152页)
【历史】
部编版(2016年7月第1版)七年级上册——沟通中外文明的“丝绸之路”(67页)
【思想政治】
部编版(2019年12月第1版)必修四哲学与文化——丝绸之路(106页)

就高中思想政治教材来看，必修四《哲学与文化》的“文化交流与文化交融”一课中，教材呈现了以下内容：

古丝绸之路不仅是一条通商易货之道，更是一条知识交流之路。沿着古丝绸之路，中国将丝绸、瓷器、漆器、铁器传到西方，也为中国带来了胡椒、亚麻、香料、葡萄、石榴。沿着古丝绸之路，阿拉伯的天文、历法、医药传入中国，中国的四大发明、养蚕技术也由此传向世界。更为重要的是，商品和知识交流带来了观念创新。

这份材料旨在让学生认识到经贸活动与文化传播的关系，进而理解文化交流对中华文化发展的影响。莫高窟坐落于丝绸之路上，它的发展也得益于丝路贸易，因此莫高窟可以说是解释经贸往来具有文化传播功能的一个颇具说服力的例证。

“文化发展的基本路径”一课中，教材呈现了以下内容：

敦煌石窟是中国古代文明的一座璀璨的艺术宝库，也是古代丝绸之路上不同文明之间对话和交流的重要见证。在古代丝绸之路兴盛和繁荣发展的一千多年里，来自中国、印度、希腊以及中亚、西亚等不同国家和地区的多种文化不断交流融汇，在敦煌这一丝绸之路“咽喉之地”，创造了以莫高窟佛教艺术和藏经洞文物为代表的敦煌文化艺术。那些精美的绘画与雕塑，带给人们极具震撼力的艺术感受，那些数以万计的赤轴黄卷，蕴藏着丰富的文献资源。它们不仅对研究中国古代历史文化、古代中西方文明交流具有重要的价值，而且对现代世界文化、艺术的发展都具有十分重要的启示和借鉴意义。

思政教材已经渗透了与莫高窟及丝绸之路相关的传统文化资源。此外,教材还呈现了“都江堰”等世界文化、自然遗产,可见在思政课中开展世界文化遗产教育早已为教材编写者所重视。不过,在实际教学中,思政教师是否能根据教材上的这些材料,理解这些世界文化遗产的价值,并进一步挖掘它们的价值,这是值得思考的。此外,文化遗产的保护不应仅仅停留在对传统文化资源价值的认识上,还应调动多学科知识解决在文化遗产保护中的多种矛盾。

学生在小学、初中的学习中已经充分认识到了莫高窟的文化艺术价值,高中的教学应该更注重对学生高阶思维的培养,认识到传承传统文化的复杂性,挖掘其背后的故事。

(二)高中思想政治课运用莫高窟资源的方式

高中阶段运用莫高窟等文化遗产开展教学应有别于小学和初中学段,重在让学生理解文化遗产的价值及其保护的迫切性与难题,促进学生切实参与到文化遗产保护事业中。从这个角度来说,部编教材与莫高窟等文化遗产的结合点可以从两个角度来考虑:

一是专题学习,将莫高窟等文化遗产与高中思想政治文化模块中的“学习借鉴外来文化的有益成果”一课结合开展学习。以敦煌的彩塑、壁画、故事等作为背景材料,通过带领学生分析敦煌莫高窟艺术形式的变迁,讨论莫高窟的发展变化及其背后的文化内涵,让学生感受文化交融对文化发展的意义。

二是融入式学习,在非文化模块中围绕文化遗产相关问题展开学习。教师可以通过世界遗产的开发、利用与保护,申报世界遗产的艰辛,让学生理解经济发展和文化遗产保护的关系,并认识到掌握国际话语权的重要性,还可以思考在文化遗产的保护中要如何开展国际合作。这些都是现实社会的真问题,也是所有文化遗产在开发、利用和保护中面临的典型问题,值得高中学生去探讨。

除了莫高窟,中国所有的世界文化遗产和其他珍贵文物都可以用作落实思想政治教育和优秀传统文化教育的资源。教师既可以根据文化遗产本身的特点开展教学,让学生从文化遗产所经历的故事中,感悟中华民族的精神追求;也可以着眼于文化遗产的开发、利用与保护之间的矛盾,思考中国式现代化的发展之路,理解我国新发展理念。

第二节　教学设计

一、教学设计一：贯彻新发展理念之路

(一) 教学设计依据

1. 课程标准

本节课是高中思政必修二第二单元“经济发展与社会进步”第三课“我国的经济发展”第一框“贯彻新发展理念”的内容。高中思政课程标准对与本课相关的内容要求为“阐释以人民为中心的发展思想和创新、协调、绿色、开放、共享的发展理念”，即让学生正确理解以人民为中心的发展思想和新发展理念的内涵。在教学提示部分建议以“为什么发展必须以人民为中心”为议题，探究坚持新发展理念的意义。

2. 教材

正如单元标题所示，本单元要解决的核心问题为“经济发展”与“社会进步”的关系，也即如何在推动经济发展的同时促进社会发展。本节课在本单元中有着统领作用，单纯的经济增长不等于经济发展和社会进步，要推动经济高质量发展就要以人民为中心，建设现代化经济体系，就要在正确思想——新发展理念的指导下进行。

本框共安排两目内容：第一目“以人民为中心的发展思想”，阐释了坚持以人民为中心的发展思想的内涵，说明了坚持以人民为中心的发展思想的意义；第二目“贯彻新发展理念”，分别介绍了创新、协调、绿色、开放、共享发展的目的、重要性和具体措施，分析了新发展理念之间的关系。

3. 学情

本课的教学对象为高一学生，教材逻辑清晰但是理论性强，较为宏观，学生多知道新发展理念的内容，但缺乏全面、深刻的理解。教师需要选择贴合学生实际生活的情境，激发学生分析问题、理性思考。

(二) 教学目标

通过思考如何更好地促进敦煌发展，阐述创新、协调、绿色、开放、共享的发展理

念，多角度地看待经济发展的现实问题，知道经济发展是一个系统性的工程，深刻理解“坚持以人民为中心的发展思想”的意义，得出经济发展需要正确理念指导的结论，增强对党和国家经济与社会发展政策的理解。通过对世界文化遗产莫高窟发展路径的探究，感受中华优秀传统文化的魅力和价值，增强公共参与意识，愿意以力所能及的方式自觉参与对中华优秀传统文化的保护和传承。

(三) 教学重难点

1. 重点：以人民为中心的发展思想，新发展理念的内涵、要求和原因。

2. 难点：如何系统地运用新发展理念指导经济发展；经济发展与社会进步的关系。

(四) 教学过程

议题：如何促进历史名城敦煌的健康发展？

问题一：如何缩小东西部差距，推动敦煌发展？

问题二：敦煌如何高质量发展文旅产业？

环节	教学活动	学生活动	教学设计意图
导入	**1. 走近古今敦煌** **提问：**敦煌作为历史文化名城，相信同学们都对敦煌、敦煌莫高窟有着一些了解，能否分享你对古今敦煌的一些了解？ **呈现材料：**PPT 配合学生分享，呈现图片、视频材料加深印象。 **2. 对比古今敦煌** **呈现材料：**纵向对比古今敦煌在国家中的地位和经济状况；横向对比敦煌和全国整体发展水平的差距。 **提问：**同学们有何发现？ **【小结】**敦煌作为历史文化名城，有珍贵的世界文化遗产，也有着繁华的过去，但是现在的敦煌却面临着一些发展困境，也是我国发展不平衡、不充分的体现，如何缩小差距，促进古城敦煌发展？	1. 在教师的引导下分享自己对敦煌的认知，知道敦煌有着珍贵的世界遗产。 2. 阅读图表，提取有效信息，在对比中明确敦煌的现实困境，总结敦煌发展的问题。	通过探究古今敦煌的现状，引发学生思考，导入新课。

续　表

环节	教学活动	学生活动	教学设计意图
一、如何缩小东西部差距，推动敦煌发展？	**关联知识一：以人民为中心的发展思想** **呈现材料：**敦煌的地理位置、气候条件、自然资源、文化资源等情况。 **小组讨论：**综合运用地理、历史等学科的知识，分组讨论，为敦煌发展出谋划策。 **总结：**面对我国的发展，基于敦煌的地理位置和气候条件等，同学们提出了发展文旅产业的策略，这会给当地人民的生活带来很多改善，是“以人民为中心”发展思想的体现。以人民为中心就是发展为了人民、发展依靠人民、发展成果由人民共享。 **提问：**但是发展文旅产业就能解决现实问题吗？ 过渡到探究二。	分组讨论，为敦煌发展出谋划策。 预设解决方案：旅游业、利用“一带一路”的优势发展商贸。	跨学科学习，调动历史、地理和政治学科知识解决敦煌发展的现实难题。
二、敦煌如何高质量发展文旅产业？	**关联知识二：新发展理念** **呈现材料：**脆弱的莫高窟 **小组讨论：**发展文旅产业固然很好，但是这也并非一帆风顺、一劳永逸，而是面临着一些现实困境，敦煌如何高质量发展旅游业？ **提问1：**如何处理开发与保护的关系，推进历史文化资源可持续发展？ **提问2：**如何更好地开发旅游资源，推动经济发展？ **小结：**通过分析、讨论，可以看出，不论是科技创新、生态保护、产业协同、发展“一带一路”、还是公共服务改进，推进敦煌文旅产业高质量发展是新发展理念不同内容共同作用的结果，因此我们必须明白，创新、协调、绿色、开放、共享的新发展理念，是相互贯通、相互促进的关系，是具有内在联系的集合体，要统一贯彻，不能顾此失彼，也不能相互替代。	承接上一环节，层层推进，表达自己的观点。 预设回答1：技术创新、云游览；推进自然环境保护，减少伤害。 预设回答2：利用“一带一路”，开展国际交流，助力文旅产业发展。	通过呈现文旅产业发展的现实困境，理解新发展理念，能够分辨区别、把握联系，牢固树立创新、协调、绿色、开放、共享的发展理念。

续 表

环节	教学活动	学生活动	教学设计意图
总结	通过本课的学习，同学们已经对新发展理念的内涵与要求有了进一步的理解与认识，不仅仅是振兴敦煌，整个国家的建设也都需要坚持新发展理念的指引，希望同学们在课后能够运用本课所学到的知识，结合国家发展实际，分析如何在新发展理念的指引下更好地推动经济发展和社会进步。		

(五) 板书设计

如何推动敦煌发展？

"一带一路"　　开放

协调

旅 游 业　　绿色
共享

↓

开发VS保护　　创新

以人民为中心

附录：

材料一：①

曾经的敦煌，是丝绸之路上的枢纽城市，具有极高的历史文化价值和文化战略意义。但是，近代以来，受地处内陆、发展空间有限、自然条件限制、生态环境脆弱等因素的禁锢，"将会变成第二个楼兰"的警世之言压在敦煌的"肩上"。

敦煌市，面积31 200平方千米，常住人口约19.18万人。2019年全市生产总值81.78亿元，不变价同比增长4.04%。其中：一产增加值9.94亿元，同比增长5.56%；二产增加值18.72亿元，同比下降0.6%；三产增加值53.12亿元，同比增长4.91%，三次产业结构比为12.16∶22.89∶64.95。人均生产总值42716元（基于2019年全市年平均常住人口为19.145万人计算），比上年增加2401元。

① 敦煌市人民政府. 敦煌市2019年国民经济和社会发展统计公报[EB/OL].（2020-05-14）[2022-05-29]. https://www.dunhuang.gov.cn//dunhuang/dh12/202005/38a58618bb554d8682858d45315319cf.shtml.

材料二：脆弱的莫高窟①

"敦煌莫高窟每存在一天，就更接近消失一天"，除了时间流逝带来的自然褪色，风沙、虫害，甚至过多游客的呼吸，对敦煌都意味着不可逆的伤害。莫高窟的艺术水平让人感到震撼，然而经历了上千年的岁月洗礼，已经变得十分脆弱。自北魏开窟1600多年来，部分洞窟受到了严重侵蚀和破坏。新中国成立以后特别是改革开放以来，国家高度重视敦煌莫高窟的保护，投入大量人力、物力和财力，有效治理了渗水、风沙、病害对洞窟的侵害。但是，这些保护措施只是减缓了莫高窟自然老化的过程，并不能遏止文物的自然老化。有专家预估，无论如何，未来50年到100年内，莫高窟或将湮没在黄沙中。莫高窟每天的门票，需要提前预约，并且限制人数，超过限定，便无法进入洞窟观赏，而且还不允许拍照，不允许用手机、相机。尽管敦煌研究院的工作人员拼尽了全力保护洞窟的完整，但只要有人观赏，那就必然会对它造成伤害。

近年来，莫高窟的游客持续快速增长。2018年，莫高窟年接待游客逼近200万人，比2014年上涨近120万人。尤其暑期，更是旅游旺季，仅应急参观游客就约占全年游客总数的1/3。然而，旅客"爆棚"的莫高窟承载力却很有限。至今保留有洞窟735个，但窟内面积在13平方米以上、病害较轻且适宜开放的只有110多个。"过多游客进入洞窟，导致窟内温湿度、二氧化碳等发生变化。湿度过高会使得壁画中的盐分反复溶解、结晶，产生'壁画癌症'酥碱等病害。"

"这里其实是个文物库房，它不是个景点，怎么接待？文物保护不好，我怎么跟先人交代？游客看不到东西，我怎么跟他们千里迢迢花钱买的门票交代？"80多岁的敦煌研究院院长樊锦诗每天都着急上火。

---

① 参考以下资料改编：
微游甘肃. 回到敦煌|正在消失的莫高窟[EB/OL]. (2021-10-28)[2024-02-23]. https://baijiahao.baidu.com/s?id=1714850969354899720.
胡毓靖. 腾讯合作敦煌研究院：用AI给壁画看病，把海外文物数字资料带回家[EB/OL]. (2021-03-24)[2024-02-23]. https://m.guancha.cn/ChanJing/2021_03_24_585159.shtml?s=wapzwyxgtjdt.
新华社. 世界文化遗产莫高窟的"保护经"[EB/OL]. (2019-08-23)[2024-02-23]. https://www.sohu.com/a/335880067_267106.
王迅等. 莫高窟"限流"保卫战[EB/OL]. (2016-03-07)[2024-02-23]. https://www.chinawriter.com.cn/bk/2016-03-07/86632.html.

二、教学设计二：价值判断与价值选择

（一）教学设计依据

1. 课程标准

本节课是高中思政必修四第二单元“认识社会与价值选择”第六课“实现人生的价值”第二框“价值判断与价值选择”的内容。高中思政课程标准对与本课相关的内容要求为“解析价值观差异与冲突产生的社会根源，能够进行合理的价值判断与行为选择”，即学生能够针对社会生活中各种不确定的具体问题，进行科学分析，作出正确的价值判断和价值选择。即让学生正确理解以人民为中心的发展思想和新发展理念的内涵。在教学提示部分建议以“面对价值冲突如何选择”为议题，探究生活中进行价值选择的标准，可针对公共问题的不同解决方案，讨论应坚持什么价值取向。

2. 教材

本单元坚持唯物史观，寻觅社会历史的真谛和规律。从社会存在决定社会意识出发，探寻社会历史的发展规律，探索人的认识从何而来；接着介绍人在社会历史发展中的作用和价值；最后落脚到价值观、价值判断与价值选择，实现人生的价值。第六课围绕实现人生价值，介绍价值观的驱动、制约和导向作用，明确价值判断和价值选择的标准，把握价值实现的正确途径，树立正确的人生观和价值观。

第二框“价值判断与价值选择”分为两目：第一目“自觉遵循社会发展的客观规律”，阐述了价值判断和价值选择的内涵，价值判断和价值选择的社会历史性；第二目“自觉站在最广大人民的立场上”，论述了价值判断和价值选择的主体差异性，明确人民群众的利益是最高的价值标准。

3. 学情

（1）学习基础：学生已学习哲学知识，初步掌握了运用唯物论、辩证法的观点去认识问题、分析问题，对辩证唯物主义历史观有了初步的理解，树立了正确的理想信念，这为本课教学奠定了认识基础。

（2）学生特点：当今社会，多元价值之间的冲突越来越明显，高中生处在价值观形成的关键阶段，需要进行引导以进行理性的价值判断和价值选择。尽管学生对此概念较为熟知，但在实际的生活中却知易行难，因此需要选择能够引起学生共鸣的教学材

料,提升学生的认同感。

(二) 教学目标

1. 通过横向对比不同网友的意见,能说出价值判断和价值选择的内涵,知道价值判断和价值选择具有主体差异性;通过纵向对比三代敦煌人的选择,明确价值判断和价值选择虽有主体差异性,但是做出正确的价值判断和价值选择要自觉站在最广大人民的立场上,同时理解和尊重他人的正当选择。

2. 通过专业选择微辩论,引导学生明白随着实践的发展,人们对专业好坏的评价会发生变化,进而明确价值判断和价值选择的社会历史性及其意义。接着通过分析考古专业建设和人才培养措施变化,理解正确的价值判断和价值选择要遵循社会发展的客观规律。

3. 通过了解与莫高窟有关的人和事,增加对莫高窟的了解,感受中华优秀传统文化的魅力,坚定文化自信;增强公共参与意识,能够以力所能及的方式自觉参与保护、传承优秀传统文化。

(三) 教学重难点

1. 重点:理解价值判断和价值选择的概念。

2. 难点:能从人民立场和社会发展规律角度进行价值判断和选择。

(四) 教学过程

问题一:如何评价"他们"的选择?

问题二:我们应怎样作出正确的价值判断和价值选择?

问题三:如何更好地推进文物保护?

环节	教师活动	学生活动	教学设计意图
导入	**呈现材料:**莫高窟的过去和现状,使学生了解莫高窟的艺术价值和保护莫高窟背后的故事。	观看图片和视频,感悟其魅力与价值。	通过莫高窟故事导入新课。
一、如何评价"他们"的选择?	**关联知识一:**(1)价值判断和价值选择的内涵;(2)价值判断和价值选择具有主体差异性 **呈现材料:**留守女孩报考考古系 **提问:**1. 大家的看法是什么?请同学们	开展小型的辩论,引入新课,让同学们不断地思考和回应其他同学的观点。可能有的观点为:支持,	以钟芳荣和三代敦煌人的人生经历为背景,创设情境,分析问题,得出

续　表

环节	教师活动	学生活动	教学设计意图
	陈述自己的观点，并说明理由。 2. 为什么同学们的选择各有不同？ **总结：**根据学生回答，总结价值判断、价值选择的含义。同时知道价值判断和价值选择有主体差异性。 **呈现材料：**三代敦煌人 **追问：**为什么我们要宣传三代敦煌人的事迹？如何看待他们的坚守和付出？ **总结：**价值判断和价值选择具有主体差异性，我们要自觉站在最广大人民的立场上，理解和尊重他人的正当选择。	选自己喜欢的事情；支持，但是自己可能没有勇气做这个选择；不支持，考古学确实不太好就业。 预设回答：因为传递正能量；因为他们对考古事业有贡献。	价值判断和价值选择具有主体差异性。
二、我们自己应怎样作出正确的价值判断和价值选择？	**关联知识二：**价值判断和价值选择具有社会历史性 **微辩论：**专业选择是根据个人爱好还是社会需求？ **要求：**选择持方；正反方轮流发言，注意回应对方观点；时间5分钟以内。 **点拨：**事实上，专业选择中的个人兴趣和社会需要是统一的，每个人只有将个人的特点和社会长远的需要结合起来才能获得长足的进步和发展。 **材料：**考古学专业建设政策、人才培养政策 **提问：**根据国家出台的政策，推断中国对待考古专业发展的态度及原因？ **小结：**价值判断和价值选择要遵循社会发展的客观规律，与时俱进。	学生分组辩论。预设双方观点有分歧，但是最终辩论结果会认为本质上要在认识个人特点的基础上结合社会发展的需要。 学生阅读材料，分析政策变迁，总结变迁原因。	在第一环节讨论钟芳荣和三代敦煌人选择的基础上，让学生结合个人生活实际，思考自己会进行怎样的价值判断和价值选择，明确价值判断和价值选择要遵循社会发展的客观规律。
三、如何更好地推进文化遗产保护？	**提问：**大家会从事考古相关工作吗？如果不去亲身参与莫高窟等文物的保护就是没有进行正确的价值判断和价值选择吗？我们可以做些什么？	学生思考，预设可能的回答：会宣传保护、文创消费等。	通过讨论如何更好地进行文物保护，引导学生将正确的

续　表

环节	教师活动	学生活动	教学设计意图
	小结：价值判断和价值选择要自觉站在最广大人民的根本立场上，把个人、集体、社会利益三者统一作为选择的标准。		价值判断转换为真实的价值选择。

（五）板书设计

价值判断与价值选择

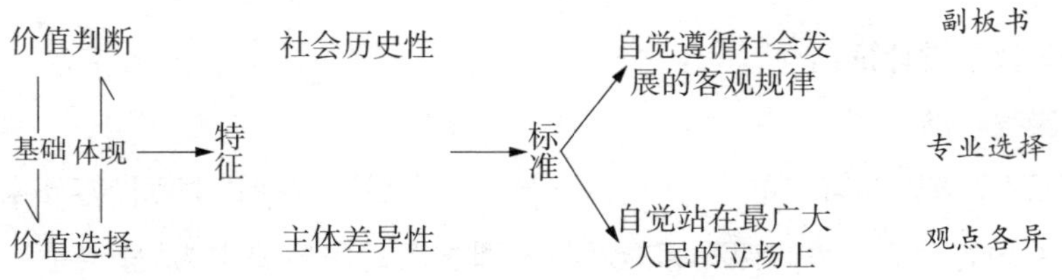

附录：

材料一：钟芳蓉——留守女生报考北大考古系[①]

钟芳蓉，出生于湖南耒阳，因为经济的原因，在她还不到一岁的时候，父母就开始外出打工了，从小是由爷爷奶奶照顾长大的。就是这样的一个留守女生，在高考的时候考出了676分的优异成绩，为湖南省文科第4名。这样的成绩，可以说是非常厉害了！

成绩发布的当晚，校长就带着50多名老师，抱着烟花和鞭炮连夜进村为钟芳蓉报喜。村民们也很为她高兴，觉得很为她骄傲。

这还不算完，清华大学和北京大学的招生办老师也相继上门，想要取得钟芳蓉的志愿意向，说白了就是来“抢人才”。

受我国考古学泰斗樊锦诗先生的影响，并基于对未来规划的考虑，她选择了北京大学考古专业，表示以后会读研深造，做考古研究。对于未来的就业情况，钟芳蓉表示也有考虑过，因为是北大的考古系，未来就业的话基本生活应该能保障。她说：“我个

① 中国青年网. 留守女孩考676分报北大考古系 网友为这事儿吵翻了[EB/OL]. (2016-03-07)[2024-02-23]. https://baijiahao.baidu.com/s?id=1673784753831893284&wfr=spider&for=pc.

人特别喜欢,我觉得喜欢就够了呀!”

这一举动引发网友热议:

“孩子你都白瞎考那么高的分数了,选的那专业根本就不行。”

“小姐姐好棒!北大考古专业也没有什么不好的啊。”

“应该选一个赚钱的专业,考古专业毕业了也不赚钱。”

“考古专业也太冷门了吧,选专业还是要深思熟虑啊!”

三、教学设计三:学习借鉴外来文化的有益成果

(一) 教学设计依据

1. 课程标准

本节课是必修四第三单元“文化传承与文化发展”第八课“学习借鉴外来文化的有益成果”的内容。高中思政课程标准对与本课相关的内容要求为“感悟世界文化的多样性,理解文化多样性的价值,明确文化交流互鉴的途径和意义”。对学生提出了理解文化多样性、理解文化交流互鉴的价值这一要求。

2. 教材

高中思政教材必修四第八课“学习借鉴外来文化的有益成果”上承“继承和弘扬中华优秀传统文化”,下启“发展中国特色社会主义文化”,只有正确认识和对待中华传统文化、吸收借鉴国外文化的有益成果,才能更好地推动中华优秀传统文化创造性转化、创新性发展,才能更好地发展中国特色社会主义文化,推动当代文化发展,使中华文化更加积极主动地走向世界,讲好中国故事,树立文化自信。

第一框“文化的民族性与多样性”与第二框“文化交流与文化交融”紧密衔接,形成递进关系。首先,我们要承认文化具有民族性;其次,要理解各具特色的民族文化构成了世界文化的大花园,理解文化的多样性;最后,论述各种文化交流、交融推动了民族文化发展,也繁荣了世界文化。具体而言:第一目“文化具有民族性”,阐述了民族文化的产生、作用、核心和灵魂等;第二目“文化具有多样性”,阐述了对文化多样性的理解,包括文化具有多样性的原因、尊重文化多样性的意义、对待文化多样性的态度等;基于第一框的学习,第二框紧接着分两目阐述了文化交流、文化交融与文化发展的关系。

3. 学情

生活在信息化、全球化的时代，学生们对于世界各地的不同文化都有一个大致的了解，对于文化的多样性也有自己的理解，对文化现象感兴趣。但是有一些学生受西方文化影响较大，需要老师引导其正确地认识文化多样性以及文化交流、交融。本节课基于学生认知，强化他们对文化多样性的理解，使其认识到文化的交流和交融对文化发展的意义。

（二）教学目标

通过对比世界四大文明的标志性遗产，感悟文化的民族性、多样性及其意义；通过深入探究莫高窟的价值和形成原因，总结出文化交流与文化交融对本民族文化和世界文化发展的意义，使学生们能够以自信而包容的态度对待外来文化，愿意为传播中华文化、维护文化的多样性、推进人类文化交融发挥力所能及的作用。

（三）教学重难点

1. 重点：理解维护世界文化多样性的意义；理解文化因交流而多彩、因交融而丰富，增强对本民族文化的自信和对其他民族文化的包容。

2. 难点：文化交流和交融与文化发展的关系。

（四）教学过程

1. 感知文化的民族性。

2. 感悟文化多样性的意义。

3. 探问莫高窟魅力之由。

4. 探究新时代永续莫高窟魅力之路。

环节	教师活动	学生活动	教学设计意图
一、感知文化的民族性	1. 导入：呈现中国、古印度、古希腊、两河流域四大文明的图片。 2. 提问“如何能够迅速判断出图片属于哪种文明”，引导学生认识到民族文化是一个民族的独特标识。 3. 进一步呈现中国生活方式、节日、服饰的图片。	1. 判断这些图片代表了哪种文明。 2. 思考并回答问题。 3. 感知民族文化体现在多方面，价值观是核心和灵魂。	图片引入激发学习兴趣；理解文化具有民族性。

续　表

环节	教师活动	学生活动	教学设计意图
二、感悟文化多样性的意义	1. 接上一环节，呈现四大文明不同的生活方式、服饰、节日。 2. 提问：如何理解轴心时代。 3. 简要说明民族文化和世界文化的普遍性与特殊性关系。	1. 思考为什么会产生不同。 2. 思考交流，能说出世界文化的多样性，以及维护多样性的意义。	对比四大文明，理解文化具有多样性。
三、探问莫高窟魅力之由	1. 呈现图片，引出莫高窟。 2. 呈现材料，提问：敦煌莫高窟魅力何在？（兼收并蓄，影响后世） 3. 提问：莫高窟为何有如此魅力？（空间、时间维度）	1. 观看图片，回答问题。 2. 阅读 ppt 材料，思考。 3. 小组讨论，探究答案。	理解文化交流、文化交融推动文化发展。
四、探寻新时代永续莫高窟魅力之路	1. 呈现材料：藏经洞文献流散海外的历史背景，以及由“敦煌在中国，敦煌学在海外”到“敦煌在中国，敦煌学在全世界”的转变历程。 2. 提问：为什么不能是“敦煌在中国，敦煌学也在中国”呢？ 3. 呈现材料：莫高窟保护难题。 4. 提问：莫高窟应该保护还是开放？ 5. 提问：当代应该如何更好地保护莫高窟？	1. 自主交流后阅读材料，论证观点。 2. 学生自主讨论。 3. 学生自由发表观点，阅读中外合作材料。	进一步深化理解当代文化交融对文化发展的重要性，同时理解文化交流对挖掘文物价值、提高文物保护水平的意义。
总结	通过本节课的学习，我们知道了文化具有民族性和多样性，正是这种差异推动了不同文化之间的交流和交融。一个民族的文化成就，如莫高窟，既是中华民族智慧的结晶，也是融入世界其他民族文化的有益成果。文化交融不仅促进了中华文化的繁荣发展，也丰富了世界文化。中国与世界的文化交流进程最早可以追溯至春秋战国时期，随着时代的发展，这种交流日益加深。在经济全球化的今天，世界文化交流更加频繁，一方面推动了世界文化的发展，另一方面也导致了文化的趋同，我们新一代的青年应该如何正确对待外来文化、发展本民族文化呢？下节课一起来探讨。		

（五）板书设计

学习借鉴外来文化有益成果

文化具有多样性　　　　文化交流　　　　　　　　　　　民族
　　　　　　　　⟹　　　　　　　　⟹　文化发展｛
文化具有民族性　　　　文化交融　　　　　　　　　　　世界

附录：

材料一：敦煌学国际交流

1992年9月，在北京房山举行的“敦煌吐鲁番学国际学术研讨会”上，著名学者、中国敦煌吐鲁番学会会长季羡林先生提出：“敦煌在中国，敦煌学属于全世界。”这一提法得到了中外学者的高度赞同。诚如其言，敦煌学自诞生以来就受到许多国家和学者的关注，逐步发展成为一门举世瞩目的国际显学。

由于大部分敦煌文书被劫往国外，我国学者的敦煌学研究是在极其艰难的境况中起步的。

1977年以后，特别是1983年8月“中国敦煌吐鲁番学会”成立以来，中国大陆的敦煌学发展高歌猛进，研究机构相继增加，研究领域大为扩展，学术活动日趋频繁，研究资料大量刊布，高质量学术论著不断问世，呈现出一派繁荣景象。

1984年，敦煌文物研究所扩建为敦煌研究院。此外，北京大学、中国社会科学院、武汉大学、浙江大学、兰州大学、西北师范大学、甘肃省社会科学院、北京图书馆等，均成立有敦煌学研究机构。《敦煌研究》《敦煌学辑刊》《敦煌吐鲁番研究》等刊物相继创办。英藏、法藏、俄藏、中国（包括大陆及台湾地区）藏敦煌遗书等资料大部分得以刊布，为研究工作提供了极大的方便。具有代表性的成果主要有：季羡林主编《敦煌学大辞典》、段文杰著《敦煌石窟艺术论集》、樊锦诗主编《敦煌石窟全集》、唐耕耦等主编《敦煌社会经济文献真迹释录》、郝春文主编《英藏敦煌社会历史文献释录》、周绍良主编《敦煌文献分类录校丛刊》、姜伯勤著《唐五代敦煌寺户制度》、施萍婷著《敦煌习学集》、王尧等著《敦煌吐蕃文献选》、沙知辑校《敦煌契约文书辑校》、陈国灿著《敦煌学史事新证》、荣新江著《归义军史研究》、郑炳林主编《敦煌归义军史专题研究》、李并成著《河西走廊历史地理》等，不胜枚举。

中国香港地区的敦煌学研究，主要以饶宗颐教授为代表，著有《敦煌本老子想尔注校笺》《敦煌书法丛刊》等。1993年成立香港敦煌吐鲁番研究中心，举办多次敦煌学国际研讨会。中国台湾地区也早在20世纪60年代就着手敦煌学硕士、博士研究生培养。潘重规先生主编了《敦煌俗字谱》等，创办了《敦煌学》杂志，培养了一批敦煌学人才。

法国的敦煌学研究在欧美国家中一直处于前列，100多年来在敦煌学机构的建立、人才培养、文献编目、论著出版等方面都卓有建树。沙畹是最早整理、研究敦煌与新疆文物的学者之一，与其弟子马伯乐对斯坦因中亚探险所获资料进行了整理、考释。伯希和从敦煌劫得大批文书后，进行了若干整理、编目和研究。第二次世界大战后，法国的敦煌学研究人才济济，戴密微对敦煌禅宗文献和俗文学作品的研究，谢和耐对佛教史与寺院经济的研究，苏远鸣对敦煌道教与佛教的研究，戴仁对敦煌文书中纸张与字体等的研究，巴科对吐蕃历史文书的整理，拉露对法藏藏文写本目录的编写，石安泰对敦煌藏文文献的研究，哈密顿对回鹘文文献的研究，童丕对敦煌借贷文书的研究等，均取得了不错的成绩。

日本的敦煌学研究亦起步较早，1909年，内滕湖南即向日本学界介绍了敦煌遗书的发现及其价值。二战结束后，龙谷大学成立了西域文化研究会，东洋文库组织了敦煌文献研究委员会；1983年，日本成立了青年敦煌学者协会，汇集了一批专家从事研究工作，取得了丰硕成果。特别是敦煌文献研究委员会编《敦煌吐鲁番社会经济文书》、仁井田陞著《中国法制史研究》、池田温著《中国古代籍帐研究》、榎一雄等著《讲座敦煌》、羽田亨著《西域文明史概论》、田中良昭著《敦煌禅籍研究概观》、上山大峻著《昙旷与敦煌的佛教学》、藤枝晃著《沙州归义军节度始始末》、小田义久主编《大谷文书集成》等，以及铃木俊、山本达郎、西嶋定生等对敦煌田制文书等，那波利贞、土肥义和等对社会经济文书，西村元祐对敦煌差科簿，铃木大拙、矢吹庆辉、竺沙雅章等对敦煌佛典，长广敏雄对飞天艺术，高田时雄对中古时期敦煌、河西方言等的研究，均很有影响。

英国的敦煌学研究始于20世纪初。斯坦因曾先后三次从事中亚探险，从我国新疆、敦煌劫走大批简纸文书及艺术品，著有《西域考古记》等。翟林奈对斯坦因所获文书进行了编目、研究工作，著有《敦煌六世纪》等书。贝利编著7册《于阗语文献集》等，影响较大。1994年，在大英图书馆设立"国际敦煌学项目"，定期编印会报。英国还成功地举办了几次国际敦煌学研讨会。

俄罗斯藏有大量敦煌文献，从20世纪50年代起开始整理、编目，丘古耶夫斯基、孟列夫等在此方面做了大量工作，同时对敦煌俗文学、借贷文书、寺院社邑等亦有研究。近20多年来，波波娃在敦煌吐鲁番文献、中亚西域探险史和学术史等的研究上成绩突出。2009年9月成功举办“敦煌学：第二个百年研究视角与问题国际学术研讨会”。

除此之外，美国、韩国、德国、印度、丹麦、瑞典、挪威、加拿大、新加坡、澳大利亚、捷克、比利时、匈牙利等国，也有一些学者对敦煌学或其相关领域做过研究。如1995年10月，美国哈佛大学举办“东亚佛教艺术中的天国图像国际学术研讨会”，德国整理出版《英国博物馆所藏粟特语写本残卷》，匈牙利学者乌瑞致力于敦煌藏文文书研究，印度一些学者致力于中印文化交流研究等。

目前，国际敦煌学事业仍方兴未艾。莫高窟等石窟保护在新的科技手段支撑下取得更大进展，石窟壁画的数字化工程稳步推进，文献研究在大数据的视野下佳作辈出，国际合作与学术交流日益密切。盖蒂保护研究所就是其中之一。自盖蒂保护研究所1988年第一次访问莫高窟之后，敦煌研究院与盖蒂保护研究所的合作就从未中断过。1989年，敦煌研究院和盖蒂保护研究所正式合作，对莫高窟进行研究性保护。风沙灾害一直是敦煌莫高窟保护面临的主要环境问题之一，双方先后开展了环境监测、壁画和彩塑的颜色监测、莫高窟顶流沙治理研究、石窟崖壁裂隙位移的观测研究、洞窟顶部的加固方法及其材料的研究等一系列项目。经过20多年连续观测、研究、试验，长期受风沙侵扰的敦煌莫高窟，不仅摆脱了长期窟顶“下沙”的困境，还通过一系列科技治沙项目，使进入窟区的积沙量减少了85%以上。①

（韩笑梅）

① 李并成.“学性”相通：敦煌学属于全世界[J].历史教学(下半月刊)，2016(10)：4—5.

第九章

教育公平题材的开发：以古代科举制度为例

第一节　中国古代科举制度的教育价值

一、中国古代科举制度概述

科举制度是在我国延续千年的取士制度，经过多个朝代的改变、调整，其具体实施形态几经变迁，并在存续期间深刻地影响了我国政治、经济、文化及人们的生活面貌，甚至对周边国家产生了辐射影响。

对于科举制度的起源时间，目前学界尚有争议。早在百年前，邓嗣禹、张尔田、俞大纲已就科举制度的起源在学术报刊上发表过讨论。前两位学者提出考试制度和进士科的出现是科举制度诞生的标志，因而较认同隋代起源说；俞大纲则认为"投牒自试"是科举制度起源的标志，因而倾向于唐代起源说。他们产生分歧的焦点主要在于科举制度起源的标志。在其后的数十年中，钱穆、陈寅恪、邓之诚、吕思勉、郭沫若、白寿彝、宫崎市定、柯睿格、费正清等众多中外历史学家都就科举制度的起源进行过论述，在逐渐扩大的讨论中，分歧的焦点逐渐转移到了科举制度的本质上，科举制度相较于其他选拔制度究竟有何特殊之处，成为历史学家们研究的重心。当前，对于科举制度起源的时间，学术界呈现隋代与唐代两说并存的局面。也有少部分国内外学者认同汉代初创说，但这种学说并未成为主流①。

科举制度在我国历史上几经演变，粗略可分为三个阶段。隋唐是科举制度的开端时期，逐渐由察举制转向科举制，其中唐代的相关制度建设更为完善，分常科和制科两大类，常科有秀才、进士等，古往今来诸多历史学者对这些科目的起始时间、考试内容、执行情况、考生来源、考试结果做出了考察，让我们得以从多个角度了解科举制度的诞生和演变，同时为教学提供了丰富的材料。总体上说，史学界对于科举取士基本持肯定态度，认为其优于九品中正制。在科举制度的推动下，唐代的教育事业一度呈现繁荣局面，但由于教学内容和考试日益脱节，阻碍了学校教育的发展，在后期甚至给唐代

① 何忠礼.二十世纪的中国科举制度史研究[J].历史研究，2000(6)：142—155.

教育带来了危机。入宋以后，科举制度获得了长足的发展，学术界对这一时期的科举制度研究也较为充分。宋朝科举在唐制的基础上进行了一定程度的增删，北宋还进行了科举制度改革，强化了考试流程的公平性和考试内容的实用性。宋朝科举往往会受到学者较高的评价，因其相较前一阶段的制度更加完备公平，筛选出了大批有才华的知识分子，但它也因为取士太宽而造成了冗官之患。科举制度在明清两代进入鼎盛时期，但也迎来了它的终结。由于这个阶段距今最近，因而史料翔实充分，历史学者有大量记录可以相互印证，可以进行详细的梳理。明代科举曾被朱元璋停罢，改为察举，十余年后又得以恢复，清代则大体上承明制。明清科举制最广为人知的特点就是八股文，对这一形式的批评自其诞生之日起就未曾停息，但也有少数学者认为它有独特价值①。

古往今来，人们从不同角度出发对科举制度形成了多样的评价。以往对科举制度的评价往往以揭露弊病为主，指出其束缚思想、带来官僚激增等问题。近年来，不少学者逐渐提出，科举制度虽有历史局限性，但相比其他选举制度有其进步性和合理性。因此在评价科举制度时，我们需要全面、客观地看待其利弊，也可以在教学中呈现正反两方面观点，让学生进行思考和辨析。

二、科举制度的价值

近几年来，国家有关部门就教育领域的调整与改革频频出台新政，引发了社会各界的关注。教育改革的重点之一是促进教育公平，考试评价制度的改革则是促进教育公平的重要一环，因而吸引了社会各界的关注，激起了广泛的讨论。尽管我国推进教育公平取得了一些成就，但教育公平的实现仍然面临种种难题。看似能解决某方面不公平现象的措施，又会带来另一方面的不公平。

对前路感到迷茫时，我们不妨回望历史，尝试从中华优秀传统文化中汲取一些养分。在中华民族数千年的历史长河中，无数仁人志士都锲而不舍地追逐着教育公平，其中不乏精彩的论述和巧妙的构思，闪耀着追求公平道路中的实践智慧。在古代教育公平思想的漫天星光中，尤以科举制度最为璀璨，它引发了一系列相关思想和制度的讨论与实践，留下了一份值得今人借鉴的文化遗产，为当下的讨论提供了丰富的养分。

---

① 何忠礼. 二十世纪的中国科举制度史研究[J]. 历史研究，2000(6)：142—155.

为此，笔者对古代科举制度以及其他古代有关教育公平的文献进行了挖掘，发现古代科举制度具有作为中华优秀传统文化教育和思想政治教育教学资源的价值，有助于学生体会中华优秀传统文化的深刻内涵，以及审慎地看待教育公平问题，运用马克思主义原理探索实现教育公平之路，等等。理由具体如下：

第一，科举制度有独特的历史价值。科举制度在历史上取代察举制，最大的进步就在于其全过程体现了教育公平理念。在科举制度正式出现之前，人才选拔制度已经有过多次尝试和调整，可见科学有效地考察人才是中国历代始终关心的问题，其总体趋势是逐渐公开化、规范化。科举制进入鼎盛发展时期的制度设计，可为我国考试制度的调整、完善提供一定启发。科举制度突出的价值在于其对公平的重视，因此科举制度作为中华优秀传统文化的一个载体，具有深厚的精神内涵。

第二，科举制度影响了东亚文化圈的社会文化。古代许多文学作品以科举为题材，如《枕中记》《续玄怪录·李岳州》《莺莺传》《女开科传》《聊斋志异》《儒林外史》《红楼梦》等作品都可以说因科举而产生。魁星也是科举衍生的文化现象之一。在古代科举考场上，曾经流行魁星神的泥塑小神像，考生们大都会购买，以此来祈祷魁星护佑本人应试高中，顺利加官进爵。宋朝出现的魁星楼、魁星阁之类的建筑，到清朝已遍布全国各地①。东亚各国也受到科举文化的影响，日本是东亚国家中最早仿行科举，同时又是实行科举时间最短的一个国家。七、八世纪之际，日本引进唐朝的律令制度，仿行与中国大体相同的贡举制度。新罗科举是中国以外最为兴盛和完备的人才选拔制度。从长庆元年新罗人金云卿中宾贡进士开始，新罗人登中国朝廷科第者络绎不绝，不少人及第东归后，对传播中国的科举文化起到了重要作用。越南是东亚诸国中最迟实行科举也是最后废止科举的国家。韩国和越南至今仍保存了大量关于科举的文献，成为两国宝贵的文化财富。韩国因有深厚的科举传统，也形成了重视教育和考试的风尚，其程度完全可与中国相比。现代东亚考试文化的形成，与东亚传统文化息息相关，这对于东亚国家和地区避免教育与文化的全盘西化、保持世界文化教育的多元性而言，具有一定的积极意义。②

---

① 黄紫阳. 基于科举制度下中国传统“魁星”的图像研究与文创设计[D]. 南京：南京师范大学，2020.

② 刘海峰. 东亚科举文化圈的形成与演变[J]. 厦门大学学报(哲学社会科学版)，2016(4)：1—9.

第三，科举制度研究产生了丰富成果。科举制虽已废除百年余，但学术界对其研究热情并未减少，相关研究课题产生了大量研究成果，研究者们通过考据、分析、比较，从多种角度对其做出分析，研究内容涉及教育公平思想、科举制度演变、社会影响、律法条文、人事任免、科举文化乃至八股文。这些成果为我们多角度地认识科举制度的实质，挖掘它的当代价值提供了充分的依据和线索。

第四，科举制度存在利弊之争。科举制度在我国历史上曾数次兴废，围绕其兴废产生了多次大范围的讨论。1905 年 9 月 2 日，清政府发布"上谕"，在中国历史上延续了 1 300 多年的科举制度正式被废除，但围绕科举制度兴废的争议从未停息。1910 年，梁启超就说过"科举非恶制也"，他不仅认为科举不是一种坏的制度，还认为"此法实我先民千年前之大发明也"。他公开提出了为科举平反的主张，甚至直接说："吾故悍然曰：复科举便！"后来一些著名学者对科举制也有相当中肯的评价，如胡适认为现代中国的历史基础之一便是科举制度①。钱穆在 1951 年发表的《中国历史上之考试制度》一文中认为，科举制"因有种种缺点，种种流弊，自该随时变通。但清末却一意想变法，把此制度也连根拔去。民国以来，政府用人，便全无标准……不可说不是我们把历史看轻了，认为以前一切要不得，才聚九州铁铸成大错"。今日，有许多学者认为须重新认识科举制的历史作用和地位，甚至有学者认为考试是中国的伟大发明。可见，科举制度本身存在争议性，且考试制度与学生息息相关，贴近学生实际经历，容易提高学生讨论的积极性，各种意见均具有讨论的空间和相应的论据支持，适合作为教学材料。

总之，科举制度是中华文化中的一份珍贵遗产。科举及其衍生的"科举文化"深刻地影响了东亚文化圈的教育实践，时至今日仍有"科举学"这一研究领域吸引着众多学者开展研究。在长时间的科举实践中，各朝代教育家和执政者为了广纳贤士，研究出各种促进机会平等、过程平等的举措，制定了大量规范详细的法律文件，这些都凝聚了古代中华民族对教育公平的思考和解决教育公平难题的智慧，给中华民族留下宝贵的文化遗产。从科举制度中挖掘优秀传统文化教育和思想政治教育的教学资源，可以让学生从中领悟中华优秀传统文化内涵的核心思想理念和中华人文精神，如重民本、崇正义、求大同，促进社会和谐，鼓励人们向上向善等，还可以增强学生的民族自信和文

---

① 刘海峰. 为科举制平反[J]. 书屋，2005(1)：4—10.

化自信,同时也可以通过辨析科举制度的利弊、思考其当代价值之所在,来培养科学精神,形成对待传统文化的正确态度。

第二节 教学设计

一、教学设计一:在实践中追求和发展真理

(一) 教学设计依据

1. 课程标准

高中思政课程标准针对哲学模块,在教学内容方面要求阐述认识运动的辩证发展过程,在教学活动方面建议结合生活中的具体事例,讨论如何在实践中获得和深化认识、追求真理。

2. 教材

必修四《哲学与文化》第一、第二单元讲述马克思主义哲学原理,其中第一单元系统讲述了哲学的内涵、辩证唯物论和唯物辩证法,第二单元讲述了认识论、历史唯物主义和价值观,其中第四课第一框阐述了实践与认识的内涵、关系,本框阐述真理的特点和实践的性质,这一部分内容旨在让学生把握真理发展的内在逻辑,了解人类追求真理的永恒使命。

3. 学情

学生通过第一单元的学习,基本了解了哲学与马克思主义哲学的内容,初步形成了唯物观。通过对第四课第一框的学习,学生知道了认识与实践的辩证关系,但尚未掌握何为正确认识、如何追求正确认识。

学生对教育公平的话题较有兴趣,尤其在各地陆续开展中考改革后,学生对教育公平更为关注,会自发进行讨论和研究。本课从我国古代教育公平的有关材料出发,阐释真理和认识的特点,可以使学生体会我国古代教育思想和实践的繁荣发展,增强文化自信。同时,结合当今教育发展的真实问题,落脚于学生实际经验设计教学,有利于学生在解决问题的过程中掌握追求真理的内在逻辑。

(二) 教学目标

1. 通过讨论中国古代科举制度的调整及其对公平的追求,分析导致科举措施变动的因素,从而理解认识的性质,明白人类追求真理的过程是螺旋式上升的过程,树立追求真理的坚定信念,内化科学精神。

2. 以古代科举制度为例,分析我国古代教育公平思想的内涵与教育公平举措的利弊,对比古今教育公平理念与举措的异同,辩证看待教育公平的实现路径。

3. 从我国古代教育公平的理论与实践中,体会中国智慧,产生对中华优秀传统文化的敬畏之心和探究兴趣,增强民族认同感和自豪感,树立文化自信,培植政治认同。

(三) 教学重点和难点

1. 重点:认识的反复性、无限性。

2. 难点:追求真理是一个永无止境的过程。

(四) 教学设计思路

本课采用议题式教学,以反映古代教育公平思想和实践的文字资料为主要教学材料,设立课时议题,用五个层层递进的问题形成问题链,设计教学活动,构成五个教学环节。

议题:古代追求教育公平的历程能为当代高考制度改革提供什么借鉴?

问题一:既然真理是客观的,其内涵是否不变?(真理的具体性)

问题二:八股文严格保证了过程公平,为何仍受到抨击?(真理的条件性)

问题三:人才选拔应该重知识还是重能力?(认识的反复性)

问题四:教育公平理念受什么推动?(认识的无限性)

问题五:人们对教育公平的认识是不是在原地踏步?(方法论)

(五) 教学过程

环节	教师行为	学生活动	教学设计意图
一、既然真理是客观的,其内涵是否不变?	【导入】我们对教育公平的追求是不是永恒不变的?我们追求教育公平的手段是不是永恒不变的? 【呈现材料】呈现材料一:古代学校教育的补助机制。	【活动】回应提问,讨论发言。 【活动】阅读材料,体会教育公平内涵的变化,尝试总结古代	在"补偿原则"指导下的教育公平,虽然对公平的追求不变,但不同时代

续　表

环节	教师行为	学生活动	教学设计意图
	【提问】古代与当代的教育公平举措有何异同？ 【总结】古代与当代对教育公平的追求是相同的，但具体的规则和形式不同。	与当代有关教育公平举措的异同。 【预设回答】相同点在于对困难学生给予补助，不同点在于补助的形式、内容。	具有不同的内涵，说明真理的具体性。
二、八股文严格保证了过程公平，为何仍受到抨击？	【提问】八股文为何会出现？ 【呈现材料】呈现材料二：八股文形式的来源。 【总结】八股文是逐渐形成的，每次有新的作弊方式出现，八股文就会进行新的限定，最终形成了固定的模板。	【活动】总结材料。 【预设回答】八股文是为了追求公平出现的，但也逐渐僵化。	认识到八股文的固化起因于对教育公平的追求。
	【提问】八股文为何受到抨击？ 【总结】追求公平是好事，但一定要注意具体措施的合理性，如果超出条件的限制，片面追求公平，就会造成负面影响，从而带来问题。	【预设回答】形式僵化、遏制个性、考察片面等。	知道真理的适用不能超出其范围。
三、人才选拔应该重知识还是重能力？	【呈现材料】呈现材料三：中国历史上选拔制度的变迁。 【提问】不同选择制度各有何特点？ 【总结】古往今来，对于选拔制度的探索从未停止，人们往往会提出新的想法，再通过尝试来验证其可行性。在这个过程中，人们对选拔方式的认识也更加深入了。	【预设回答】考试更规范，但形式僵硬；举荐更灵活，但难以保证公平。	了解认识的反复性，知道正确认识事物需要经过多次反复。
四、教育公平理念受什么推动？	【呈现材料】呈现材料四：技术对教育公平的推动。 【提问】是什么在推动古代的教育公平？ 【总结】人们的生产活动制造了新工具，印刷术客观上让更多人受到教育，也让人对公平的认识更加深入。	【预设回答】印刷术的发展降低了知识传播的成本，让更多人能受到教育。	理解实践进步为认识发展提供的条件，体悟认识的无限性。

续　表

环节	教师行为	学生活动	教学设计意图
	【提问】信息化会拉大还是弥补教育差距？ 【呈现材料】免费的科学实验演示网站。 【总结】信息化让更多学生能够接触到高质量的教育资源，但也对教育设施提出了更高的要求，或许未来我们对“教育公平”的认识还会包括“设施公平”。	【预设回答】会拉大，因为乡村缺乏信息化设施；如果教育资源可以免费共享，就可带来平等的受教育机会，弥补教育差距。	通过当今的实践进步，让学生认识到教育公平的理念未来还会随着新技术的出现不断改进。
	【提问】未来教育公平会如何发展？ 【呈现材料】区域协调对教育公平的促进。 【总结】教育公平的基础是经济协调发展，协调发展理念和乡村振兴战略也能推动教育公平的进步。	【预设回答】会更好，因为有政策推动；会更差，因为区域差距难以短期改变。	与学生已有知识发生联系，认识到区域协调发展与教育公平的重要意义。
五、人们对教育公平的认识是不是在原地踏步？	【提问】课堂中，我们发现教育公平的观念和举措在历史上都有反复，这是不是说明人们对教育公平的认识在原地踏步？ 【总结】虽然人们对教育公平的认识和具体的措施看起来有往复，但实际上每一次改变都在前一次的基础上深化了，并不是原地的往复。	【预设回答】改来改去回到原地；反复尝试有所改进。	知道认识的进步不是原地的钟摆运动，而是波浪式前进或螺旋式上升的。
	【提问】高考应进行哪些改变？请结合本课内容，发表自己的观点。 【点拨】请将本课的思考结果运用到实际生活，完成课后探究。	【预设回答】讨论古代实践带来的启发，如区域公平、多样选拔、合理考察等。	回应总议题，将知识落实到实际生活，解决实际问题。

课后探究
结合课堂上讨论的内容，从教育公平的角度出发，经过调查研究，为将来的高考改革撰写一份提案。

(六) 板书设计

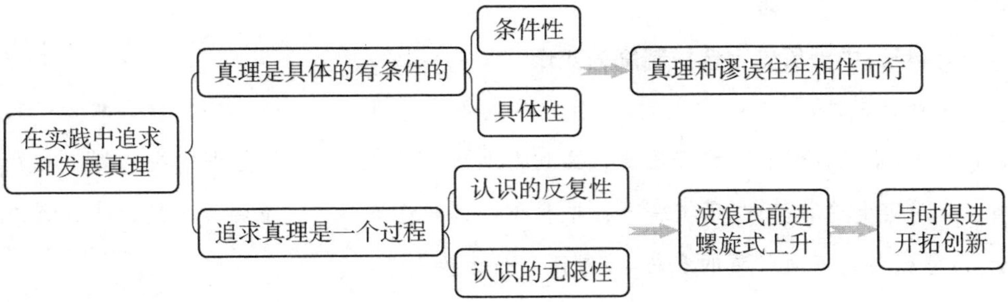

附录:

材料一:古代学校教育的补助机制

从汉代兴办太学开始,就规定对学生"复其身",即免除徭役赋税,以保证学生能够全力投入学业。明代官学还将这一待遇扩展到学生家属1到2人,以便他们能陪伴照顾学生学习。尽管有这些优惠,但学生仍然需要解决日常生计问题。官学既然是"养士"性质,就应该包括生活上的供养。三国时吴国已有官方供应学生膳食的记载。北宋中期正式制定"赡士"之法。明代国子监内实行会馔,即会餐制度,如不会馔则发给相应的钱物。另外,还发给监生冬夏服装,文具纸张及生活用品。监生患病,由官府给予医治。回原籍探亲,按规定领取路费①。

材料二:八股文形式的来源

比起夹带、抄袭等作弊形式,考官与考生串通在答卷内容上作弊是最难对付的作弊形式之一。八股文便是防止作弊走向极端化的产物,是在总结前代考试经验的基础上发展而来的考试文体。八股文规定严格的程式,目的是使答卷较难辨别作者。乾隆四十七年(1782年)开始规定考官预拟破题、承题、开讲等各段起首虚字,随题目一起发放给考生,每位考生必须用相同的虚字,也是为了防止作弊②。

另外,八股文使评卷标准化、客观化,减少评卷工作量。考卷标准化、评卷客观化

---

① 俞启定.略论中国古代传统的教育公平[J].教育研究与实验,2019(2):24—29.

② 刘海峰.八股文百年祭[J].厦门大学学报(哲学社会科学版),2001(4):90—97.

是考试制度本身发展的内在要求。宋《贡举令》规定答题要求,赋限三百六十字,论限五百字。但考生往往不守规定"赋或八百字,论或千余字……妄肆胸臆,漫陈他事"。由于考生众多,考卷堆积如山①。

材料三:中国历史上选拔制度的变迁

魏晋以来,采用九品中正制,官员大多从各地高门权贵的子弟中选拔。权贵子弟无论优劣,都可以做官。许多出身低微但有真才实学的人,却不能到中央和地方担任高官。为改变这种弊端,隋文帝开始用科举考试来选举人才。隋炀帝时期正式设置进士科,考核参选者对时事的看法,按考试成绩选拔人才。

明初,太祖朱元璋马上得天下,深知人才的重要作用,因此大力倡导以各种方法招徕和举荐人才。荐举在明初,确实起到了招集天下人才,从而促进明朝封建社会治理的积极作用。但被荐之人,基本上按皇帝个人好恶愿望加封,历史证明,这样往往脱离客观的社会标准,轻则误事,重则误国②。

1910年,梁启超已说"科举非恶制也",他不仅认为科举不是一种坏的制度,而且还认为"此法实我先民千年前之大发明也"。他公开提出了为科举平反的主张,甚至直接说:"吾故悍然曰:复科举便!"③

民国建立后,孙中山在各种场合一再称赞中国古代考试的公平性,强调考试在政府选任官员中的重要性。他在《五权宪法》等演说中多次说过:欧美各国的考试制度,差不多都是学英国的。穷流溯源,英国的考试制度原来还是从中国学过去的。所以,中国古代的考试制度,是世界各国中所用以拔取真才的最古、最好的制度。

后来,一些著名学者对科举制也有相当中肯的评价,如胡适认为现代中国的历史基础之一便是科举制度。他说:"这种制度确实十分客观、十分公正,学子们若失意考场,也极少埋怨考试制度不公。它是一个公正的制度,即使是最贫贱家庭的男儿,也能够通过正常的竞争程序而爬升到帝国最荣耀、最有权力的职位上。"

材料四:技术对教育公平的推动

十五世纪末年以前,中国书籍出版的总数,据著录约有两万五千种,二十五万卷,

---

① 刘海峰.科举制是否有值得借鉴之处[J].教育研究与实验,1987(3):8—13.

② 尹亚孟.明朝官吏选拔和人才举荐制度的得失及思考[J].山东教育学院学报,1996(3):65—67+78.

③ 刘海峰.为科举制平反[J].书屋,2005(1):4—10.

大大超过西方各国的图书总量。抄本时代，文献传播是少数人的特权；印刷时代，文献传播是大众享受的便利①。

自唐至明约七百年间，印刷术使书籍制作的成本平均降低百分之九十。根据方志记载，宋代进士中，两浙、福建、成都、江南各路的人数约为总数的百分之八十二。这是因为上述地点约占宋代印书总数的百分之八十。反之，在西部的夔州路仅有进士百余人，而所印之书只有两种。这些数字可明显指出印刷术与普及教育、促进学术发展之间的相互关系。从另一方面看来，考试制度更是促进印刷事业繁荣和扩展的一种重要动力②。

二、教学设计二：追求平等，维护公平

（一）教学设计依据

1. 课程标准

《义务教育道德与法治课程标准（2022 年版）》要求初步认识法治的内涵，弘扬中华优秀传统文化讲仁爱、重民本、守诚信、崇正义、尚和合、求大同的核心理念。

2. 教材

《道德与法治》教材八年级下册第四单元“崇尚法治精神”包括两课，第七课介绍了自由、平等的内涵和追求自由、平等的途径，第八课介绍了公平正义的价值和守护公平正义。其中第七课具体分析了平等的两层含义和我国法律对平等的重视，第八课分析了公平的内涵和重要价值，以及坚守公平的途径。

3. 学情

学生在前三单元的学习中，已了解宪法的地位与作用、公民的基本权利和义务，以及我国的基本制度和国家机构，但对于具体法律背后的法治观念、内在精神没有准确地把握，未能看到中国特色社会主义法治与社会主义核心价值观、中华优秀传统文化之间的联系。八年级学生在日常生活中常接触平等、公平等概念，但对这些概念的内涵缺乏具体的把握，未形成普遍性的认识。

---

① 李敏. 印刷术在文献生产和传播中的功能[J]. 晋图学刊，2005(6)：69—72.

② 钱存训. 印刷术在中国传统文化中的作用[J]. 文献，1991(2)：148—159.

(二) 教学目标

1. 通过对公平和平等材料的讨论，理解平等的两层含义，明白践行平等的要求，掌握公平的内涵和坚守公平的途径。理解法律是实现和维护公平正义的基本要求，形成法治观念。

2. 探讨古代科举保证公平的措施，在了解我国古代教育公平理论和实践的基础上，思考当今社会教育公平的价值取向，辩证看待教育公平的实现路径，培育健全人格。

3. 了解我国古代科举和法律制度对教育公平的追求，从我国古代教育公平的理论与实践中，体会中华优秀传统文化中的中国智慧，产生对中华优秀传统文化的好奇之心与敬畏之心，增强民族认同感和自豪感，树立文化自信，培植政治认同。

(三) 教学重点和难点

1. 重点：平等的两层含义、公平的内涵。

2. 难点：践行平等的要求、坚守公平的途径。

(四) 教学设计思路

本课采用议题式教学，以反映古代科举制度的措施和观点的文字资料为主要教学材料，设立课时议题，用 6 个层层递进的问题形成问题链，设计教学活动。

议题：考试制度是否体现了平等和公平？

问题一：区别对待是平等吗？（平等的两层含义）

问题二：考试特权是平等吗？（践行平等应反对特权，平等对待他人合法权利）

问题三：为何有人希望恢复科举？（践行平等需要敢于抵制不平等行为）

问题四：古往今来，为何不断追求教育公平？（公平的意义）

问题五：考试中见到作弊行为，该不该举报？（个人维护公平）

问题六：是否应使用法律手段处罚考试舞弊？（制度保障公平）

(五) 教学过程

环节	教师行为	学生活动	教学设计意图
一、区别对待是平等吗？	【呈现材料】中考加分政策。 【提问】中考加分公平吗？	【预设回答】公平，因为照顾弱者；不公平，因为特殊待遇。	导入课堂，引出主题教育公平。

续　表

环节	教师行为	学生活动	教学设计意图
	【呈现材料】平等的两层含义 【提问】区别对待是平等吗? 【总结】平等有两层含义:同等情况同等对待,不同情况差别对待。	【预设回答】不是,因为不应让一些人享受特权;是,因为天生条件不同;要看情况而言。	说明平等的两层含义。
二、考试特权是平等吗?	【提问】既然区别对待也可以是平等,部分群体参加考试享有特权是否平等呢? 【呈现材料】呈现材料一:古代科举保证平等的举措。 【总结】践行平等需要反对特权,我们所说的“差别对待”是针对先天条件的差异,而不是权势、地位的差异。	【预设行为】讨论总结这些举措分别如何践行平等。	知道践行平等需要反对特权。明白平等对待他人的合法权利也是践行平等的要求。
三、为何有人希望恢复科举?	【提问】科举制饱受抨击,为何有人希望恢复科举? 【呈现材料】呈现材料二:希望恢复科举的观点。 【总结】科举制虽然有诸多负面影响,但它体现出的平等理念是值得肯定的。	【预设行为】总结恢复科举的理由,讨论这一观点背后的精神。	知道践行平等需要敢于抵制不平等行为。
四、古往今来,为何不断追求教育公平?	【呈现材料】呈现材料三:科举制的积极意义。 【总结】科举制让个人能够发挥才能,让国家能够选拔人才。公平的社会机制能让个人和社会都获得好处。	【预设行为】提炼教育公平的社会效益,总结公平的意义。	明白公平是个人生存和发展的重要保障,是社会稳定和进步的基础。
五、考试中见到作弊行为,该不该举报?	【提问】举报作弊会对社会产生什么影响? 【总结】我们需要营造人人平等、公平竞争的氛围,共同塑造良好的社会环境。	【预设行为】讨论个体行为对坚守公平、营造公平环境的意义。	理解个人应在生活中维护公平,体悟营造公平环境需要每个人参与。

续 表

环节	教师行为	学生活动	教学设计意图
六、是否应使用法律手段处罚考试舞弊?	【呈现材料】呈现材料四:清朝对科举舞弊的处罚。 【提问】是否应使用法律手段处罚考试作弊。 【总结】公平不能只靠自觉,还需要有制度的保障。制定良好的制度保障能够让法律发挥教化作用,规范人们的行为。	【预设行为】参与讨论,分析在立法和司法方面如何保障教育公平。	明白公平需要制度保障。
课后探究			
结合课堂上讨论的内容,从教育公平的视角,分析中考招生制度改革给个人和国家带来的积极影响。			

(六) 板书设计

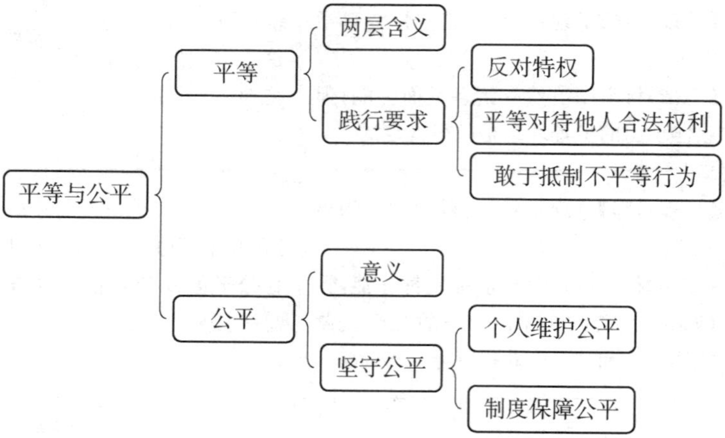

附录:

材料一:古代科举保证平等的举措

科举制规定考官子弟应当参加别头试或回避考试。清代还实行官、民分卷之法。康熙三十九年(1700 年),“帝以搢绅之家多占中额,有妨寒畯进身之路。殿试时,谕读卷诸臣,是科大臣子弟置三甲,以裁抑之……”有时为争取民心,甚至官员子弟考试成绩优等也不予录取或降低其名次。宋雍熙二年(985年),李脑、吕蒙正之子皆入上等,“上以势家不宜与孤寒竞进,罢之”。可见统治者为选拔中下层的优秀人才为其服务,也注意在科举中使寒士与公卿子弟机会均等①。

材料二:希望恢复科举的观点

1910年,梁启超就说过“科举非恶制也”,他不仅认为科举不是一种坏的制度,还认为“此法实我先民千年前之大发明也”。他公开提出了为科举平反的主张,甚至直接说:“吾故悍然曰:复科举便!”后来一些著名学者对科举制也有相当中肯的评价,如胡适认为现代中国的历史基础之一便是科举制度。

民国建立后,孙中山在各种场合一再称赞中国古代考试的公平性,强调考试在政府选任官员中的重要性。孙中山是在游历东西洋多国,作过比较之后,且看到民国建立以后各路军阀拥兵自重、强权决定官员选任的状况,痛定思痛才发出此论的②。

材料三:科举制的积极意义

科举曾选拔了从文天祥到林则徐这样的民族英雄,从白居易、柳宗元、刘禹锡到欧阳修、苏轼、辛弃疾这样的文学家,从王安石、包拯到海瑞、张居正这样的政治家,从韩愈、朱熹到蔡元培、黄炎培一类的教育家,甚至还有沈括、宋应星、徐光启这样的古代科学家。总体而言,科举是能够将传统社会的真才选拔出来委以重任的。

产生于等级森严的君主专制时代的科举制,从考试内容上来说深含古代精神,具有某些过时的糟粕,然而从公开考试、平等竞争的形式上来说,则具有一定的现代性,这种平等择优的竞争方式具有超越帝制时代的生命力。科举制跨越了中国不同朝代以及东亚不同民族和国家而被广泛实行,是因为有选拔人才的内在逻辑和普世价值在起作用。

材料四:清朝对科举舞弊的处罚

清朝时处罚科举作弊的律令渊源来自《大清律例》和《钦定科场条例》。此时相比明代的处罚来说,更加严苛。要是考官和考生们串通作弊,那么凭借此种方式考中的人,一旦核实,就把作弊的考官和考生都处以斩刑。顺治二年规定,生儒进入考场时要

① 刘海峰.科举制是否有值得借鉴之处[J].教育研究与实验,1987(3):8—13.

② 刘海峰.为科举制平反[J].书屋,2005(1):4—10.

严加搜查。如有携带资料进考场的,先在场前戴枷号一个月,然后再问罪处罚。清代统治者严厉打击冒籍舞弊的行为,对侥幸冒籍中举的人,以及在此过程中监督不力的官员和地方长官施加处分,免除主考官的职务①。

（王安辰）

① 张芙蓉.浅谈明清时期对科举舞弊的刑事处罚[J].法制与社会,2017(26):232—233.

第十章

影视题材的开发：以中国动画为例

动画从国外引入中国有将近一百年历史，中国动画近百年来的发展史可以说是近代中西方文化交融的一个缩影，其中可以窥见中国动画人在积极探索民族文化传承和创新之路过程中遇到的难题及大胆尝试、不懈努力的成就。当我们细细品读中国动画的发展脉络，就会发现其中蕴藏着丰富的教育资源，并且可以与高中思想政治教材中文化等模块的相关知识建立关联。

第一节　中国动画的教育价值

动画不仅是人们休闲娱乐的重要方式，还是民族文化的重要体现、文化传播的重要媒介。发展中国动画更是提升我国文化软实力、增强民族文化自信心的一个重要路径。回顾中国动画发展历史，可知中国有不少在世界范围内享有盛誉的动画作品，它们获得成功的核心原因是其独具中国特色的优秀传统故事内容、艺术表现形式及其与当代主流价值观念的创造性融合。此外，动画作为一个文化产业，其发展与整个产业链的发展水平和市场规模相关联，还要与社会主义市场经济体制相适应。因此，中国动画作为教学素材运用于高中思政课教学，可以与必修四《哲学与文化》第三单元“文化传承与文化创新”结合，围绕中国动画的发展讲解中华优秀传统文化如何继承与发展；也可以结合必修二《经济与社会》，让学生讨论社会主义市场经济体制下如何实现中国动画的复兴，从而理解社会主义市场经济的特点。

动画对中学生具有较强的吸引力。00后学生成长于中国动画产业受政府扶持、逐渐复兴的发展阶段，这一阶段同时也是互联网快速发展、世界动画多元化发展的时期。将中国动画作为教学素材，可以使学生基于对素材的兴趣而主动参与学习探究，并且帮助他们在多样化的文化市场中对动画作品进行辨别，做出正确的判断与选择。此外，青少年也是我国未来动画、未来文化产业发展的推动者。通过剖析中国动画的兴衰历程，可以增强学生实现中华民族伟大复兴中国梦的社会责任意识和使命感，同时在学理上掌握推动中国文化产业发展的核心要义。教师可以从“中国动画如何走向世界”等现实问题出发，启动教学活动，引导学生运用所学知识解决现实问题。

纵观中国动画艺术史,结合高中思想政治教材的内容和学生特点,可以发现中国动画含有丰富的思政教学资源。其中,极具教育价值的素材有:中国动画的发展脉络、中国水墨动画、影视作品中的木兰从军故事。

一、素材一:中国动画的发展脉络

(一) 素材一内容概述

中国动画自 20 世纪 20 年代开始出现,60 年代发展到顶峰,后受多重因素影响走向衰弱,21 世纪后,再次兴起。

20 世纪初,随着电影的诞生,英国移民勃拉克顿制作了世界上第一部动画影片《一张滑稽面孔的幽默姿态》,标志着动画的诞生。之后在各国文化交流的过程中,动画开始风靡全球。1918 年,美国《大力水手》《勃比小姐》《从墨水瓶里跳出来》等动画作品传入中国,万氏兄弟开始萌发研制动画的念头。1926 年,在美国技术封锁和国内经济条件窘迫的条件下,万氏兄弟研制出了我国第一部动画片《大闹画室》。1941 年,受美国迪士尼动画《白雪公主》的启发,中国动画人首次结合我国经典名著《西游记》,制作出了我国第一部动画长篇《铁扇公主》,受到国内外观众的欢迎,奠定了我国动画在世界动画中的重要地位,并影响了日本动漫之父手冢治虫和动画制作人宫崎骏。

新中国成立后,我国成立了上海美术电影制片厂,尝试走出一条中国动画的发展道路。1955 年,动画短片《乌鸦为什么是黑的》获得了国际奖,但是,却被国外观众误以为是苏联的作品,这使国内动画制作人意识到在动画中注入民族文化的重要性。此后,我国结合自身民族特色,开创出了剪纸片、木偶片、水墨动画等多个片种。其中,水墨动画因具有浓厚的民族风格,在世界动画界被称为“中国学派”。1964 年上映的我国首部彩色动画长篇《大闹天宫》则创下了我国动画片出口的最高纪录,在国际上获得了超越迪士尼的美誉。

20 世纪 70 年代之后,因多种因素的影响,我国动画产业走向衰弱,国内动画影视业受到日本动漫和美国迪士尼动画的冲击。尽管改革开放后我国动画有所复苏,但无论是技术还是制作效率都难以再次追赶国外。与此同时,这一时期无论是日漫还是美国迪士尼动画都学习和借鉴了中国的许多特色元素,并受到世界的欢迎。如日本动画制作人宫崎骏的动画《龙猫》中的龙猫原型为中国的大熊猫，鸟山明的动画《七龙珠》中的许多内容借鉴了中国众多神话。美国迪士尼动画《MULAN》在内容上借鉴了中国古代的木兰传说，艺术形式借鉴了我国的水墨动画风格①。

进入21世纪以来，《西游记之大圣归来》《大鱼海棠》《白蛇：缘起》《哪吒之魔童降世》等作品的上映宣告了中国本土动画逐渐走向复兴，但是从国内外对这些动画的多种不同评价来看，中国动画未来的发展之路仍面临着巨大的挑战。

（二）素材一的教育价值

从中国动画的发展脉络中可以看出，实现我国动画的复兴主要有两个核心议题：第一，在20世纪60年代及之前，“动画”作为一种外来物，中国本土动画要实现发展，需要解决的主要问题是如何学习借鉴外来文化。例如，动画短片《乌鸦为什么是黑的》之所以被国外的观众误以为是苏联的作品，原因在于我国早期动画存在盲目照搬国外动画风格的问题。之后的水墨动画、《大闹天宫》则立足于中华文化，恰当吸收国外动画的创作经验，成功收获国内外观众的喜爱。第二，20世纪60年代之后，本土动画想要实现发展，需要解决的问题是协调好与政治、经济以及科技创新的关系。特别是21世纪之后，我国动画产业要在传承和发展中华优秀传统文化的基础上，从技术升级、政府政策支持、市场化生产模式等多方位进行调整、升级②。

两个主要议题恰好分别对应了高中思政课教材必修四《哲学与文化》模块中的第八课“学习借鉴外来文化的有益成果”和必修二《经济与社会》中的第二课“我国的社会主义市场经济体制”。与此同时，学生作为动画产品的主要消费群体，却较少了解到我国曾拥有丰富的优秀作品，更少有人知道日本动漫、美国的动画作品曾深受中国动画影响，吸收了中华优秀传统文化的元素。因此，以中国动画的发展脉络为思政课教学材料，可以激发学生的好奇心和探究兴趣，促进学生对我国优秀传统文化产生认同意识，提升民族文化的自信心，也可以促使学生从文化和经济的角度主动思考国产动画如何崛起的问题。

---

① 改编自：(1) 张慧临. 二十世纪中国动画艺术史[M]. 西安：陕西人民美术出版社，2002.
(2) 薛峰，赵可恒，郁芳. 高等学校动漫系列教材：动画发展史[M]. 南京：东南大学出版社，2006.
(3) 王丽，杜子阳. “中国学派”动画的兴衰、经验与教训[J]. 当代文坛，2021(03)：141—145.

② 龚滔. 改革开放以来中国动漫产业发展研究[D]. 长沙：湖南师范大学，2022.

表 10－1 “中国动画的发展脉络”素材可对应的高中思想政治教材内容

素材内容	教材内容
20 世纪 60 年代及之前中国动画的发展探索	必修四《哲学与文化》第八课“学习借鉴外来文化的有益成果”
20 世纪 60 年代之后中国动画的复兴之路	必修二《经济与社会》第二课“我国的社会主义市场经济体制”

二、素材二：中国水墨动画

（一）素材二内容概述

中国水墨动画诞生于上海美术电影制片厂，是新中国文化艺术科技创新的典型标志。1959 年我国开展“技术革新运动”后，制片厂员工受中国传统水墨画的美学理念启迪，提出了制作“水墨动画”的设想。1960 年 1 月，陈毅副总理参观上海美术电影制片厂举办的“中国美术电影展览会”，看到齐白石的画《蛙声十里出山泉》说道：“你们要是能把齐白石的画动起来就更好了。”由此，我国正式开始创作水墨动画。1961 年，《小蝌蚪找妈妈》的上映标志着中国水墨动画首创成功。之后，在上海美术电影制片厂美术组组长特伟的带领下，《牧笛》《山水情》等影片相继诞生，标志着我国水墨动画逐渐走向成熟。日本动画界人士在看过我国水墨动画后，曾评价道：“当听到水墨画能动起来，简直不敢相信，可是，看了以后，真是大吃一惊。这样的作品，是用什么技术实现的呢，确实难以想象。”

图 10－1 齐白石《蛙声十里出山泉》《虾》、水墨动画《小蝌蚪找妈妈》

水墨动画在国际动画界享有“中国学派”的美誉，其艺术形式突破了当时动画电影史上只有“单线平涂”一种形式的局面，其独特的魅力包含以下两点：第一，意境创设，以水墨画为基调的艺术画面具有深刻的故事性和高调的情感性，能够把动静物态完美组合，全面反映影片的思想性和审美性；第二，虚实结合，水墨动画运用墨和水分的渲染，可以通过墨色的浓淡实现中国画多元的视觉透视和虚实结合的效果，实现水墨动画多角度展示物象的特点。落实到具体的核心思想理念，中国的水墨动画其实包含了中国古代“天人合一”与“和”的思想理念。

（二）素材二的教育价值

作为中华优秀传统文化继承与发展的典型代表，聚焦特伟的三部水墨动画作品——《小蝌蚪找妈妈》《牧笛》《山水情》，可以发现，中国水墨动画从诞生到走向成熟的过程，实际上是对如何将水墨画这种形式与动画片的内容进行协调与结合的探索过程。1961 年的《小蝌蚪找妈妈》初次让齐白石的画“动”了起来，1963 年的《牧笛》则通过水墨虚实结合的特点增加了故事诗意的朦胧美，1988 年的《山水情》将水墨的形式作为故事内容的主要组成，意境成为作品想要表达的情感的重要品读内容（见图 10－2）。《拿来、继承与发展：看“中国学派”》一文曾指出：“一个艺术学派的确立，是由于它的作品具有相对统一、稳定、成熟的艺术风格，这种独特的艺术风格使它突出于、区别于其他同类艺术。但是每一个艺术流派的发展都必然经历从模仿到独立、从摸索到成熟的过程。中国学派的形成，也是在不断探索中吸取经验和教训，才寻找到一条民族化的成长道路。”

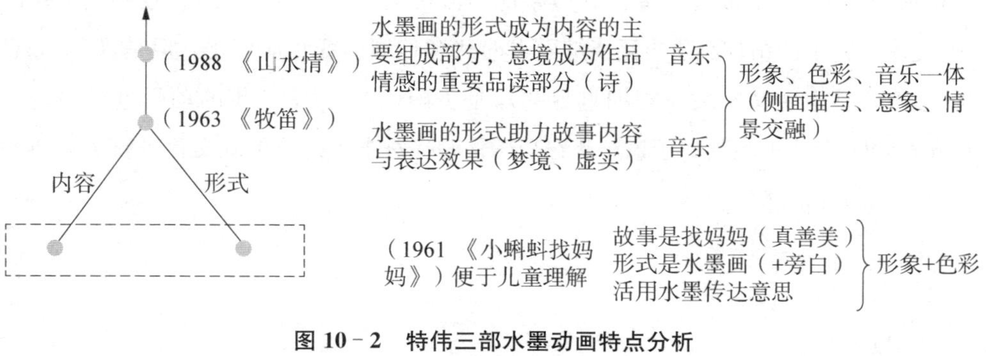

图 10－2　特伟三部水墨动画特点分析

由此可见，以“中国水墨动画”为教学素材，可以讲解必修四《哲学与文化》第七课“继承发展中华优秀传统文化”的大部分内容，通过明确水墨动画的特点和背后蕴含的中国古代文人的思想理念，可以讲解“文化载体”“文化的功能”，而通过深入探究三部代表性水墨动画作品，可以帮助学生明确水墨动画作为中华文化的一部分，是我国文化在与各国文化的交流、碰撞和交锋的过程中发展起来的，认识到优秀传统文化需要在继承中依据当今时代特点进行转化和创新。①

表 10-2 “中国水墨动画”素材可对应的高中思想政治课教材内容

素材内容	教材内容
20 世纪 60—80 年代中国水墨动画的发展过程	必修四《哲学与文化》第七课“继承发展中华优秀传统文化”

三、素材三：文艺作品中的木兰从军故事

（一）素材三内容概述

木兰从军是一则家喻户晓的中国民间故事，它最早起源于南北朝时期的乐府诗歌《木兰辞》，故事讲述了花木兰女扮男装，代替父亲出征的事迹，表现出了中华民族文化中的一些核心价值理念，如孝亲、女子的智勇、清廉等优良品质。以南北朝民歌《木兰辞》为起点，在 1500 余年的历史中，花木兰的形象通过诗歌、小说、豫剧、电影等多种载体形式不断地被改变与刷新，关系人物不断地增加，故事情节不断地丰富，时至今日已经形成了一个庞大的故事谱系。该故事能够流传至今，其奥秘在于，在这些文艺作品中，花木兰身上的精神品质内涵能够随着时代和地域的变化而变化。但是，值得深思的是，真正让木兰从军故事走向世界的却是美国迪士尼 1998 年的动画电影《木兰》（*MULAN*），其中的奥秘在于该影片在全球化时代对中华优秀传统文化进行了创造性转化与创新性发展。

---

① 参考以下文献：
（1）康婕.“动”起来的水墨画——对中国水墨动画电影的浅析和反思[J]. 电影评介，2010(5)：10—11.
（2）李三强. 重读“中国学派”[J]. 电影艺术，2007(6)：142—148.

图 10－3　南北朝民歌《木兰辞》、迪士尼 1998 年《木兰》

（二）素材三的教育价值

将木兰从军故事作为教学素材运用于高中思想政治课，可以从两个方面着手：

第一，通过分析不同时期文艺作品中木兰从军的故事内容发生的变化，明确文化与政治、经济之间的关系，从纵向的历史发展角度，理解中国故事的传承需要按照当今时代特点和要求进行创造性转化，按照当今时代社会生活和社会实践的进步和发展进行创新性发展。第二，通过分析迪士尼动画电影《木兰》成功的背后原因，进一步从横向的文化传播角度思考如何讲好中国故事，让中华优秀传统文化走出国门。

例如，比较南北朝民歌《木兰辞》、新中国成立初期的豫剧《花木兰》、1998 年的迪士尼动画电影《木兰》三部作品，可以发现不同时期，木兰从军的故事受到人们喜欢的原因与当时的政治、经济是紧密相关的，文化作品是时代经济和政治的反映，同时又能以其独特的魅力反作用于社会，可以引领社会风尚，教育人民，推动社会发展。

三部作品创作背景比较如下所示。

南北朝民歌《木兰辞》的创作背景：在北魏时期，长期的战争和妇女地位的提高促使民众萌发了女英雄征战保卫和平的想法，从而创造了木兰从军的传奇故事。

新中国成立初期，豫剧《花木兰》的创作背景：新中国成立初期，我国正在参与抗美援朝战争、进行社会主义改造，受战争形势和社会主义影响，女性地位得以提升、社会作用得到强调，豫剧大师常香玉根据现实需求改编了木兰从军的故事，引领了当时的社会思潮。

1998年迪士尼动画电影《木兰》的社会价值：教育当代的女孩子们可以在这个世界里展现自身价值，推动社会的进步。

进一步剖析不同文艺作品中木兰从军故事的情节设置，体会花木兰的精神品质，可以发现，豫剧《花木兰》和迪士尼动画电影《木兰》对于花木兰身上体现的“孝”“女性力量”等思想理念，根据时代和发展的要求进行了“取其精华，去其糟粕”“推陈出新，革故鼎新”的批判继承，对其精神品质进行了创造性转化与创新性发展，这也是其故事能够经久不衰的原因。对此可作如下比较：

在《木兰辞》中，花木兰是在战事紧迫的背景下为体恤亲人而选择参军，孝主要表现为对父亲、对家庭的责任。女性力量表现为女性的个人能力，即女子能做到和男子一样的事。但是，在故事的结尾，花木兰在战争结束后归还故乡，其女子的身份形成了一个闭路。作者力求通过看似“守礼”的行为掩盖易装女子从军这样的“越礼”行为。（在古代，女性从军是禁忌——从商代妇好作为女将军打仗以来，有很多是以女人之身带领男兵打仗的，但这些女人大多不是普通老百姓，她们利用自身的阶级地位直接达到女性领导者的角色。）

在豫剧《花木兰》中，花木兰是为国家、民族而参军，在传统孝亲的基础上衍生出了社会主义建设和抗美援朝时期所需要的“天下兴亡、匹夫有责”的家国情怀。而在女性力量方面，相比于《木兰辞》，该作品强化了故事中的女性价值，彰显了女性在社会生产和保家卫国方面的贡献。

迪士尼动画电影《木兰》虽然采用了基本相同的故事框架，但是作品在叙事方式上对原文化内涵中的核心精神品质进行了重新建构。迪士尼动画电影中花木兰的从军行为是为了给家族带来荣耀，也是为了证明自己。这与中国传统的“孝”的概念存在差异，该电影中的“孝”主要被转化为父女之间双向的爱。其女性力量也主要体现为木兰自身价值的实现。

因此，以“文艺作品中的木兰从军故事”为教学素材，可以讲解必修四《哲学与文化》第七课“继承发展中华优秀传统文化”中的“文化的内涵与功能”“弘扬中华优秀传统文化与民族精神”两框内容，以及“中华优秀传统文化的当代价值”。①

表 10-3　文艺作品中的木兰从军故事可对应的高中思想政治教材内容

素材内容	教材内容
文艺作品中的木兰从军故事	必修四《哲学与文化》第七课“继承发展中华优秀传统文化”

第二节　教学设计

一、教学设计一：继承发展中华优秀传统文化

（一）教学设计依据

1. 课程标准

高中思政课程标准关于这一课的学习要求是学生能够“辩证地看待传统文化，领会对中华优秀传统文化进行创造性转化、创新性发展的重要意义”。

2. 教材

高中思想政治教材必修四《哲学与文化》的第七课“继承发展中华优秀传统文化”，是高中思政课文化板块的开篇，继承和发展中华优秀传统文化是发展社会主义文化、增强文化自信的基础。据此，挑选了中华优秀传统文化的代表木兰从军故事作为主要的案例素材，从“文化”“传统文化”“中华优秀传统文化”三个大概念切入，根据本课的核心要义，侧重于讲解“文化的内涵与功能”“继承传统文化的方法”“弘扬中华优秀传统文化”的相关知识。

---

① 资料改编自：(1) 徐金龙，姬厚祥. 美国迪士尼对中国木兰传说的跨文化演绎[J]. 文化遗产，2021(3)：102—107. (2) 林美琳. 迪斯尼文化内核对中国动画电影产业的启示[J]. 北京电影学院学报，2013(5)：80—84.

3. 学情

学生已经在九年级《道德与法治》第五课“守望精神家园”中学习了中华优秀传统文化的内容和作用。因此，高一年级的学生能够感受中华优秀传统文化的魅力，但是，学生对如何传承和发展中华优秀传统文化还缺少辩证性的认识和创新、创造意识。

就影视作品中木兰从军故事这一素材而言，高中生通过文学作品、电视剧等途径对这一素材已有较多的了解，但学生在日常生活中往往作为“文化消费者”，视角停留于浅显、笼统的故事内容，缺少对背后的文化内涵、发展变化脉络进行深入思考以及深入探究的耐心和能力。

（二）教学目标

1. 政治认同：在历史流变中了解以木兰从军故事为指代的中华传统文化的价值，感受中华优秀传统文化所具备的跨越时间、地域的永恒魅力，树立中国特色社会主义文化自信。

2. 科学精神：能够运用马克思主义的唯物史观理解作为社会意识的文化与经济、政治的关系，从辩证的视角看待传统文化的价值，继承、发展中华优秀传统文化。

3. 公共参与：明确在创造文化产品时需要树立为人民服务的意识，以人们喜闻乐见、具有广泛参与度的方式进行推广；在感受中华传统文化的价值和优秀传统文化的魅力后，能够树立继承、发展中华优秀传统文化的责任意识。

（三）教学重难点

1. 重点：理解、辨析“文化”“传统文化”“中华优秀传统”的内涵。

2. 难点：如何继承传统文化、发扬中华优秀传统文化。

（四）教学设计思路

本节课在“中华优秀传统文化进思政课教材”的宗旨要求下，以中华文化符号之一的木兰从军故事在历史中的演变为主要情境，设计议题“木兰从军的故事为什么能够经久不衰、名扬海外?”和三个学习活动，紧扣“文化”“传统文化”和“中华优秀传统文化”三个概念，讲解中华优秀传统文化的继承与发展。并以思维导图作为学习工具，帮助学生学会运用唯物史观分析问题，增强学生的阅读与分析能力，并尝试用历史唯物史观的方法来看待问题和分析问题。

议题：木兰从军的故事为什么能够经久不衰、名扬海外?

活动一：从作品的社会背景角度分析木兰从军的故事为什么能够经久不衰。

活动二：从文化内涵角度分析木兰从军的故事为什么能够经久不衰。

活动三：探究迪士尼动画电影《木兰》为什么能够让木兰从军的故事名扬海外。

（五）教学过程

环节	教学内容	学生活动	教学设计意图
导入 木兰从军：中华民族的文化符号	1. 呈现关键词："女扮男装、替父从军"。 问题1：看到这两个词同学们想到了什么呢？ 2. 调查、归纳学生了解木兰从军故事的途径。 问题2：大家都是从哪些途径了解到木兰从军故事的呢？ 3. 呈现南北朝至今以木兰从军故事为题材的文艺作品表(材料三)。 问题3：这么多以木兰从军为主题的作品，他们共同反映的价值观念是什么？ 4. 引出总议题：木兰从军的故事是如何做到经久不衰、名扬海外的？ 【小结】 1. 木兰从军的故事最早出现在南北朝民歌《木兰辞》中，后历经小说、戏曲、电影等不同的表现形式，其形象不断地被改变与刷新，关系人物不断地增加，故事情节不断地丰富，形成了一个庞大的故事谱系。它有着1 500多年的历史，甚至跨越国界走向了世界。 2. 在之前的课上，我们讲过狭义的文化主要是指相对于经济、政治而言的人类全部精神现象，既包括世界观、人生观和价值观等意识形态的内容，也包括自然科学和技术等非意识形态的内容。木兰身上体现的孝亲、智勇、清廉等传统美德就属于具有中华文化特点的精神现象，以民歌、戏曲、绘画等形式表现的木兰从军故事就是这种传统美德的载体。	【预设回答】 问题1：花木兰、木兰从军。 问题2：文言文、影视剧、语文课本、故事书，等等。 问题3：孝、女性价值。	1. 以学生对关键词的直觉反应和庞大的文化产品体系明确"花木兰"已成为中华民族的文化符号。 2. 明确高中思政课中文化的基本内涵、文化与载体的关系。

续 表

环节	教学内容	学生活动	教学设计意图
一、从作品的社会背景角度分析木兰从军的故事为什么能够经久不衰	问题1：木兰从军的故事为何能够诞生，并能以不同形式经久不衰地传播至今？ 问题2：以三部代表作为例，分别说说它们的时代背景、社会影响是怎么样的？ 呈现材料：南北朝民歌《木兰辞》产生背景、抗美援朝时期豫剧《花木兰》视频片段“谁说女子不如男”(2min)、1998年迪士尼动画电影《木兰》影评(材料四)。 【小结】 **作品一：**在南北朝时期，长期的战争和妇女地位的提高促使民众萌发了女英雄征战、保卫和平的想法，创造了木兰从军的传奇故事。 **作品二：**在抗美援朝战争时期，在战争形势和社会主义影响下，女性的社会作用得到强调，豫剧中常香玉修改的木兰从军故事也呼应当时的社会需求。 **作品三：**木兰作品又能够以其中的优良品质影响社会风尚、教育人民、服务社会、推动社会发展。 **小结：**文化是人类社会实践的产物，一定的文化由一定的经济、政治所决定；同时，文化又能够反作用于一定的经济、政治，给予经济、政治以重大影响，文化是相对于经济、政治而言的人类全部精神现象。	阅读材料，回答问题，填写思维导图。 【预设回答】 问题1：战争生活、女性地位，等等。 问题2：背景包括抗美援朝战争、社会主义改造等，精神品质对社会产生影响。	1. 从文化与经济、政治的关系的层面进一步理解文化的含义。 2. 通过播放豫剧片段，渲染课堂氛围，增强学生对中华优秀传统文化的感知。
二、从文化内涵角度分析木兰从军的故事为什么能够经久不衰	1. 说明：在新文化运动前，木兰从军故事重点宣扬的是孝道；新文化运动后，人们在此基础上增添了女性解放的主题。 问题1：忠孝精神、女性价值在历史发展中的内涵和表现形式是如何演变的呢？请阅读学习成果单材料部分。(材料一)	阅读学习材料，填写思维导图，举手发言。 【预设回答】 1. 孝：替父从军—保家卫国—无/替父从军(学生对动画电影中的“孝”感知模糊)。	1. 通过对比《木兰辞》和豫剧《花木兰》中的“孝”与女性价值，明确传统文化有优劣之分，继承传统文化的要义。

续　表

环节	教学内容	学生活动	教学设计意图
	【小结】 **作品一：**在《木兰辞》中，花木兰的孝主要是对父孝和对君忠，女性力量表现为女子能做到和男子一样的事，但是，花木兰在战争结束后选择归还故乡，她的女子身份形成闭环。因此，看似“守礼”行为实际上掩盖了“越礼”行为，这是因为在当时女性从军是禁忌。 **作品二：**在豫剧中，花木兰是为国家、民族参军，她的孝已经衍生出了抗美援朝时期所需要的“天下兴亡、匹夫有责”的家国情怀。在女性价值方面，女子价值表现为在社会生产和保家卫国中的贡献，豫剧则是直截了当地表达出了这一点。 **作品三：**在迪士尼动画电影《木兰》中，木兰从军不仅是为了给家庭带来荣耀，更是为了证明自己，即女性力量体现为女性自我价值的实现，而木兰的“孝”转化为了更便于西方国家理解的父女之间双向的爱。 因此，木兰从军的故事能够经久不衰的原因在于创作者根据时代和发展的要求对传统文化进行了“取其精华，去其糟粕”“推陈出新，革故鼎新”的批判继承，而迪士尼动画，则是根据时间和地域的变化对文化内涵进行了创造性转化与创新性发展。	2. 女性价值：学生难以区分。	2. 分析迪士尼动画电影《木兰》中“孝”的变化，明确中华优秀传统文化的传承需要创造性转化。
	1. PPT 呈现南北朝至今的以木兰从军故事为题材的文艺作品表（材料三）。 问题 1：是哪一部作品将木兰从军故事推向了世界？为什么豫剧《花木兰》没有做到，同是迪士尼作品的真人版《花木兰》为什么也没有做到？	观看视频，分析原因。 【预设回答】 1. 学生不能猜到是 98 年的动画电影，得知答案时会感到惊讶，但能在三部作品	1. 借鉴迪士尼制作动画电影《木兰》的经验，思考我国弘扬中华优秀传统文化的方式。

续 表

环节	教学内容	学生活动	教学设计意图
三、探究迪士尼动画电影《木兰》为什么能够让木兰从军的故事名扬海外	问题 2：1998 年版的迪士尼动画电影《木兰》为什么能将木兰从军的故事推向世界呢？ 播放视频《动画〈花木兰〉里的中国元素》(2min)；PPT 呈现迪士尼公司的运营机制图(材料一)。 【小结】 1. 迪士尼动画电影《木兰》将木兰从军故事推向了世界，相比之下，豫剧的载体限制了受众的广泛性，而迪士尼真人版《花木兰》的文化融合并不恰当。 2. 迪士尼动画电影《木兰》之所以能够取得成功，很重要的一个原因是迪士尼公司的运营机制，第一是完善的跨文化运行机制，以迪士尼动画电影《木兰》为例，它是由中国台湾艺术家负责影片监督设计、华裔作家负责编写故事对白、中国音乐家负责背景音乐，并有大量的工作人员开展了实地考察；第二是其先进的技术设备；第三是雄厚的资金保障，创造了完整的 IP 产业链，如影视动画、图书，以及迪士尼乐园等。 3. 因此，迪士尼动画电影《木兰》在内涵上有发展创新，木兰身上的忠孝精神、女性解放思想已经转化为具有普世价值的自我实现；在载体上，从以往的文言文和戏曲形式转化为普罗大众都容易接受的具有喜剧风格的动画电影，并且还创设了人物 IP 等，从而让木兰从军的故事从中国走向了世界。这个过程是根据时域特点和要求，进行了创造性转化和创新性发展。	的比较中初步分析出文化载体和文化融合两个原因。 2. 学生能从视频中归纳出动画电影成功的原因，但不能从更深的文化产业的角度分析。	2. 以迪士尼动画电影《木兰》为例，向学生展示中华文化符号如何由他国推向世界，培育学生民族文化传承的责任意识。

续　表

环节	教学内容	学生活动	教学设计意图
课堂总结	综上，在木兰从军的故事中，木兰身上精神品质的内涵根据时代的需求发生了重要的变化，孝道从“对亲孝、对君忠”转化为“对亲孝、对国忠”，而对女性个人能力的强调也更侧重于女性的社会价值，在世界话语体系下则转化为追寻自我；而它的载体形式也从文言文转化为戏曲再到电影，变成人们喜闻乐见的形式。因此，我们说像木兰从军这样优秀的传统故事，具有跨越时代、跨越地域的生命力。		回顾本节课核心内容。
作业	迪士尼公司创意总监马克·汉德勒曾说，“中国文化博大精深，有很多优秀文化资源可以与世界分享”，同学们，我们还可以继承发展哪些中国故事呢？近些年影院上映的国漫如《大圣归来》《白蛇：缘起》《哪吒之魔童降世》是否走向了世界呢，它们是如何继承发展传统文化的？请大家讨论并尝试分析。请同学们选择一部国漫进行讨论和分析，填写学习成果单。	选择一部国漫进行讨论和分析，填写学习成果单。 【预设】 基于本节课的学习，学生对以往关注的国漫有了新的认识，能够从文化的继承和发展角度看待问题，思考国漫的未来发展之路。	引发对当前国漫的思考，尝试迁移所学知识，对当前的作品进行分析。

板书：

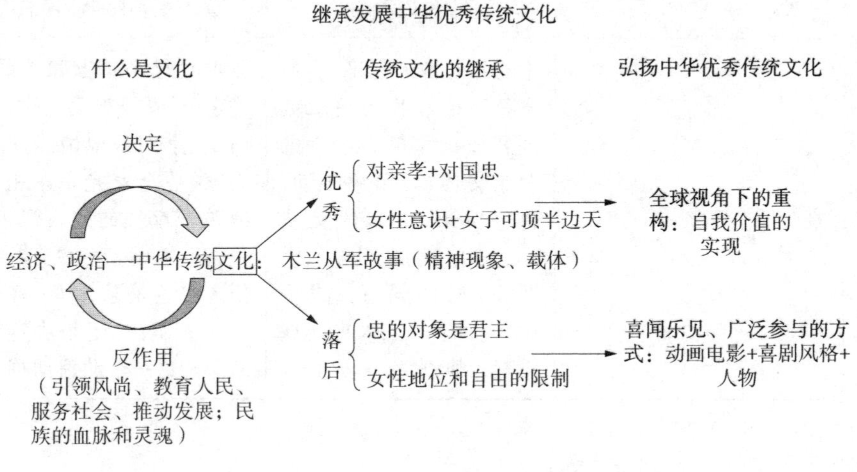

附录：

材料一：学习单

一、思维导图

活动一：木兰从军故事产生、发展的原因探究。

活动二：不同时域下的木兰故事流变。

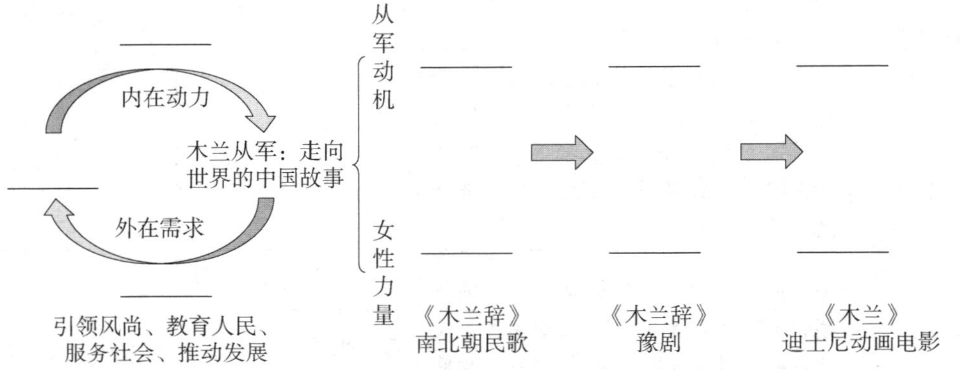

二、个案分析：选择一个中国动画片，分析其在继承和发展中华优秀传统文化上的情况

要求：分析报告含案例名称，案例简介，案例在题材选择、表现形式等方面的特点和不足等。

材料二：不同作品中的木兰从军故事

	南北朝民歌《木兰辞》	豫剧《花木兰》	迪士尼动画电影《木兰》
故事内容	略	南北朝时番邦犯境，边关告急。花木兰的父亲被列名征兵军帖。木兰虑及老父体弱，弟弟年幼，决定冒弟之名，代父从军。途中，她结识了几个朋友，相伴同行。战争中，突力子等三人夹战魏军贺元帅，木兰一马当先，	花木兰从小就上蹿下跳、飞檐走壁，弄得鸡飞狗跳、邻居白眼，家人盼望她能嫁个好人家，替全家光宗耀祖。正值单于率领匈奴入侵中原，皇帝要求每家每户有壮丁入伍。木兰是独生女，害怕父亲一去不回，于是决定替父从军。这一举动惊动祠堂里

续　表

	南北朝民歌《木兰辞》	豫剧《花木兰》	迪士尼动画电影《木兰》
		杀退敌人。戎马倥偬，十二年过去，身经百战的木兰已晋升为将军。元帅拟为木兰封官进爵，并把爱女许与将军。木兰不慕官爵，更不能与元帅之女成婚，只求赐与千里马，回故乡探亲。	的花家先祖，他们决定让木须召唤神龙去保护木兰。木须不小心搞砸了任务，决定自己去守护木兰。 在军营中，木兰凭借努力逐渐成为最出色的那个。在一次行军意外中，木兰为救人受伤，女性身份暴露，被逐出队伍。在回家的路上，木兰无意间发现单于还活着且准备刺杀皇帝。她急忙赶往京城，机智救下皇帝，皇帝想要封她官爵，木兰没有接受，而是选择回到了亲人身边。对她抱有思慕之情的李翔追随她的脚步而来，自此木兰在感情上也获得了圆满。
从军动机	"唧唧复唧唧，木兰当户织。不闻机杼声，唯闻女叹息。" "昨夜见军帖，可汗大点兵。军书十二卷，卷卷有爷名。阿爷无大儿，木兰无长兄。愿为市鞍马，从此替爷征。"	"刘大哥再莫要这样盘算，你怎知村庄内家家团圆？边关的兵和将千千万万，谁无有老和少，田产庄园，若都是恋家乡不肯出战，怕战火早烧到咱的门前！"	木兰相亲失败，没有能够给家庭带来荣耀，父亲宽慰她，"今年院子里的花开得真好，可是你看，这朵迟了，但等到它开花的时候，一定会比其他的花更好"。 木兰独白："也许我不是为了我父亲，也许我只是想证明自己的能力。当我揽镜自照时，看到的是一个有价值的人。"
女性力量	"可汗问所欲，木兰不用尚书郎，愿驰千里足，送儿还故乡。" "开我东阁门，坐我西阁床，脱我战时袍，着我旧衣裳。"	"谁说女子享清闲？男子打仗到边关，女子纺织在家园。白天去种地，夜晚来纺棉，不分昼夜辛勤把活干，这将士们才能有这吃和穿……有许多女英	行军途中，战友们谈论各自喜欢什么样的女孩，木兰："我喜欢她聪明有智慧，还有自己的主张。" 增加了战争具体情节，即在雪地战役中花木兰受伤，女子

续　表

	南北朝民歌《木兰辞》	豫剧《花木兰》	迪士尼动画电影《木兰》
	"雄兔脚扑朔，雌兔眼迷离；双兔傍地走，安能辨我是雄雌？" 作者侧重于从军前和归来后，十年征战生活一笔带过。强调女人同样能自强。	雄，也把功劳建，为国杀敌是代代出英贤，这女子们哪一点不如儿男。"	身份不慎被发现，被其他士兵丢在冰天雪地里，花木兰发现敌人没死，并要纠集余部进攻皇城，她快马加鞭进城，救出了皇帝。

材料三：以木兰从军故事为主题的文艺作品表

以木兰从军为题材的文艺作品（部分）			
国别	时间	载体	作品
中国	南北朝	乐府民歌	《木兰辞》
	唐朝	七言绝句	《题木兰庙》
	宋朝	古诗词	《妇女之孝二十首·木兰》
	明朝	杂剧	《代父从军》
	清朝	画作	《木兰图》
	1917	京剧	《木兰从军》
	1928	无声电影	《木兰从军》
	1940	抗战歌剧	《木兰从军记》
	1951	豫剧	《花木兰》
	1953	连环画	《木兰从军》
	1996	电视剧	《天地奇英之花木兰》
	1998	动画电影	《花木兰》
	1999	电视剧	《花木兰》
	2007	儿歌	《木兰从军》
	2009	电影	《花木兰》
	2012	小说	《中国古典小说：花木兰（青少版）》
	2013	儿童绘本	《花木兰》

续　表

国别	时间	载体	作品
	2017	电视剧	《小戏骨花木兰》
	2020	舞剧	《花木兰》
美国	1881	小说(英译)	《木兰——女英雄》
	1922	小品	《木兰从军》
	1976	小说	《女勇士》
	1998	动画电影	《花木兰》
	2005	动画电影	《花木兰 2》
	2020	真人电影	《花木兰》

材料四：木兰从军故事代表作的创作背景与时代影响

代表作	历史背景/历史评价
南北朝民歌《木兰辞》	公元 407 年到 493 年，柔然(北方游牧族大国)经常骚扰北魏，双方发生的大战役就有 15 次之多。 北魏是由少数民族部落(鲜卑拓跋氏)转型而来的封建集权帝国，妇女地位较高，实施女官制度，太后、皇太后当政时间大于一半。北朝民歌《李波小妹歌》指出当时女性习武并不罕见。
抗美援朝时期豫剧《花木兰》	新文化运动后，国内出现男女平等思想。 1951 年，豫剧大师常香玉为支援抗美援朝进行义演，她改编了传统木兰从军的故事，赞美了妇女在社会生产方面和战争年代的巨大贡献，以及后方生产与前方作战的关系，与当时“女性在后方生产，支援前线”的口号紧密呼应。
1998 年迪士尼动画电影《木兰》	美国影评家米切尔说：“《木兰》是一部可以和孩子们，尤其是需要榜样的女孩子们一起看的伟大电影。《木兰》是迪士尼影片中最好的一部，木兰的力量不仅在于她女扮男装所取得的成就，还在于她作为女性，在一个认为女性应当美丽、沉默、安静的世界里所作出的成绩。《小美人鱼》中的阿丽想通过改变她的身体赢得王子，《美女与野兽》则认为暴虐的男人真正需要的无非是一个用爱来驯服他的好女人，在看过这些影片后，只有《木兰》的力量真正打动了我。”

(梁婉雅)

第十一章

美术题材的开发：以中国版画为例

“版画”，顾名思义，就是制版并印刷成品的画。“版”为出版的版，与印刷有关，非单指木板的“板”。“判木为片，名之为版。”“版”既是木“片”，也同石片、金属片、玻璃片、塑料片、纸片等性质类似，因而，此“版”之意义，除木版之外还有石版、金属版、玻璃版、塑料版、纸版等，对此“版”制的图进行印刷，则为木版画、石版画、金属版画、玻璃版画、塑料版画、纸版画等。① 中国版画是中国艺术文化领域的重要门类，中华优秀传统文化的重要体现，在中国的文化艺术史上留下了浓墨重彩的一笔，具有重要的地位和价值。其中也蕴含了有价值的思政课教学资源。

第一节　中国版画的教育价值

一、中国版画概况

从纵向的时间脉络上来看，中国版画的发展大致可以分为六个时期。

萌芽时期，即隋唐以前。关于中国版画确切的起源时间，至今仍有较大的争议。以上文对版画的定义为基准的话，那么封建时期陵墓出土的画像石与画像砖都可以纳入版画的范畴，更有甚者，可以追溯到古人类在山岩、兽骨、陶器等材质上制作的雕刻画等艺术形式。但传统上中国古代版画主要是指木刻版画，依此来看，现存最早的中国版画则是唐代的《梵文陀罗经咒图》（参见图11－1），该图约刻于唐至德二年（757年）至大中四年（850年）之间。画芯为茧纸，木刻板印，高31厘米，横34厘米，中部、左角皆残损。③ 这一时期宗教发展兴盛，势力庞大，加之雕版印刷术的技术发展，版画的题材多与佛教有

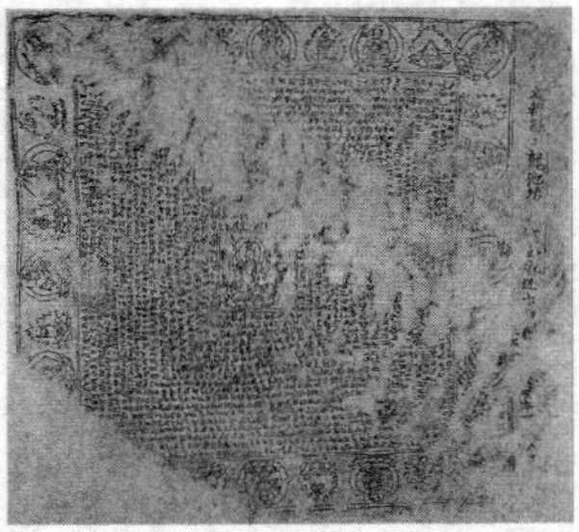

图11－1　作者不详　唐代《梵文陀罗尼经咒图》②

① 洪广明. 黑白木刻版画教程[M]. 上海：复旦大学出版社，2018：3.
② 周芜. 中国版画史图录[M]. 上海：上海人民美术出版社，1988：1.
③ 王伯敏. 中国版画通史[M]. 石家庄：河北美术出版社，2002：14.

关，版画也逐步在民间推广开来。但由于距今年代久远，保存下来的实物也是屈指可数。

成长时期，即宋元时代。这一时期的版画最初是为政治服务而存在的，由官方所把持，用于官方文书的插图制作。但随着生产力的发展、活字印刷术的发明，以及百姓安居乐业后对于世俗文化的需要，供给和需求两方面都为中国版画的发展提供了条件。一方面，官方对于印刷的权力逐步下放，民间也开始出现印刷工坊；另一方面，宋元在文化艺术领域取得的成就如小说、戏曲等也为版画提供了很好的题材。代表作品有我国画谱中最早出现的刊行本《梅花喜神谱》。② 版画的主题不再局限于宗教，而是逐渐与平民的生活交融起来，也正是这种世俗化的取向，为中国版画迈入巅峰时期做好了准备。

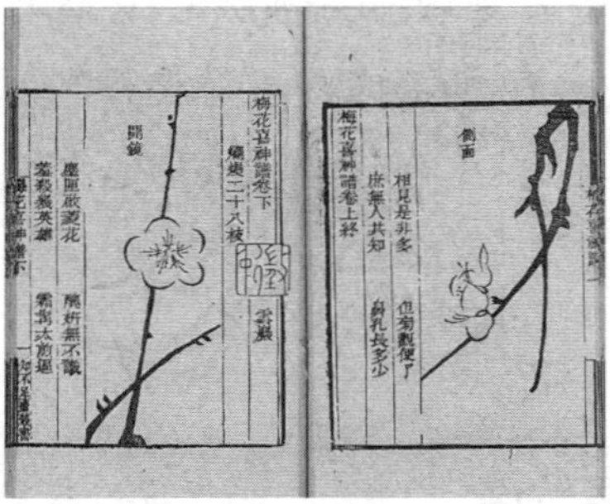

图 11-2　宋伯仁编绘　嘉熙二年（1238 年）《梅花喜神谱》①

鼎盛时期，即明代。由于明代的社会分工更加细化，农业、手工业、商业等各行各业都兴盛发展起来，百姓对于文学作品的需求也是只增不减，书商更是活跃在各个领域当中。此外，随着雕工人数的增加，各地的竞争也日趋激烈，形成了不同的流派和技法。从雕版业的发展情况来说，当时的安徽、江苏、浙江和福建都曾盛极一时。④ 与前朝明显不同的是，这一时期，许多名师大家为雕版作画，有唐寅、仇英、陈洪绶等，人数众多。同时，小说的插画众多，如《西厢记》《水浒传》（参见图 11-3）中的木刻版画都很好地反映了小说人物的性格和状态。除了以人物为中心的世俗主题的版画之外，山水花鸟等写意主题的版画也非常丰富。

图 11-3　刘次泉刻　明代《水浒全传》火烧翠云楼③

① 王伯敏. 中国版画通史[M]. 石家庄：河北美术出版社，2002：28.

② 王伯敏. 中国版画通史[M]. 石家庄：河北美术出版社，2002：27.

③ 王伯敏. 中国版画通史[M]. 石家庄：河北美术出版社，2002：81.

④ 王伯敏. 中国版画通史[M]. 石家庄：河北美术出版社，2002：52.

衰落时期,即清代至九一八事变之前。清王朝中央统治集权达到封建时期的顶峰,统治者同样通过文字狱等手段对文化艺术领域加强了控制,题材受限,版画也自然减少。许多传统的经世典籍被重新编修或被禁,民间的小说和戏曲也在夹缝中求生存。但清朝统治者为了吹嘘自己的政治才能,让内务府制作了许多"歌功颂德"、具有传颂性质的殿版版画,如图 11-4《万寿盛典图》所示。清王朝覆灭后,时局动荡,版画的内容和形式并无大的改变,大多沿袭旧制,但产量与销量仍受到了影响。

图 11-4　朱圭刻　康熙五十二年(1713 年)《万寿盛典图》①

新兴时期,即抗日战争至文化大革命之前。在鲁迅先生号召与倡导的中国新兴木刻版画运动的影响下,许多艺术青年将目光投至中国木刻版画。加之新思想急需载体传播,人民在战争中需要精神慰藉,版画也随之获得新生。新兴版画从诞生之初就带有红色基因,描绘的主题可以被称为"抗战美术"(参见图 11-5),其具有鲜明的民族性,成为战时人民的精神支柱,在思想教育方面发挥了重要的作用。新中国成立后,版画的主题则主要集中于描绘社会主义建设的场景,用于宣传,有一定的政治色彩。而至文化大革命时期,版画则完全沦为政治工具,发展进入了停滞期。

图 11-5　李桦　1935 年《怒吼吧,中国!》

转型发展时期,即改革开放以后至今。改革开放的成果同样惠及艺术文化领域,中国版画的创作者不再局限于内容和题材上的探索,而是放眼世界,吸收国际上在版画制作和技术表现上的创新成果,比如运用重彩画法创作版画的丁绍光(参见图 11-6),优化坦培拉技法给版画上色的刘孔喜等。艺术家们博采众长,为己所用,版画成为表达个人思想的艺术窗口。同时,中国也在深圳建成了中国版画博

① 王伯敏. 中国版画通史[M]. 石家庄:河北美术出版社,2002:131.

图 11－6　丁绍光　1993—1995 年《西双版纳》

物馆，弥补了中国版画专业展馆的缺失，将中国版画作为中华优秀传统文化的名片推向世界，在同国际版画界的交流和借鉴中共同发展。

从横向比较的世界艺术来看，中国版画为人类艺术的发展也作出了不可磨灭的贡献。

明代的中国，社会生产力进一步发展，分工更为细化，雕工和画师等匠人的同行业竞争也变得更为激烈，这客观上促进了匠人们专业技能的提升，也诞生了具有地域特色的诸多版画流派，如建安、金陵、新安、武林等版画流派。同时，市民阶层规模的扩大导致消遣娱乐性质的精神产品受到了青睐，明代的通俗小说应运而生。为了保持小说的可读性和趣味性，插画在其中扮演了必不可少的角色，技艺纯熟同时又便于传播的版画便成了制作插画的首选。此外，诸如唐寅、仇英、陈洪绶等名师大家专门为雕版作画，对于版画的创作热情在当时成为一种社会风尚，提高了版画在明代文学领域的地位。可以说，中国版画在明代迎来了自己的全盛时代，可谓欣欣向荣，如日中天。

随着版画技术的普及和国际贸易的推进，明代的版画作为商品出现在了交易名单之中，当这些线条明朗、技艺精湛的版画出现在日本港口之际，无疑给日本的画师带来了冲击。而自 17 世纪末叶，日本的文化中心已从古老的京都转移到幕府所在地江户，连年的战乱和频繁的自然灾害使得日本民众对于现世的人生有了更多的关注，日本美术亦自崇尚图案化的装饰意义演化为以市井为舞台、以民生百态为题材的风俗描绘。[①] 在此国内外背景下，"浮世绘"[②]（参见图 11－7）这种日本文化艺术形式随之诞生，因此可以说，中国版画是日本浮世绘的母体。

图 11－7　葛饰北斋　19 世纪初　浮世绘《神奈川冲・浪里》

① 潘力．浮世绘[M]．石家庄：河北教育出版社，2007：66.

② 浮世绘：日本江户时期以市井生活和山川风景为主要题材的民间艺术形式，一般专指彩色的木版画，但也有手绘作品。

日本浮世绘的发展阶段大致可以分为萌芽、顶峰、衰败三个时期。菱川师宣受中国版画影响，将版画与绘画结合，浮世绘开始萌芽；喜多川歌麿通过半身像描绘女性的表情与性格，将题材由贵族女性转向市井妇女再到艺伎，美人画的成熟标志着浮世绘全盛期的到来；处于浮世绘末期的葛饰北斋既摆脱了市井和美人的传统内容，又融汇了中国版画和西洋油画的多种技法。

至浮世绘发展末期，中国正经历明清朝代的更迭，明末清初农民起义不断，国内局势动荡，曾与中国有贸易往来的荷兰东印度公司切断了与中国的贸易往来，转而从日本进口瓷器。但是瓷器易碎，需要细致的填充和包装，而这一时期的浮世绘作品数量众多，质量却大不如从前，加之制作浮世绘的技术已经普及，许多浮世绘便沦为了瓷器的包装纸，远渡重洋来到了欧洲大陆。却未曾想，一张包装纸却在西方掀起了一股“日本主义”的艺术浪潮。浮世绘和日本美术为西方人带来了对自然的新的观察与表现方法，为西方绘画指明了新的方向，即为印象派（参见图 11－8）的诞生和成熟提供了许多具有参考价值的技法和观念。① 浮世绘对印象派的影响主要可以体现在这样几个方面。首先，在题材上，从传统的历史画、宗教画、肖像画、静物画等沉闷狭隘的绘画范畴走向表现市井生活和展现大自然流光溢彩的生命律动，更加生活化和趣味化。其次，在形式感上，画面的装饰意味浓厚。线条流畅、轮廓分明、色彩单纯，留白、对比、平涂、以少胜多、散点透视等许多东方绘画的技法和理念被巧妙地运用到印象派绘画中。再次，在绘画表现技巧上，色彩纯化、构图简化、空间平面化，构建出与西方传统绘画迥异的东方视域②。

图 11－8　克洛德·莫奈　1895—1926 年　印象派画作《池塘·睡莲》

二、中国版画中可挖掘的教育功能

教学资源可以理解为有助于教学活动的各类资源的集合体，其中就包括了教科书的课内教学资源，也包括了教师自主发掘的课外教学资源。中国版画就处于这样的结

① 潘力. 浮世绘[M]. 石家庄：河北教育出版社，2007：275.

② 付广. 日本浮世绘版画对 19 世纪欧洲后印象派的影响[D]. 杭州：中国美术学院，2017.

合点上，它既有在教科书中出现，又没有过多的线索和信息，需要教师依据课程标准和教科书对这一教学资源进行剖析和深挖。

在部编版高中思想政治教科书必修三《政治与法治》第17页的“探究与分享”部分出现了中国版画《张思德像》。该教学活动希望以版画作为导入，了解张思德的生平和精神，从而阐释中国共产党的性质和宗旨。尽管这一模块的教学内容与文化专题并无太大关联，但编写者选用版画作为载体，意图就是发挥中华优秀传统文化润物细无声的作用。而在对中国版画进行深入的挖掘后，不难发现，这一凝结着劳动人民智慧与汗水的艺术有着深厚的文化意涵和人文底蕴。

首先，中国版画作为中国美术的一个重要门类，历史源远流长又一脉相承。中国版画自诞生之日起至今已有上千年的历史，期间又经历了萌芽、成长、鼎盛、衰落、新兴、转型一系列曲折发展，彰显出了其强大的活力与生机。而文化作为经济和政治的重要反映，其发展脉络和时运兴衰同国势息息相关。中国版画的材质、制作技巧或描绘的主题等无一不带有时代的特征和气息，从中国版画的发展历程中，便可以管窥中国发展的历史，了解中国从古至今走来的曲折和艰辛。

其次，中国版画在新兴之初就具有思想教育的功能，它始终坚持以人民为中心。由鲁迅先生在上海倡导发起的中国新兴木刻版画运动处于抗战的时代背景下，版画的创作者具有艺术家和革命人的双重身份，以版画为武器，在人民群众的斗争中茁壮成长，通过艺术的方式对抗帝国主义的侵略，使版画成为对人民进行思想教育和宣传动员的有力工具。而新中国成立后，在开垦北大荒的时代背景下，以描绘自然风光和人民生产生活为主的北大荒版画表现了人民群众建设祖国的艰辛与不懈奋斗，现今已然成为我国重要的版画流派。可以说，新兴中国版画的发展始终沿着人民这条主线前进。

最后，当代的中国版画将如何发展是需要时代与人民共同回答的议题。上文所提到的浮世绘现今已被当作日本的文化名片，在国际上受到推崇，以浮世绘为主题的各类周边受到广泛青睐；印象派更是成为遍布欧洲和世界的举世闻名的艺术流派，在各国都产生了广泛的影响，取得了众多辉煌的成就。而当代的中国版画尽管涌现了赵延年、丁绍光、刘孔喜等优秀创作者，在技法和表现艺术上吸纳了国际版画界的创新成果，同时也开设了专题性的中国版画博物馆，但在国际上仍然欠缺知名度和影响力。因此，曾经如日中天的中国版画在当代要如何延续自己的生命力，这是不可回避的现实问题,也是中华优秀传统文化在当代再次焕发活力需要努力的方向。

2019年8月,由中共中央办公厅、国务院办公厅印发的《关于深化新时代学校思想政治理论课改革创新的若干意见》指出:“深度挖掘高校各学科门类专业课程和中小学语文、历史、地理、体育、艺术等所有课程蕴含的思想政治教育资源,解决好各类课程和思政课相互配合的问题。”①该文件为思政课的教学资源开发提供了跨学科以及学科融合的思路,挖掘学科教学背后的育人价值不失为有益的尝试。而在美术学科当中,中国版画的教学已经较为系统和成熟,这也意味着无论是教室、材料还是师资等硬性要求,还是教学设计和活动开展等软性条件,思政教师都可以与美术教师积极沟通并寻求协助,寻找学科德育的结合点,在学科融合的视角下共同开发中国版画这一中华优秀传统文化资源。但思政课教师也要明确,将中国版画作为教学资源不是将两门学科课程划上等号,而是要尽己所长来发挥教育资源的思想教育价值。从中国版画中挖掘教学资源旨在帮助学生从中国版画发展的整体脉络中,认识中国版画的价值,了解中国版画对其他国家的艺术产生的影响,从而培养学生继承和弘扬中华优秀传统文化的意识,理性对待外来文化,实现在世界文化之林中对中华优秀传统文化的创新性转化和创造性发展。

第二节　教学设计

一、教学设计:正确对待外来文化

(一) 教学设计依据

1. 课程标准

高中思政课程标准规定本学科的性质是“综合性、活动型学科课程”,内容要求有

① 中华人民共和国中央人民政府. 中共中央办公厅　国务院办公厅印发《关于深化新时代学校思想政治理论课改革创新的若干意见》[EB/OL]. (2019-08-14)[2024-02-08]. https://www.gov.cn/zhengce/2019-08/14/content_5421252.htm?eqid=f21964a6000d427f000000046462f90a.

"明确文化交流互鉴的途径和意义"，教学建议为"可通过社会调查，感受中国特色社会主义文化源自中华民族五千多年文明历史所孕育的中华优秀传统文化"。

依此确定本课教学设计的思路为：教学过程以学科知识为支撑，实施多样化的活动，落实活动型学科课程要求。教学内容着重聚焦文化交流与互鉴，结合相应的文化作品或文化现象对文化交流与互鉴的意义进行阐释。以"文化交流与互鉴"为切口，寻找与学科教学内容联系较为紧密的文化资源，润物细无声地培养学生的文化自信。

2. 教材

高中思想政治教材必修四《哲学与文化》第八课的第二框"文化交流与文化交融"和第三框"正确对待外来文化"，阐述了：(1)文化交流与文化交融对文化发展的意义；(2)对待外来文化的态度和做法。

首先，课程标准的内容要求"明确文化交流互鉴的途径和意义"涵盖了第八课中的两框内容。其次，从课程容量上来说，两框的学科知识内容都较少，分别上课，课时都会有盈余，二者有整合的条件。最后，从课程逻辑上来说，第二框解释了文化交流与文化交融对文化发展的意义，第三框则是基于这些意义，有理有据地给出对待外来文化的态度和做法，二者有逻辑上的关联。

教材提供了丰富的教学资源，既有名胜古迹、艺术作品，也有文学著作、重要讲话。但同时也导致案例过多、缺乏聚焦。教师可以通过开发教学资源把这两框的教学内容进行串联。

3. 学情

就学生的心理特点而言，在全球化的大背景下，高中生周围存在着纷繁复杂的文化现象，或积极或消极，有国内的，也有国际的；在好奇心的驱使下，他们与这些文化现象以直接或间接的方式产生了接触，同时尝试分析和思考。但这种思索容易被舆论左右，可能只会演变成情绪的输出。因此，在教学当中，可以在学生分析和思考的基础上寻找切口，引导学生辩证地看待文化现象。

就学生的知识结构而言，学生在九年级上册《道德与法治》第三单元"文明与家园"的学习中，对于文化已经有了初步的认识；在高中思想政治必修四第八课第一框的学习中也明白了文化的民族性与多样性对于文化发展的重要意义。同时，语文和历史课程也会对学生进行中华优秀传统文化教育。因此，本课的教学对于学生而言，是立足于已有的认知结构的基础,从更为宏观的角度来探讨文化发展与外来文化之间的关系。

(二) 教学目标

1. 通过为版画写引导语的活动,阅读并了解不同版画的基本信息和艺术价值,在与小组成员的交流与探讨过程中,充分认识文化交流与文化交融对文化发展的重要性,能够将文化交流与文化交融的学科知识运用到引导语的写作中。

2. 通过图示的方式探讨民族文化与外来文化之间的关系,能够以辩证的态度看待外来文化,明白文化发展必须保持开放的心态,在民族文化与外来文化的碰撞中,始终要以民族文化为基,吸收外来有益文化,培养科学精神和文化自信。

3. 通过了解中国版画博物馆的基本情况,根据上述探讨的民族文化与外来文化的关系,为中国版画博物馆的进一步发展提出简明扼要的建议,培养公共参与素养。

(三) 教学重难点

1. 重点:文化交流与文化交融对文化发展的意义和作用。

2. 难点:如何辩证地对待外来文化。

(四) 议题

议题:中国版画向何处去?

导入:播放中国版画博物馆出品的视频《版画抖肩舞》——营造气氛,回顾旧知,引入话题。

环节一:为中国版画博物馆即将举行的《融合的视界——版画的世界语言》特别展览相关作品撰写引言——明白文化交流与文化交融对于文化发展的意义并加以运用。

环节二:以图示的方式探讨民族文化和外来文化的关系——知道对待外来文化必须保持开放的心态,以我为主,为我所用。

环节三:为中国版画博物馆的发展出谋划策——灵活运用所学知识,提出解决问题的措施。

总结:外来文化的有益成果只有与中国具体国情相结合,才能发挥积极作用,立足中国国情,实现不同文化的交流互鉴,促进中国文化的发展。

（五）教学过程

环节	教师活动	学生活动	教学设计意图
导入	**播放视频：**中国版画博物馆出品的《版画抖肩舞》 **提问：**在视频中，你看到了哪些国家的艺术作品？说说你的理由。	观看视频。 **交流：** 日本，因为人物穿着和服。 英国，因为看到了大本钟。 中国，因为出现了中文。 ……	通过观察和提问，回顾第八课第一框的相关知识，即“文化的民族性和多样性”。一方面，学生可以看到区别于其他民族独特标识的特色民族版画；另一方面，学生也可以发现正是在世界文化繁荣的大背景下，版画作品的题材、内容和形式都得到了不断丰富。此外，视频取材基本为中外版画作品，便于引出议题。
一、博闻——撰写版画引言	**过渡：**刚才同学们观看的视频是位于深圳的中国版画博物馆制作的，视频中的各类人物都取自世界各国版画，现在就让我们一起继续中国版画博物馆的探索之旅。 **分组：**将全班同学分为三个小组。 **呈现作品并提供相应的作品资料：**清乾隆时期《姑苏万年桥》、圆山应举《雪松图屏风》、克洛德·莫奈《池塘·睡莲》。 **布置任务 1：**中国版画博物馆近期计划展出三幅作品，请你加入到策展活动中，根据作品的资料，说	加入小组。 参与小组讨论并完成任务。 **交流：** 《姑苏万年桥》是一幅大型木版画，描绘了乾隆五年(1740 年)在苏州城西城门	由课堂导入自然地过渡到正式教学。 以搭建情境的方式向学生抛出学习任务。进行支架式教学，为学生提供完成学习任务所必要的细节和线索，让学生有发力点，提升教学效率和学生的课堂参与意愿。

续 表

环节	教师活动	学生活动	教学设计意图
	明这三幅作品的价值,包括其声誉、艺术史上的地位等。各小组分别为其中一幅作品撰写引言。 要求:篇幅适当,100—150字即可;可以借鉴相关材料;不需要过于注重艺术方面的分析;可着重突出其文化价值、文化成就或创新之处。 **点评:**谢谢各位博物馆工作人员的辛勤付出,相信大家撰写的引言一定会为三幅作品的推广起到很好的作用。 **总结:**其实这三幅版画作品都是享有盛名的艺术杰作,我们可以看到,尽管这些作品来自不同的国家,但技法、视图、着色等多个方面都有着版画的影子。在此基础上,它们又依据本国的题材进行创新,获得了世界人民的认可。因此,我们可以看出,文化交流构成了文化发展的重要动力,文化交融推动了文化的发展。文化因交流而多彩,文化因交融而丰富。	胥门附近建成的万年桥,也是文献中明确记载下来被江户时代浮世绘师圆山应举模仿过的作品。该图保留版本众多,日本神户市立博物馆、大英博物馆、法国国家图书馆均有馆藏版本,可见其对世界艺术影响之大。 圆山应举的《雪松屏风图》被称为"日本国宝"。该作品将透视法、西方写实和东方写意融于一体,极富装饰性。而这种"写意"的手法受清代画家沈南蘋影响尤甚,在浑厚的物象上,空灵的意境更是一绝,兼具中国的版画魅力和日本的装饰风采,尽显技法功力和浪漫色彩。 莫奈的《睡莲》是欧洲印象派艺术的代表画作。他借鉴了日本的美术样式,将写实的手法和装饰的目的相结合。他更超越了日本的美术样式,将湖面的睡莲、深处的水草以及画面之外的天空这三层空间中的景物有机地安排在同一个平面上,营造出独特的空间感。	在情境活动中,学生一方面可以通过对相关资料的阅读,进一步理解教师准备的教学资源,更好地理解伟大的艺术作品都是在借鉴中产生的。另一方面,学生也可以通过写引言的方式,实现由被动输入到主动输出的转化,为教师后续讲解"文化交流与文化发展"埋下伏笔。

续 表

环节	教师活动	学生活动	教学设计意图
二、识踪——绘制作品关系	**布置任务2:**从同学们的引言中,我们可以看到一些关键词,比如“创新”“兼顾”“结合”“超越”等,我们可以看出,这些杰出的艺术作品,都是吸纳了本国和他国优秀文化的集大成者。那么民族文化与外来文化之间的关系是什么样的呢?我们又应当如何对待外来文化?请大家简易绘制关系图来表明他们之间的关系。 **提示:**关系图简明即可,不一定是线性的,请根据自己的认知灵活绘制关系图。 请各小组代表分享关系图,并阐述关系图背后的原理。 总结学生回答到的关键词,比如“民族底蕴”“创新融合”“文化交流”。 **总结:**同学们的关系图都非常有创意,关系也非常明了。但我们可以看出,无论是哪个小组的作品,民族文化与外来文化之间始终要以民族文化为基,而对待外来文化也不是直接照抄或者完全排斥,而是坚持以我为主、为我所用,才能实现民族文化更好的发展。	绘制关系图。 根据关系图和小组讨论结果做汇报和分享。	对学生的作品进行总结,同时给予学生一些关键词提示,引导课堂教学逻辑。 图像方式清晰明了,能够直观地反映民族文化与外来文化的关系,形象地表达出作为母体的中国版画不仅属于中华民族,也属于整个世界。通过交流和交融,给日本和西方带去了新的启发,才有了今天名声大噪的浮世绘和印象派作品,充分证明了文化因交流而多彩,因交融而丰富。同时,这一活动开放性也较强,有助于激发学生的创造性以及组内合作能力。

续　表

环节	教师活动	学生活动	教学设计意图
三、探路——共话未来发展	**讲解:**简明扼要地以时间轴的方式快速为学生梳理中国版画的发展历史。 **活动:**请同学们根据所学,以及中国版画的历史和小组绘制的关系图,思索和探讨如何使中国版画博物馆走向高质量的发展?请提出你们的建议,积极出谋划策。 **提示:**着重聚焦版画的创作、收集和交流等以版画为主体的博物馆活动。 **总结:**同学们的建议多样又诚恳。从同学们的建议中,我们也可以认识到,文化不是孤立的,封闭的文化只会停滞不前,文化只有在与其他外来文化的交流与交融中,保持开放的心态,吸收有益成果,才能获得更好的发展。	**交流:** 可以联合其他国家的版画博物馆举办共同展览,提升知名度; 与其他国家的版画博物馆沟通交流,学习他们的版画展览经验; 继续深化中国版画和世界版画的研究,学习他们先进的工序或者技法。	通过前面两个活动,学生已经充分认识到了浮世绘和印象派在当代艺术领域中举足轻重的地位,但今天在世界艺术领域却难寻中国版画的名字。通过时间轴的梳理让学生认识到,中国版画其实源远流长,作为母体的中国版画为何今日的影响力远不如后者?新的道路又该在何方? 以提建议的方式,将学科知识转化运用到情境之中,重点是让学生明白今天中华文化的发展应当秉持开放包容的心态,坚守中华文化立场,吸收外来有益文化,培养学生公共参与的核心素养。同时,也能对本课内容进行总结和凝练。

（伍超）